LENNART ADAM

AUF EIN BIER BLEIBE ICH -NOCH-

BARGESCHICHTEN VON TEHERAN BIS HAVANNA

REISEDEPESCHEN

Reisedepeschen
Außergewöhnliche Reisebücher seit 2018

Das Zitat auf S. 5 wurde mit freundlicher Genehmigung von TarcherPerigee
(New York City, USA) übernommen aus: »To Have and Have Another:
A Hemingway Cocktail Companion« von Philip Greene.

Dritte Auflage, November 2024, im Jahr des Drachen

ISBN 978-3-96348-008-9

Die Umschlagillustration wurde von Chaaya Prabhat angefertigt.
Gestaltung, Satz und Herstellung lagen in den Händen von Johannes Klaus.
Das Autorenfoto wurde von Martin Ziemer aufgenommen.
Das Lektorat übernahm Julia Gommel-Baharov. Christoph Karrasch führte
das Korrektorat durch. Druck und Bindung nahm ScandinavianBook vor.
Gedruckt wurde auf Munken Cream, aus nachhaltiger Waldwirtschaft.
Das Buch wurde klimaneutral produziert.

Die Deutsche Nationalbibliothek verzeichnet diese Publikation in der Deutschen
Nationalbibliografie; detaillierte bibliografische Daten sind im Internet über
http://dnb.dnb.de abrufbar.

»Don't bother with churches, government
buildings or city squares. If you want to know
about a culture, spend a night in its bars.«

— *Ernest Hemingway*

HAVANNA ✕

ACCOMPONG ✕

PANAMA-STADT ✕

NUKUNUKU ✕

INHALT

INHALT

INHALT

so schwierig hält, dass ich meine Frage an
Schreibkraft nicht bringen kann.
Ich habe versucht, Armando anzurufen, denn
er will wieder abholt, denn so habe ich mir
das Pause nicht vorgestellt. Doch schon der
Kälte, haben die Berge einen weißen
Nachteil: es gibt kein Netz. Ich bin also
gezwungen, so lange hier in der Kälte
auszuharren, bis Armando zum
verabredeten Zeitpunkt Ende der [illegible]
wenn sollte er wieder hier [illegible],
eigentlich alles zu haben
[illegible] der kreative Impuls [illegible] zu [illegible]
[illegible]. Ich hatte mir immer Asien,
scharfe Felsen, [illegible] Flüsse, ein
paar romantische Zweige an den
Bäumen vorgestellt. Wenn ich hinaus sehe,
es fällt das [illegible] gibt. Nur sehe ich
wirklich nichts
davon,
da gerät
knapp

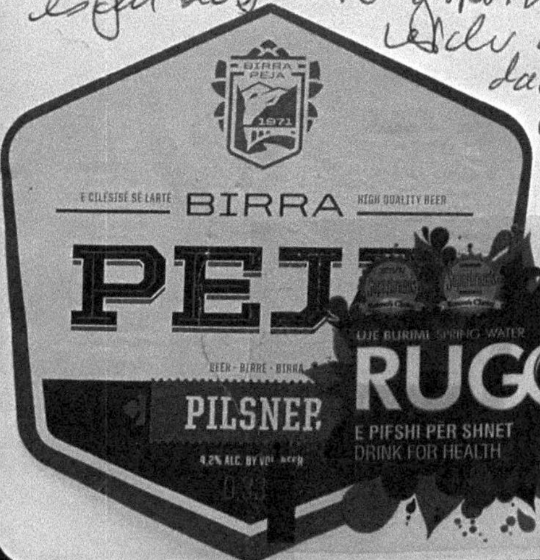
BIRRA PEJA
1971
E CILËSISË SË LARTË
BIRRA
HIGH QUALITY BEER
BEER · BIRRE · BIRRA
PILSNER

UJË BURIMI SPRING WATER
RUGOVE
E PIFSHI PER SHNET
DRINK FOR HEALTH
0.5L

PROLOG

»Was für eine Schnapsidee, ein ganzes Buch mit Bargeschichten zu schreiben«, denke ich. Seit ein paar Tagen wechseln sich Euphorie und Sinnkrise angesichts meines ersten Buchs quasi stündlich ab. Die einzigen Menschen im Umkreis von mehreren Kilometern sind Selim und Shehide, ein älteres Ehepaar, dessen Sohn Armando mich vor zwei Tagen mit einem klapprigen Geländewagen über schlammige Sandpisten ins Rugova-Gebirge gebracht hatte. Neben ihrer eigenen kleinen Holzhütte vermieten sie eine weitere an Gäste. Da diese gerade ausbleiben, war sie spontan zu haben.

Was mich ausgerechnet in diese einsame Landschaft verschlagen hat? Nun, die Deadline rückte näher und ich stand mir zuhause, wie so oft, selbst im Weg. Da wollten die Katzen bespaßt werden, dann kam die neue Staffel »Brooklyn 99«, oder einer meiner Freunde gab mir eine Entschuldigung, mich vor meiner Pflicht zu drücken. »Bier?«, mehr musste eigentlich gar nicht in der SMS stehen, und ich saß einige Zeit später schon wieder am Tresen einer Kneipe und unterhielt mich über die Nichtigkeiten des Lebens. Wenn ich eins kann, dann ist es mich abzulenken.

Ich verschrieb mir also selbst einen Schreiburlaub. So wie Ian Fleming sich auf sein Anwesen nach Jamaika zurückzog, um sich neue Abenteuer für James Bond auszudenken, und

Paul Bowles, die literarische Galionsfigur der Beat-Generation, die Küste Marokkos als Inspirationsquelle nutzte, wollte ich mich auf dem Balkan von der Muse küssen lassen. Mit zweifelhaftem Erfolg. Nach zwei Tagen in der nordmazedonischen Hauptstadt Skopje hatte ich zwar genügend Geschichten für zwei Kneipenbücher, jedoch noch keinen Satz zu Papier gebracht. Ich entschloss mich also, in die Berge Kosovos zu fahren. Dort, wo es garantiert keine Bars gab und ich nicht Gefahr laufen würde, zu versacken. Womit ich nicht gerechnet hatte: Auf 1500 Metern Höhe liegt dort im April immer noch Schnee.

Die Innentemperatur der Hütte, in die ich mich eingemietet habe, übersteigt die Außentemperatur nur wenig. Alle 15 Minuten werfe ich, eingewickelt in Decken und mit drei Paar Socken und einem Paar viel zu kleinen Schlappen an den Füßen, ein Stück Holz in den rostigen Ofen. Auf dessen Herdplatte blubbert ein Wasserkessel leise vor sich hin.

Da es nur eine funktionierende Steckdose gibt, kann ich mir aussuchen, ob ich meinen Laptop oder die Lampe anschließe. Daher schreibe ich die meiste Zeit im Dunkeln. An der Wand hängt eine alte Kuckucksuhr, und als Dekoration dient ein elektrischer 3D-Wasserfall im Goldrahmen, wie man ihn aus Dönerbuden kennt. Doch die Illusion von fließendem Gebirgswasser bleibt mir verwehrt, die Steckdose dahinter ist defekt.

Der Ofen sorgt zwar dafür, dass ich rieche wie ein Räuchermännchen, er bewirkt aber nicht, dass es signifikant wärmer wird. Shehide kommt rein, kontrolliert das Feuer, nickt zufrieden und setzt sich neben mich. Sie fängt an, mir etwas auf albanisch zu erzählen. »Kosovo... oi, oi, oi!«, beginnt sie. Ab und zu fallen Worte wie NATO, Germania und Milošević, es scheint sich also um den Kosovo-Konflikt zu handeln. Dazu simuliert sie Bomben und Gewehrgeräusche. »Bumbum, ratatata! Oi, oi, oi...«, wiederholt sie.

Irgendwann lachen wir beide. Sie über das, was auch immer sie gerade erzählt hat, ich aus Höflichkeit. Shehide zupft noch einmal an der Tischdecke, um sie zu glätten, und schlurft anschließend wieder in die Nachbarhütte.

Endlich Ruhe, denke ich und konzentriere mich auf das leere Word-Dokument, das ich zu füllen habe. Ich versuche, mich in die richtige Stimmung zu versetzen, um die letzten Bargeschichten zu Papier zu bringen. Ich denke an die Länder, in denen ich sie erlebt habe, an die Menschen, die Gerüche, die verschiedenen Sprachen, die Drinks – und überlege, ob es ein schlaues Zitat gibt, das mich inspirieren könnte. Die Auswahl ist groß, über wenige Dinge wurde so viel philosophiert wie übers Reisen.

»Reisen ist die einzige Sache, die du kaufen kannst, die dich reicher macht.« Erzähl das mal einem Aktienbroker. Oder jemandem, dessen Kreditkarte im Urlaub geklaut wurde. Außerdem bekommt der Spruch einen bitteren Beigeschmack, wenn zu Hause Geldsorgen warten.

»Man reist ja nicht, um anzukommen, sondern um zu reisen.« Dieser Satz Johann Wolfgang von Goethes kam mir auf einer 26-stündigen Fahrt mit einem Buschtaxi in Tansania in den Sinn. Ich saß mit meiner Freundin, einer Mutter, ihren drei Kindern samt Gepäck und mehreren Säcken Lebensmitteln zusammengepfercht auf der Rückbank, hungrig und geplagt von Durchfall und Moskitostichen. Eine Situation, in die Herr Goethe während seiner italienischen Reise vermutlich nicht gekommen ist. Damals habe ich mir vorgenommen, bei meinem nächsten Besuch in Weimar an Goethes Gingkobaum zu pinkeln.

Es gibt eigentlich nur ein Zitat, das ich mir vor jeder Reise zu Herzen nehme: »Betrinke dich mit Einheimischen, wann immer es möglich ist.« Dieser Satz von Anthony Bourdain wurde für mich über die Jahre zu einer Art Reisemantra. Denn wenn er sich in den Favelas von Rio de Janeiro durch die Caipirinha-Bars schlug und über seine Erlebnisse mit den Menschen dort berichtete, dann erschienen die berühmte Statue Christo Redentor oder die Copacabana plötzlich unbedeutend. Für ihn standen die Menschen an erster Stelle und erst dann kam ihre Umgebung. »An Orten gut behandelt zu werden, an denen man nicht erwartet hätte, gut behandelt zu werden, mit Menschen Gemeinsamkeiten zu finden, von denen man dachte, man hätte sehr, sehr wenig Gemeinsamkeiten – das kann keine schlechte Sache sein«, hat Anthony Bourdain einmal über seine Reisen gesagt. Diese Erfahrung habe ich auch gemacht. Und nirgends so sehr wie in Bars. An der Theke habe ich bisher mehr über das Land, die Region und die Einheimischen gelernt, als es mir etwaige Stadtführungen oder Reiseführer hätten zeigen können. Scheiß auf den Eiffelturm! Vergiss Buckingham Palace! Willst du Paris kennenlernen, gib dem älteren Herrn neben dir im Café einen Pastis aus und hör zu, was er zu sagen hat. Möchtest du wissen, wie die Menschen in London ticken, kein Problem! Die Stadt hat 3615 Pubs, in denen du genau dies erfährst.

Man weiß nie, was einen hinter den Türen der nächsten Kneipe erwartet, trifft Thekenphilosophen und verlorene Seelen, Banker und Arbeitslose, Weltreisende und die Oma aus der Nachbarschaft. Am richtigen Abend, in der richtigen Bar kann man die gesellschaftliche Quintessenz der Stadt, sogar des ganzen Landes an der Theke kennenlernen. Sprachbarrieren verschwinden auf magische Weise, und man fühlt sich verbunden mit völlig fremden Menschen, taucht für einen Abend in ihr Leben ein, tauscht sich aus.

Keine Reisepläne. Kein »Was mache ich morgen, was habe ich gesehen?« oder viel schlimmer noch: »Was habe ich nicht gesehen?« Was zählt, ist das, was zwischen Eingangstür und Toilettenspülung passiert. Die Klarheit des Moments wird nur getrübt durch die zunehmende Menge an Alkohol im Blut.

So, genug philosophiert, jetzt wird gearbeitet.

Tick, tack.

Ich begutachte die alte Kuckucksuhr über meinem Kopf. Hat sie vorhin auch schon so laut getickt?

Tick, tack.

Verdammt, wie soll ich so schreiben? Ich blicke auf den Bildschirm meines Laptops, öffne ein anderes Dokument und lese mir durch, was ich bisher zu Papier gebracht habe.

Tick, tack.

Erneute Selbstzweifel kommen auf. Ich vergrabe das Gesicht in den Händen.

Tick, tack.

Nein, Lennart, so darfst du nicht denken.

Tick, tack.

Also, in die Hände gespuckt. Ich blicke aus dem Fenster. Vor mir einige schneebedeckte Tannen, die Welt dahinter verschwindet unter einer alles verschluckenden Nebeldecke. Berge sind nicht zu sehen. Meine Finger sind so kalt, dass sie beim Schreiben weh tun. Egal, konzentrieren. Wie hieß nochmal das komische Zeug, das ich in Teheran essen musste?

Tick, tack.

Ich höre stampfende Schritte vor der Hütte. Kurz darauf öffnet sich erneut die Tür. Selim kommt in den Raum, grüßt mich und stellt eine Flasche mit einer durchsichtigen Flüssigkeit auf den Tisch. Schnaufend setzt er sich neben mich, wodurch sein Pullover hochrutscht und den unteren Teil seines Bauches bis zum Nabel freilegt. Er grinst mich mit seinen roten Pausbacken an und nickt auffordernd.

»Rakia?«

Tick, tack.

konnte
aber
wohl
schlafen
und
als ich
nüchter-
gdonnn
bin, rafen
die beiden
schon mit
Jaffar, dem
Hotelchef in
der Küche und
tranken Tee.

Es gibt hier eine großartige Teekultur. In
großen edle schen Männer mit großen Wasse
und verkaufen frischen Tee. Auch Jaffar zelebrierte d
Tee machen. Als Kunige pyrote Kandis an er
klebre u Stocke, Nabot genannt.
Wir haben ein bisschen über dies und je
gequatscht über Iran, Essen und Trinken und

نقشه تهران بزرگ
با کاربری شبکه حمل و نقل

معاونت حمل و نقل و ترافیک شهرداری تهران

TEHRAN

...nen,
mehr,
...long ist   einfach im Iran herbaterye.
...gar Tinder gibt es. Als ich ihn fragte wie
...es ist mit Sex vor der Ehe, meinte er dass er
...emanden kennt, der schon mit seher Frauchen
...schlafen hat. Er hat sie aber ausschließend geheiratet.

»Atme bloß nicht aus. Die Sittenwächter fackeln nicht lange. Wenn die dich kriegen, bist du geliefert«, sagt Karim, bevor ich mich auf den Weg ins Innere des Imam Khomeini Flughafens mache. Er lacht. Ich lache nicht. Ich habe die Fahne meines Lebens. Und die gängige Strafe für Alkoholkonsum besteht im Iran aus 40 bis 80 Peitschenhieben. Für Ersttäter. Wiederholungstätern droht sogar der Tod.

Ein mürrischer Beamter mit Vollbart sitzt am Schalter der Passkontrolle. Einige Schritte entfernt stehen Polizisten mit Maschinengewehren und blicken wachsam auf die Schlangen vor den verschiedenen Schaltern.

Bleib cool, rede ich mir ein, während der bärtige Griesgram mich wortlos mit einer Handgeste dazu auffordert, ihm meinen Reisepass zu geben. Dabei schaut er nicht einmal von dem kleinen Computerbildschirm auf, vor dem er wie angewurzelt sitzt.

Ich versuche nett zu sein und grüße den miesepetrigen Beamten mit einem freundlichen »*Schalom!*«.

Schalom?

Fuck.

Ich habe das Gefühl, als würde all mein Blut kurz aus meinem Gesicht verschwinden, um danach mit solcher Härte wieder zurückzuschießen, dass ich Angst bekomme, mein Kopf könnte explodieren.

In einer außerkörperlichen Erfahrung blicke ich kopfschüttelnd auf mein betrunkenes Ich herunter. Du hast nicht ernsthaft gerade »*Schalom*« gesagt, oder? In einem Land, in dem Antisemitismus politisches Dogma ist? Verdammter Idiot!

»*Salam, Salam!*«, sage ich schnell hinterher. So hektisch, dass sich meine Stimme fast überschlägt. Der Beamte am Zollschalter schaut zum ersten Mal von meinem Pass hoch und blickt mich mit eiskaltem Blick durchdringend an.

Ich bin am Arsch.

VIER STUNDEN ZUVOR

Das Café Shiraz ist in den letzten Wochen zu so etwas wie meinem iranischen Zuhause geworden. Den Tipp, dort hinzugehen, gab mir der Besitzer meines Hotels, dessen einziger Gast ich bin. Meinen letzten Abend im Land hier zu verbringen, stand für mich daher außer Frage.

Das winzige Café, das von drei kleinen Tischen und einem Bücherregal zur Gänze ausgefüllt ist, wird von Karim und seiner Verlobten Nesrin geführt, die mich schon am ersten Abend herzlich aufgenommen und allen anderen Gästen vorgestellt haben. Viel Laufkundschaft gibt es hier nicht, dafür ist ihr Geschäft viel zu abgelegen und versteckt. Die beiden leben von ihrer Stammkundschaft, denn das Café Shiraz ist Treffpunkt für Nonkonformisten jeglicher Couleur. Berufsquerulanten, Künstler, Religionskritiker und ein Zauberer zählen zu den regelmäßigen Gästen, die sich hier mit Koffein und Diskussionsstoff versorgen. So auch heute.

Es ist 2017 und die Präsidentschaftswahl steht ins Haus. Zur Wahl stehen der Amtsinhaber Rohani, der während der letzten Jahre einige Reformen im Land in Gang gesetzt hat, und dessen erzkonservativer Herausforderer Raissi.

»Pest oder Cholera, wenn du mich fragst«, sagt Haschem bitter. Der bekennende Kommunist saß für seine politischen Überzeugungen bereits einige Jahre im Knast. Seinen Mund hat er sich dadurch nicht verbieten lassen.

»Also gehst du nicht wählen?«, fragt Karim.

»Auf gar keinen Fall. Meine Stimme bekommt keiner dieser beiden Verbrecher«, antwortet Haschem bestimmt.

»Aber wenn Raissi tatsächlich gewinnt, dann wird es noch schlechter werden«, entgegnet Karim.

»Wie soll es noch schlechter werden? Guck dich doch mal um. Wir sitzen hier mit einem Deutschen am Tisch und können ihm nicht mal ein Bier anbieten. Und deine Frau muss sich auf der Straße unter ihrem verdammten Kopftuch verstecken«, kontert Haschem wütend.

Als wäre dies das Signalwort gewesen, rückt sich Nesrin, die auf Karims Schoß sitzt, ihr Kopftuch zurecht, das ihr während des Gesprächs vom Kopf gerutscht ist und nur noch locker um ihren Hals liegt. Sie blickt kurz auf die Straße, doch es ist niemand zu sehen, sodass sie ihr grünes Seidentuch eher alibimäßig auf ihren Dutt legt, während der Großteil ihrer Haare weiterhin unbedeckt bleibt. Ein bisschen scheint sie damit gegen die repressiven Gesetze ihres Landes zu protestieren.

Während Karim und Haschem weiter diskutieren, kommt Arjan, der Zauberer, durch die kleine Tür des Cafés, beobachtet die Diskussion eine kurze Zeit und setzt sich dazu. Vor zwei Tagen habe ich ihn für einen Tag begleitet. Er zeigte mir die Kunstausstellung eines befreundeten Malers.

Zwischendurch baute er dann an verschiedenen Stellen in der Stadt seinen kleinen, zusammenklappbaren Zauberstand auf, den er mit einigen Kartenspielen, Stäben, Tüchern, Ringen und allem, was man so zum Zaubern braucht, in einem großen Koffer mit sich rumträgt. Die Leute waren jedes mal begeistert von seinen Tricks. Und auch ich war bei der letzten Zugabe immer noch genauso verblüfft wie bei Arjans erster Vorstellung.

»Worüber redet ihr?«, fragt Arjan.

»Über die Wahl«, sage ich.

»Mann, nicht schon wieder«, antwortet er spürbar genervt. »Passt auf, ich zeige euch lieber ein paar neue Tricks!« Währenddessen holt er eine Packung Spielkarten aus seiner Jackentasche, lässt Karten, Geld und andere Gegenstände nach Belieben verschwinden und an anderen Stellen wieder auftauchen. Ich sitze die nächste halbe Stunde mit offenem Mund da. Hexenzeug.

In der Zwischenzeit geht Karim zu einem kleinen Regal an der Wand, das so voll mit prall gefüllten Einmachgläsern ist, dass es sich in der Mitte schon leicht durchbiegt. Er greift eins der Gläser und schiebt es zu mir herüber: »Torshi, eingelegte Zwiebeln, typisch iranisch. Die musst du noch probieren, bevor du fährst.«

Das Glas sieht so aus, als hätte schon seit langem niemand mehr etwas daraus probiert. Auf dem Deckel ist über die Zeit eine harte Kruste aus Bratfett und Staub entstanden. Ein bräunlicher Rand im oberen Teil des Glases verrät mir, dass bis dahin früher mal Flüssigkeit gestanden haben muss, die mittlerweile verdunstet ist. In der übrigen trüben Brühe treiben einige aufgequollene Zwiebelstücke.

Angewidert stochere ich mit einer Gabel in dem Glas herum, wodurch ich einiges an undefinierbarem Zeug aufwirble, das sich auf dem Boden abgesetzt hat, bis ich endlich ein Stück Zwiebel erwische. Das schmeckt so verfault, dass sich mein gesamter Mund zusammenzieht und ich das Stück am liebsten sofort wieder ausspucken würde. Aus Höflichkeit tue ich es natürlich nicht und schlucke die Zwiebel stattdessen ohne zu kauen herunter, um die Sache möglichst schnell hinter mich zu bringen.

Karim schnappt sich das Glas, fischt etwas mit seiner Gabel heraus, probiert ebenfalls einen Bissen und verzieht angewidert das Gesicht. »Bah, wie kannst du das essen?«

»Hallo? *Du* hast gesagt, dass ich das probieren soll«, antworte ich empört.

»Sorry, hör beim nächsten Mal einfach nicht auf mich«, grinst Karim. Nesrin lacht und macht mir zum Runterspülen des fauligen Geschmacks einen starken Kaffee. Die kleine Glocke am Eingang klingelt, als die Tür sich öffnet und ein weiterer Gast das kleine Café betritt. Es ist Farin, der Filmemacher, mit dem ich bereits den ein oder anderen Kaffee getrunken habe. Er hat schon einige Arthouse-Filme gedreht, wenn auch noch nicht mit übermäßigem Erfolg, macht nebenbei Theater und schreibt Drehbücher.

Farin schüttelt den Leuten am Tisch der Reihe nach die Hand und setzt sich neben mich. »Was, du verlässt uns schon wieder?«, fragt Farin, als ich ihm erzähle, dass heute mein letzter Abend im Iran ist. Ob ich wiederkomme und wie ich es fand, will er wissen.

»Klar komme ich wieder«, erwidere ich und erzähle ihm, wie sehr ich mich in sein Land verliebt habe, in die Menschen, das Essen, die Landschaft. Das ist nicht gelogen.

»Und was hast du vorher über mein Land gedacht?«

Ich stocke kurz, denn ich schäme mich etwas. Über kein anderes Land habe ich so viele Vorurteile gehabt, wie über dieses. Ich hatte allerlei Bilder im Kopf: Alte, bärtige Männer, von denen die Geschicke des Landes geleitet werden, Sittenwächter, die mit harter Hand ihre Macht ausspielen, Frauen, die verhüllt und wie Schattenwesen durch die Straßen schleichen. All das habe ich in den letzten Wochen tatsächlich gesehen. Aber eben auch das komplette Gegenteil.

Dabei wäre es fast nicht mal so weit gekommen, denn ich hätte mich beinahe nicht getraut, herzufahren. Ich hatte keine Angst vor Terrorismus, diese Sorgen hatten eher diejenigen, denen ich von meinem Trip in den Iran erzählte. Völliger Humbug, aber die Reaktionen zeigten mir abermals, wie sehr das westliche Bild von Ländern im mittleren Osten von Stereotypen und Verallgemeinerungen geprägt ist. Und sowieso ist die Gefahr, dass mich in Deutschland ein Auto überfährt wesentlich größer, als dass ich irgendwo Opfer eines Terrorangriffs werde.

Ich hatte vor allem Respekt vor der Einreise in den Iran und die Sorge, dass man mich schon am Flughafen verhaften könnte, ohne dass ich das Land überhaupt betreten darf.

Diese Angst war nicht gänzlich unbegründet, denn die Mitglieder meines Berufsstandes sind im Iran nicht gerne gesehen. Journalisten brauchen ein spezielles Visum, das sehr schwer zu bekommen ist. Wenn sie dann einreisen dürfen, befinden sie sich anschließend unter starker Beobachtung. Und die letzten beiden deutschen Journalisten, die ohne entsprechendes Visum in den Iran eingereist und aufgeflogen waren, konnten erst nach mehreren Monaten der Verhandlung und durch Mithilfe des damaligen Bundespräsidenten Christian Wulff aus dem Gefängnis befreit werden.

Ich wollte auf Nummer sicher gehen und rief vor dem Abflug bei der iranischen Botschaft in Berlin an: »Hallo, ich reise in zwei Wochen in den Iran und wollte fragen, ob das auch ohne Journalistenvisum geht?«

»Sind Sie denn Journalist?«

»Ja.«

»Dann brauchen sie ein Journalistenvisum.«

»Aber ich bin ja im Iran gar nicht journalistisch tätig. Ich will das Land nur als Tourist bereisen, die Kultur kennenlernen, gutes Essen kosten.«

»Aha, also wenn sie nicht journalistisch tätig sind, dann bekommen Sie auch kein Journalistenvisum.«

Ruhig bleiben, Lennart. »Ich weiß.... deshalb rufe ich ja an. Was wäre denn, wenn ich einfach als Tourist mit einem normalen Touristenvisum einreise? Solange ich nicht journalistisch tätig bin, sollte das doch gehen, oder?«, fragte ich die Dame am Telefon mit möglichst gefasster Stimme.

»Das kommt auf die Situation an. Was als journalistische

Tätigkeit aufgefasst wird, liegt im Ermessen der Behörden und Beamten vor Ort«, antwortete sie und fragte, ob sie mir sonst noch weiterhelfen könnte. Für sie schien alles geklärt, ich allerdings war noch unsicherer als zuvor.

Unter dem Strich bedeutete es für mich, dass, wenn ich an den falschen Beamten geraten würde, quasi alles, was ich mache, gegen mich verwendet werden könnte. Ein normales Gespräch auf der Straße könnte als Interview interpretiert werden, mein Tagebuch als berufliche Aufzeichnung.

Die nächsten zwei Wochen bis zum Abflug waren für mich die Hölle. Schlaflose Nächte und ein ständiges Hin und Her zwischen Zweifel und Fuck-Off-Haltung. Mehrmals überwog meine vermeintliche Vernunft und ließ mich die Entscheidung fällen, die Reise einfach abzublasen. Wem hatte ich etwas zu beweisen? Keine Reise war es wert, die nächsten Monate, vielleicht sogar Jahre im Gefängnis zu sitzen, schon gar nicht im Iran.

Dann erinnerte ich mich daran, dass ich mir geschworen habe, keinem Erlebnis bereits im Vorfeld die Chance zu nehmen, das beste meines Lebens zu werden. Wie sagte Rio Reiser noch im Song *Der Traum ist aus*? »Wir haben nichts zu verlieren, außer unserer Angst.« Das ist oft leichter gesagt als getan. Angst ist etwas, das ich nicht einfach abstellen kann, selbst wenn die Vernunft mir sagt, dass sie unbegründet ist.

Wenn ich früher mit meiner Oma zum Schwimmen an die Nordsee gegangen bin, hat sie mir ein Tau um den Bauch gebunden, aus Angst, ich könne von irgendwelchen Strömungen erfasst und auf Nimmerwiedersehen aufs offene Meer gezogen werden. Als ich mit meiner Mutter einmal mit sieben oder acht Jahren auf dem Jahrmarkt war, mussten die Betreiber des Fahrgeschäfts »Die wilde Krake« das komplette Karussell anhalten, weil meine Mutter dachte, wir würden aus den Sitzen geschleudert werden, und den halben Rummel zusammengeschrien hatte. Als wir im darauffolgenden Jahr ins Disneyland nach Paris gefahren sind, durfte ich in gar kein Fahrgeschäft mehr. Ich war ihr deshalb niemals böse, hab ich doch gesehen, wie sehr sie mit sich zu kämpfen hatte. Genau wie ich jetzt. Übertriebene Ängste werde auch ich nie ganz abschütteln können, die Kunst liegt nur darin, sie nicht gewinnen zu lassen. Und das ist ein permanenter Kampf.

So auch in der Zeit vor dem Abflug. Zuletzt war da sogar so etwas wie Trotz. Ich lasse mir doch von ein paar Beamten im Iran nicht diktieren, wo ich hingehen kann und wo nicht! Das Ganze führte so weit, dass ich keine Termine wie Konzerte oder Geburtstage mehr zusagte, die nach meinem Iranaufenthalt stattfanden. Ich ging fest davon aus, dass ich sie sowieso nicht wahrnehmen können würde, da ich mich zu dieser Zeit in irgendeiner rattenverseuchten Zelle in Teheran sah. So ging es in meinem Kopf hin und her, bis zum Tag des Abflugs. Von da an schien sich alles zu automatisieren. Ich packte meinen Rucksack, verabschiedete mich von meiner Freundin und fuhr zum Flughafen.

»Was zum Teufel machst du? Das kann nicht dein Ernst sein«, fragte ich mich selbst. Kurze Zeit später saß ich bereits im Flugzeug und sieben Stunden später war ich nach einem kurzen Stopover in Istanbul dann auch schon am Flughafen in Teheran. Vor mir ein handgroßer Zettel, mit dem ich mein Visum beantragen sollte.

Occupation stand dort an mittlerer Stelle.

Ich starrte etwa zehn Minuten auf die gestrichelte Linie daneben und das weiße Feld darüber. Ich bin einfach ein furchtbar schlechter Lügner.

»Schreib doch *Writer*«, schlug mir der Typ vor, neben dem ich auf dem Flug gesessen und ihm von meinem Dilemma erzählt hatte. Sehr gute Idee! Schriftsteller, das kann jeder sein. Ich könnte auch Kochbücher schreiben oder Groschenromane. Und bei der Zeitung mache ich ja auch irgendwie schriftstellerische Arbeit. Ich würde zumindest nicht allzu sehr lügen. Nach etwa 30 Minuten konnte ich meinen Pass mitsamt Visum abholen und war nun offiziell im Iran.

Ich war etwas vorsichtiger als auf anderen Reisen. Meine Kamera hatte ich zu Hause gelassen, machte nur gelegentlich Fotos mit meinem Handy, und wenn jemand fragte, was ich beruflich tun würde, sagte ich, ich sei Student. Im Nachhinein und nach einigen Gesprächen mit Karim und seinen Freunden war dieses Vorgehen wahrscheinlich auch genau richtig gewesen. »Man weiß leider nie genau, wem man trauen kann, was sehr traurig ist. Und als Journalist solltest du lieber die Klappe halten, die sind hier nicht gerne gesehen«, riet Karim mir an meinem ersten Abend. Ihm und den anderen jedenfalls vertraute ich. Vielen Menschen, die ich auf der Reise traf, zwar auch, aber nur, weil ich mich sicher fühlte, heißt es nicht, dass ich sicher war.

Abgesehen davon stand mir das Land offen. Und obwohl ich während meiner relativ kurzen Zeit im Iran nur an der Oberfläche kratzen durfte, reichte das Erlebte aus, meine persönliche Sicht auf dieses Land zu ändern. Ich habe Menschen getroffen, die trotz der reaktionären Doktrin des Mullah-Regimes versuchen, ein möglichst normales Leben zu führen, feiern zu gehen, zu daten und sogar zu tindern. Wenn auch heimlich. Karims Bruder hat mir sogar gezeigt, dass nahezu alle Schnaps- und Biersorten unter der Ladentheke bestimmter Geschäfte erhältlich sind. Man muss nur wissen, wo. Mit einer alten Frau in Isfahan unterhielt ich mich übers Kiffen und sie erzählte stolz, dass ihr Haschisch aus eigenem Anbau früher sogar besser war als das aus Afghanistan.

Die andere Seite gab es auch: Zwei Medizinstudentinnen aus Kashan konnten zum Beispiel nicht verstehen, warum ich mir meinen Körper mit Alkohol vergiftete, wie ich ohne schlechtes Gewissen bereits mehr als eine Freundin gehabt haben kann und wie es überhaupt sein kann, dass ich mit 30 Jahren noch keine Frau unter die Haube gebracht habe.

Die Reise hat mir bewusst gemacht, wie weit Politik und Gesellschaft voneinander entfernt sein können. Natürlich gab es Menschen mit konservativen Wertvorstellungen. Dennoch habe ich hier überwiegend weltoffene und gastfreundliche Menschen kennengelernt, und ich traf definitiv nicht mehr Arschlöcher als in anderen Ländern.

All das erzähle ich Farin, und er hört aufmerksam zu. Als ich fertig bin, nickt er, denkt etwas nach und bittet mich ernst:

»Lennart, erzähle den Menschen in Deutschland das, was du mir gerade beschrieben hast. Beschönige nichts, aber sage ihnen auch, dass sie nicht alles glauben sollen, was man in den Medien hört. Nimm ihnen die Angst, fordere sie auf, sich selbst ein Bild von meinem Land zu machen.«

»Mach ich«, verspreche ich ihm.

Farin und die anderen sind ein typisches Beispiel für die Menschen, die ich während meiner Reise kennenlernen durfte. Sie alle lieben ihre Heimat, und doch können sie nur hinter verschlossenen Türen ganz sie selbst sein. Sie alle hoffen, dass sich dies eines Tages ändern wird.

»Die Veränderung liegt in der Luft, irgendwann kommt es zur Revolution, denn die Menschen lassen sich ihre Freiheit nicht ewig wegnehmen. Aber keine Angst, es wird keinen Krieg mehr geben, diese Revolution wird in den Köpfen der Menschen geschehen«, sagt Farin.

Obwohl ich den Augenblick so weit wie möglich hinauszögere, muss ich mich irgendwann auf den Weg machen, um meinen Flug nach Hause nicht zu verpassen. Karim besteht darauf, dass er und Nesrin mich zum Flughafen fahren, und schickt den Rest der Gäste nach Hause.

»Wir müssen nur vorher noch kurz zu meinen Eltern. Meine Mutter hat noch was für dich«, sagt Karim, während ich mich auf die Rückbank seines Dacias quetsche. Anschließend fährt er durch die Hinterstraßen Teherans, bis wir vor einem kleinen Wohnblock anhalten. »Ich bin gleich wieder da«, ruft Karim und kommt ein paar Minuten später mit zwei großen

Plastiktüten wieder, die er mir auf den Schoß wirft. »Liebe Grüße von meiner Mutter«, sagt er, während ich etwas verdutzt das Innere der Tüten begutachte. Sie sind bis zum Bersten gefüllt mit Lebensmitteln. Marmelade, Nüsse, Gewürze, Bonbons, Kekse und ein Glas eingemachte Zwiebeln.

»Mein Onkel lässt auch grüßen«, fügt Karim hinzu und reicht mir eine große Flasche mit einer dunkelroten, trüben Flüssigkeit.

»Was ist das?«

»Wein. Hat mein Onkel selbst gemacht. Was Besseres findest du hier nicht«, erklärt er und fordert mich auf, zu probieren. Schon als ich den Deckel der Flasche öffne, kommt mir ein faulig-sprittiger Geruch entgegen.

Der Wein schmeckt noch schlechter als er riecht. Wie eine Mischung aus gegorenem Traubensaft und Benzin. Ich will gar nicht wissen, wie hoch der Alkoholgehalt ist, gebe die Flasche an Karim weiter, der einen kräftigen Schluck nimmt und den Wein an mich zurückgibt. Dieses Spiel wiederholen wir für die nächste Dreiviertelstunde, während wir durch die iranische Dunkelheit rauschen.

Das Radio ist voll aufgedreht und entlässt knarzig scheppernd persische Musik durch die weit geöffneten Autofenster in die laue Nacht. Ich werde die beiden echt vermissen. Am liebsten würde ich Karim bitten, noch mal umzudrehen, als wir uns der Ausfahrt zum Flughafen nähern.

Karim hält vor dem Eingang, während ich den letzten Schluck aus der Flasche nehme. Keine Ahnung, wie Karim noch Autofahren kann. Ich hänge komplett in den Seilen.

Wir verabschieden uns, ich umarme beide Freunde nochmal herzlich, muss ihnen versprechen, dass ich schnellstmöglich nach Teheran zurückkehre, und laufe mit leichter Schlagseite zum Flughafen.

»Nicht ausatmen«, ruft er mir noch einmal hinterher.

ZURÜCK ZUM ANFANG

Ich grinse den Beamten verkniffen an, während er weiterhin keinen Gesichtsmuskel bewegt. »Was haben Sie im Iran gemacht?«, fragt er durchdringend.

»Reisen. Das schönste Land, in dem ich je war.«

Seine Miene wird etwas freundlicher. »Wirklich?«

Perfekt. Im Notfall immer an den Patriotismus der Menschen appellieren.

»Auf jeden Fall! Die Kultur, die Architektur und das Essen, mein Gott, das Essen...«

»Ja, das Essen ist schon großartig.« Der Mann hinter mir wird langsam ungeduldig und sagt zu dem Beamten etwas auf Farsi, woraufhin dieser sich zum ersten Mal kurz von seinem Sitz erhebt und den Mann hinter mir wütend anschreit, bevor er sich wieder mir zuwendet: »Entschuldigung, ich wollte Sie nicht unterbrechen. Wo hat es Ihnen denn am besten gefallen?«

»Uff, da gibt es so viele Dinge. Kashan hat mir gut gefallen.«

Seine Stimmung steigt noch weiter. Wie der Zufall es will, kommt seine Frau aus der Nähe von Kashan. Oh Gott, ich weiß nicht, wie lange ich mich noch zusammenreißen kann.

Ich versuche, beim Sprechen möglichst die Luft anzuhalten und in den Pausen durch die Nase auszuatmen, während ich mich mit einer Hand an der Kante des Tresens festhalte. Bitte frag mich nicht, was ich beruflich mache. Ich kann ohnehin schlecht lügen, am allerwenigsten, wenn ich betrunken bin. Als besoffener Journalist würden sie mich wahrscheinlich direkt am Flughafen erschießen.

Der iranische Grenzbeamte gibt mir endlich meinen Reisepass zurück, wünscht mir einen guten Heimflug und dass ich hoffentlich bald wieder in den Iran komme. Ich lächle ihm noch einmal möglichst freundlich zu und verschwinde so schnell ich kann aus seinem Sicht- und Geruchsfeld.

Ich will ins Flugzeug, um meinen Rausch auszuschlafen. Vorher meldet sich allerdings mein Magen. In den Tiefen meiner Taschen entdecke ich zwischen abgelaufenen Busfahrscheinen, Flyern, Visitenkarten und anderem Kram tatsächlich noch einen zerknitterten Schein. Wo mein Geld geblieben ist? Ich war etwas schlecht vorbereitet. Unter anderem wurde ich über die Tatsache, dass der Iran nicht an das weltweite Bankennetz angeschlossen ist, meine Scheck- und Kreditkarten also völlig nutzlos sind, erst im Flugzeug von meinem iranischen Sitznachbarn aufgeklärt. Ich musste also den gesamten Urlaub mit dem Bargeld auskommen, das ich für den Notfall und die ersten paar Tage mitgenommen hatte. Bis auf den letzten Rial, ungefähr 0,000026 Euro, habe ich alles ausgerechnet, um nicht zu hungern und einigermaßen heil am Flughafen anzukommen. Es hat gepasst. Gerade so. Ein Schokoriegel zur Stärkung für die letzte halbe Stunde vor Abflug ist noch drin. Meine Wahl fällt auf den iranischen Abklatsch eines Snickers. Ich beiße hinein und denke noch einmal an die letzten Tagen in diesem liebevollen wie harten, anziehenden wie abschreckenden, diesem absolut verrückten Land zurück und daran, dass ich kurz davor war, aus Angst auf all das zu verzichten und weiter mit meinen Vorurteilen zu leben.

Ich krame meinen Geldbeutel heraus. Darin befindet sich zwar kein Geld mehr, dafür aber ein kleiner Zettel, auf den ein Kalligraph, den ich in einer kleinen Ortschaft nahe der Maranjab-Wüste kennengelernt habe, einen Spruch auf persisch für mich aufgeschrieben hat. *Bar tarset galabe kun* steht dort mit breiter Feder in schwungvollen Buchstaben geschrieben: Besiege deine Angst.

Inna de Yard von
Chima Smith
9.2.2017

Früh aufgestanden, zuerst ins Reggae
Hostel, Rum getrunken und dann zu ...
"Chima" Smith
Inna de Yard.
Ich hab Chima
Smith und
seinen ganzen
Garten zwar
schon in
einer Doku
auf Arte gesehen,
aber dass es so
entspannt
ist,
hätte
ich
nie

youthlink
BLACK
HISTORY
MONTH

66

gedacht. Der Garten,
Bestellungsweise das
Haus und Grundstück
von Ex-Waiter und
Mitstreiter jeder Reggae-
Größe in Jamaika,
Chinna Smith, ist eine
wo junge Säfte sechs
... komme,
bis so eben Rastas wohnen und den ganzen
Tag jammen und pfeifen. Neue dinge lebt
und der französische Trompeter bei Chinna.
Ich und ein anderer Deutscher sind dann
einfach in den Garten spaziert und
haben uns in den Sitzkreis gesetzt und
... war völlig ...
... Es werden
... über
... leben ...
... philosoph...
... während ...
... neben
... ein ...
... mir
... Clève

ST. BESS
100% COCONUT WATER

Contents:
350mL

Unsanft weckt mich ein Schlagloch, ich werde aus meinem Sitz gerissen, mein Kopf prallt an die Decke. Seit einer knappen Stunde quetsche ich mich nun schon zusammen mit einer Mutter und ihren beiden Kindern auf die Bank des Busses nach Accompong. Wie ein Jungbulle beim Rodeo buckelt der alte Bus die Hügel und Berge des St. Elizabeth Parish hoch, während in der Gepäckablage über meinem Kopf zwei mit Gaffer-Tape fixierte Hühner aufgeregt gackern. Die Straße wird mit jedem Kilometer unwegsamer, und wäre ich nicht derart eingepfercht zwischen der Mutter, der Scheibe, dem Vordersitz und meinem Rucksack, wäre ich wahrscheinlich längst von der Bank gefallen oder beim Vordermann auf dem Schoß gelandet. Ich reibe mir meinen immer noch schmerzenden Schädel. Das gibt eine Beule.

Es sollte eigentlich ein entspannter Tagestrip in das knapp 70 Kilometer entfernte Accompong werden. Jetzt bin ich allerdings bereits seit rund fünf Stunden unterwegs, musste dreimal umsteigen und will gar nicht an den Rückweg denken.

Nachdem die kleine Familie zusammen mit ihren beiden Hühnern am Straßenrand rausgelassen wird, bin ich für die letzten Kilometer der einzige Fahrgast, während der Bus weiter die mit Geröll übersäten Serpentinen zum Bergdorf empor holpert. Irgendwann passieren wir das verrostete Ortsschild von Accompong. Der Busfahrer schmeißt mich am Marktplatz raus.

Bis auf einen alten Mann ist der Platz leer. Er sitzt auf seinen Stock gestützt auf einer Bank, unbewegt schaut er in die Ferne.

Ich bin kurz etwas verloren und unschlüssig, wohin ich jetzt gehen soll.

»Ruhig hier«, sage ich, an den Mann gewandt, der langsam seinen Kopf dreht, mich mustert, nickt und wieder ins Weite blickt. »Ja, Mann.«

»Schön.«

»Ja.« Er nickt erneut und wendet seinen Blick wieder ab. Ich überlege, ob ich mich dazusetzen soll, um herauszufinden, warum er so konzentriert auf den Horizont schaut. Dann schlendere ich aber doch los, streune eine Weile willkürlich durch die ausgestorbenen Straßen, bis ich irgendwann an einer kleinen Wellblechhütte vorbeilaufe, auf deren Außenwand eine Flasche Rum gemalt ist. Aus dem Innern scheppert Musik, und ich höre Stimmen.

Endlich Menschen, die mehr als zwei Worte zu reden scheinen, denke ich erleichtert. Als ich die schummrige Bar betrete, verstummen die Gespräche allerdings schlagartig, und ich werde misstrauisch von fünf, sechs Männern und der Barkeeperin angeschaut. Verlegen lächelnd bewege ich mich zum Tresen.

Der Raum ist winzig, zur einen Hälfte von der Theke ausgefüllt und zur anderen von zu Stehtischen umfunktionierten Öltonnen, um die Männer stehen und ihr Bier trinken. »Ein Bier, bitte«, sage ich, und während die Barkeeperin mir eine Flasche aus dem Hinterraum holt, beginnen die Leute langsam, ihre Gespräche wieder aufzunehmen.

Warum es mich ausgerechnet in ein Dorf mitten im Nirgendwo verschlagen hat und ich den Tag lieber in einem

heruntergekommenen Bus und in einer noch herunterge-
kommeneren Wellblechhütte verbringe, als am Strand vor
meinem Hotel zu liegen, mir die Sonne auf den Bauch scheinen zu lassen und Cocktails zu schlürfen?

Schuld ist Imani Tafari-Ama, Kulturanthropologin, Rasta-
Queen, Politaktivistin, Role Model. Laut Imani könne ich
nicht in Jamaika gewesen sein, ohne einen Abstecher in dieses Bergdorf zu machen. Nicht, wenn ich mich ernsthaft mit
der Kultur, der Geschichte und letztes Endes der Seele des
Landes auseinandersetzen wolle. Die Jamaikanerin hat vor
einem Jahr damit begonnen, eine Ausstellung im Flensburger Schifffahrtsmuseum aufzubauen, die die koloniale Vergangenheit der Stadt beleuchten soll. Mit all ihren unschö-
nen Details. Denn Flensburg wurde während der Zeit unter
der dänischen Krone als zweitgrößte Hafenstadt Dänemarks
durch Handel mit Rum und Zucker von den Westindischen
Inseln reich. Zwar ist geschichtlich viel aus dieser Zeit bekannt und hinreichend dokumentiert, jedoch immer aus einer eurozentrischen Perspektive, was dazu führte, dass sich
Flensburg bis heute mit seiner Vergangenheit als Rum-Stadt
rühmt, obwohl es eigentlich keinen Grund gibt, stolz darauf
zu sein. Denn die Tatsache, dass hierfür hunderttausende
Menschen aus Afrika versklavt und in die Karibik verschleppt
wurden, wird ignoriert.

Imani wurde für zwei Jahre nach Flensburg eingeladen,
um das Ganze aus afrokaribischer Sicht aufzuarbeiten, was
nicht nur für Zustimmung sorgte. Besonders seitens der alt-
eingesessenen Handelsfamilien kam es zu Protesten, da sie

Angst hatten, dass ihr komfortables Nest beschmutzt werden könnte. Imani ließ sich davon nicht einschüchtern. Sie war froh, dass ihr die Chance gegeben wurde, ein afrikanisches Trauma auf europäischem Boden aufzuarbeiten und der Flensburger Blütephase den romantisierenden Deckmantel abzunehmen.

Imani war es auch, die mich davon überzeugte, meine Zeit auf der Karibikinsel nicht nur mit Müßiggang zu verbringen. Sie gab mir bereits im Vorfeld meines Trips eine lange Liste mit Telefonnummern und Kontaktdaten, von Journalisten bis zu Hochschulprofessorinnen. Das führte dazu, dass ich nicht nur ungewollt Gast einer Radiosendung im landesweiten Rundfunk wurde, sondern auch mit verschiedenen Menschen über die tiefsitzenden sozialen Probleme der afrikanischstämmigen Bevölkerung Jamaikas sprach, über Identitätskrisen, Rassismus und eine allmähliche Rückbesinnung auf die afrikanischen Wurzeln. Und ich wollte dorthin, wo diese Wurzeln in Jamaika wieder zum Vorschein kommen, zu den Maroons. Diese Nachfahren versklavter Afrikaner, die vor allem aus Ghana und von der Elfenbeinküste verschleppt wurden, begannen bereits Mitte des 17. Jahrhunderts gegen die britischen Kolonialherren zu rebellieren, was etwa 100 Jahre später in einem Krieg mündete, dem weitere folgen sollten. Mehrere Jahre lang verschanzten sich die Maroons in den umliegenden Bergen, ernährten sich vom Feldanbau und der Jagd und zermürbten die Royal Army durch ihre Guerillataktiken. Trotz der zahlenmäßigen Übermacht mussten sich die Briten geschlagen geben, einen Friedensvertrag unterschreiben und den Maroons Autonomie gewähren. Diese Autonomie besteht bis heute. Jetzt bin ich in dem Dorf, in dem vor rund 250 Jahren eine Weltmacht von Bauern und Jägern besiegt wurde, und stehe zwischen den Nachfahren eben dieser Rebellen.

Die Barkeeperin ist mittlerweile wieder aufgetaucht und stellt ein eisgekühltes Red Stripe vor mir auf den Tresen. Genau das richtige. Die Sonne hat die Luft unter dem Blechdach der Hütte auf gefühlte 50 Grad erhitzt. Ich lasse das kühle Bier meine Kehle herunterlaufen, meinen Blick durch die Bar kreisen und beginne zu sinnieren.

Eine Reise ist nicht zwangsläufig lebensverändernd, manchmal führen aber schon kleine Erlebnisse zur Novellierung eingefahrener Denk- und Verhaltensmuster. Etwa, wenn man eine emotionale Nähe zu einem Ort aufbaut, der einem vorher fremd war, und plötzlich aufhorcht, wenn der Name in den Nachrichten auftaucht, oder jubelt, wenn die entsprechende Nationalmannschaft bei der WM ein Tor gemacht hat.

Jamaika macht etwas mit mir. Ich kann nur noch nicht genau einschätzen was. Ich bin nach Kingston gekommen und war außerhalb des Hostels grundsätzlich der einzige Weiße. Und so wurde ich auch behandelt.

In Flensburg wollte ich Imani nicht glauben, als sie mir erzählte, dass man mich, wenn wir beide in ein Café oder Restaurant in Kingston gehen würden, zuerst bedienen würde. Nicht im 21. Jahrhundert, nicht in einem Land, in dem 99 Prozent der Bevölkerung schwarz sind. Mittlerweile allerdings muss ich diese Einschätzung revidieren.

Ich habe mich nie als *weiß* gesehen. Genau wie die Hautfarbe anderer mir herzlich egal war. Ob jemand schwarz, weiß, grün oder blau ist, hat mich bisher nicht interessiert. Mittlerweile weiß ich, dass diese Tatsache keineswegs etwas mit Toleranz zu tun hat, sondern viel mehr mit Ignoranz. Denn nur, weil ich selbst mich nicht als weiß sah, heißt das nicht, dass andere dies nicht taten. »Weiß wurde in Amerika lange Zeit als Standardidentität angesehen. Jetzt verlieren weiße Menschen den Luxus des Nicht-Selbstbewusstseins«, schrieb Emily Bazelon in der New York Times. Das gilt nicht nur für die Vereingten Staaten. Das merke ich gerade am eigenen Leib.

An den Rufnamen »Whitey« habe ich mich hier mittlerweile schon gewöhnt, wenn ich unterwegs von Fremden angesprochen werde. Daran, auf meine Hautfarbe reduziert zu werden, nicht. Nicht auf meine Herkunft an sich, nicht auf mein Äußeres oder mein Verhalten, nein, lediglich auf meine Hautfarbe.

Ein Aspekt des Solo-Reisens ist, dass man viel Zeit zum Nachdenken hat. Diese Erfahrungen haben daher, gepaart mit dem Konsum jamaikanischen Marihuanas, dazu geführt, dass ich mein Selbstbild nicht nur in Frage gestellt habe, sondern dass es in 1000 kleine Teile zerfallen ist. Und nun bin ich dabei, es Stück für Stück wieder zusammenzupuzzeln, und hoffe, in Accompong ein weiteres Stück zu finden.

Ich komme nicht dazu, meinen Gedanken weiterzuspinnen, da mich der Typ neben mir an der Bar seit einer halben Minute angrinst. »Hey«, sage ich, lächle zurück und proste mit meiner halbleeren Red-Stripe-Flasche in seine Richtung.

»Hey, Mann, was treibt dich nach Accompong?«

»Neugierde, würde ich sagen. Die Geschichte der Maroons, was davon übrig ist«, antworte ich.

»Was davon übrig ist? Alles!«, entgegnet er entrüstet. »Wir sind zuerst Maroons und dann Jamaikaner. Der Rebel-Spirit unserer Vorfahren fließt in unseren Adern weiter«, sagt er stolz. Er stellt sich als Daniel vor, ich könne ihn Dan nennen.

Ich erzähle ihm von meiner Identitätskrise, von Imani und von meiner Soul-Searching-Tour durch Jamaika. Er hört gespannt zu. Während ich spreche, holt er einen kleinen Beutel Gras aus seiner Tasche, Blättchen aus einer anderen und beginnt einen Joint zu bauen, ohne dass er dabei den Blick von mir abwendet. Er fummelt etwas Gras aus dem Beutel, zerkleinert es in seiner Handfläche, verteilt es auf dem Zigarettenpapier und rollt es zu einer perfekten Tüte zusammen.

»Wenn du willst, dann zeig ich dir das Dorf. Den Baum, unter dem Nanny und Cudjoe immer gesessen haben, und ein paar andere spirituelle Orte«, schlägt er vor, während er sich den Joint anzündet und eine weiße Wolke an die Hüttendecke bläst.

Granny Nanny und Cudjoe waren Anführer der Maroons, um die sich mittlerweile zahlreiche Mythen ranken. Laut einer Maroon-Legende soll Nanny die Kugeln der britischen Soldaten mit der Hand gefangen haben. Glaubt man der Variante der Gegenseite, soll sie die Kugeln nicht mit der Hand, sondern mit ihrem Arsch aufgehalten und sie anschließend mit eben diesem zurückgeschossen haben. Was wahrscheinlich zur Diskreditierung der Legendenbildung seitens der Kolonialisten dienen sollte, ging nach hinten los. Kugeln aus dem Arsch zu schießen, ist eine ziemlich coole Eigenschaft, finde ich, besonders für eine Revolutionsführerin. Auf dem Weg zur Bar habe ich zahlreiche Bilder von Granny Nanny gesehen, aufgemalt auf Mauern und Häuserwänden, meist mit dem Zusatz *Freedom* versehen. Granny Nanny ist bis heute die einzige weibliche Nationalheldin Jamaikas, ihr Gesicht ziert die 500-Dollar-Note.

Wir machen uns von der kleinen Bar aus auf den Weg, lassen das Dorf schnell hinter uns und laufen geschwungene Trampelpfade entlang durch die umliegende Natur des Cockpit Country. Accompong liegt inmitten dieses grünen Mittelgebirgszugs. Die üppige Vegetation in der Region sei auch einer der Gründe gewesen, warum die Briten keine Chance gegen die Guerilla-Aktionen der Maroons gehabt hätten, erzählt mir Dan. Denn während diese den Dschungel als Schutz nutzen konnten, seien die Soldaten in ihren schweren Ausrüstungen hoffnungslos verloren gewesen.

»Weißt du, im Gegensatz zu den meisten Jamaikanern sind wir stolz darauf, wer wir sind. Auf unsere Wurzeln, unsere Freiheit. Wir haben hier alles, was wir brauchen. Weißt du, seit 250 Jahren gab es keine einzige Straftat in Accompong, das ist wahr!«, beteuert Dan. Während wir durch die Gegend laufen, hält er immer wieder an, um Blätter, Kräuter und Früchte zu pflücken und sie mir zu geben. Einigen spricht er eine heilende oder berauschende Wirkung zu, anderen einfach nur einen guten Geschmack.

»Weißt du, wir können so ziemlich alles heilen mit dem, was um uns herum wächst. Schon Nanny hat die Wunden der Krieger geheilt mit den Pflanzen, die du hier siehst. Aber das geht alles verloren. Sie haben uns verboten, uns zu unseren Wurzeln zu bekennen, und die Menschen beginnen zu vergessen, was es heißt, auf die Natur zu hören«, erklärt Dan und klingt plötzlich sehr traurig.

»Okay, inwiefern?«

»Obeah«, antwortet Dan geheimnisvoll, fast flüsternd, und macht eine andächtige Pause. »Du kennst das wahrscheinlich als Voodoo. Ist illegal, dabei ist es das Natürlichste der Welt. Wir nutzen nur das, was die Natur uns gibt und was wir von unseren Vorfahren aus Afrika gelernt haben.« Er bleibt kurz stehen, überlegt und grinst: »Komm, ich zeig dir was!« Wir verlassen den Weg und schlagen uns mitten durch den Busch. Leichten Fußes springt Dan über Äste und Wurzeln, während ich schnaufend hinter ihm herlaufe.

»Wow...«, entfährt es mir, als wir uns dem Waldrand nähern und auf eine große Lichtung treten. Vor uns erstreckt sich eine riesige Cannabis-Plantage, auf der hunderte hüfthohe Pflanzen stehen.

»Ja, Mann! Und die werden doppelt so groß wie du, bevor wir sie ernten können. Das ist die Heiligste von allen«, lacht Dan und streichelt die kleinen Pflanzen. Wir durchqueren das Feld einmal längs, klettern einen Hügel hoch und gelangen wieder auf einen Trampelpfad in Richtung Dorf. Am äußersten Rand der Siedlung passieren wir einen alten Mangobaum, dessen knorrige Wurzeln über den Boden ranken und dessen mächtige Äste weit über unsere Köpfen ragen. *Kindah – One Family* steht auf einem kleinen, weißen Holzschild auf dem Baum geschrieben.

»Das ist der Kindah-Baum. Unter ihm haben Granny Nanny und Cudjoe oft gesessen, und hier wurde auch der Friedensvertrag mit den Briten unterschrieben. Jedes Jahr feiern wir hier unsere Unabhängigkeit. Dieser Baum ist das Herz der Maroons«, sagt Dan und lacht. »Wir sind alle eine Familie.«

Eine Familie. Ein schöner Gedanke. Vielleicht ist das mein erstes Puzzleteil, denke ich, während wir weitergehen. Dan hält erneut an, als wir an einen anderen Baum kommen, schnappt sich einen Ast, der über seinem Kopf baumelt, greift sich ein Büschel roter, beerenartiger Samen, das zwischen den Blättern wächst, reißt es ab, entfernt die erbsengroßen Samen von den Zweigen und packt sie behutsam in einen Stoffbeutel.

»Und was machst du jetzt damit?«, frage ich ihn.

»Schmuck«, antwortet er, greift in seinen Rucksack und holt eine Handvoll Ketten und Armbänder heraus, die er aus getrockneten Pflanzensamen, Holz und anderen Materialien aus der Gegend hergestellt hat.

»Machst du mir auch eine?«

»Klar!«

Wir machen uns auf den Rückweg zu Dan nach Hause, wo er verschiedene Naturmaterialien in zum Bersten gefüllten Schubladen aufbewahrt. Ich suche mir welche aus, *Angel's Tears*, wie er mir später erklärt, weiß-glänzende Samen eines Baumes, der direkt neben der Bar wächst.

Wir sitzen einige Zeit bei ihm auf dem Wohnzimmerboden, während er mit einer Nadel Löcher in die kleinen, weißen Kügelchen sticht und sie behutsam, eine nach der anderen, auf eine Angelschnur aufzieht. »Den Verschluss habe ich selber entwickelt«, erzählt Dan stolz. Zwei Teile eines auseinandergebauten Feuerzeugzünders. Er nimmt nochmals Maß und hängt mir die fertige Kette um den Hals.

»Danke, Mann, die ist echt schön«, sage ich und begutachte das fertige Schmuckstück um meinen Hals. »Komm, wir gehen noch ein Bier trinken. Eins kann ich noch, bevor ich nach Hause muss. Ich gebe auch 'ne Runde aus. Als Dankeschön«, schlage ich vor. Wenig später stehen wir wieder an der kleinen Theke der Wellblechhüttenbar.

»Noch eins?«, fragt die Barkeeperin und zeigt auf unser leeres Bier. Ich blicke nach draußen. Es beginnt zu dämmern.

»Ich glaube, ich muss los. Weiß einer, wann der nächste Bus Richtung Süden fährt?«

»Heute fährt keiner mehr. Nicht aus Accompong. Da musst du glaube ich ein Taxi nehmen«, sagt Dan.

Ich schaue in meinen Geldbeutel. Hatte ich nicht vorhin noch viel mehr Geld? Ich blicke auf die leeren Bierflaschen auf der Theke und die Kette um meinen Hals. Verdammt. Wie soll ich denn jetzt nach Hause kommen? Ich habe zwar eine Kreditkarte dabei, doch damit kann ich kein Geld abheben, da ich die PIN vergessen habe.

Ich würde einfach hierbleiben und den nächsten Bus am Morgen nehmen, aber all meine Sachen sind im Hotel, 70 Kilometer entfernt. Und kein Geld für ein Taxi zu haben, heißt auch, kein Geld für ein Hotel zu haben, wobei ich wahrscheinlich bei Dan auf der Couch pennen könnte.

»Wo musst du denn hin?«, fragt mich einer der Typen am Tresen. »Bis nach Santa Cruz kann ich dich mitnehmen.«

Santa Cruz liegt ungefähr auf der Hälfte des Weges, ich nehme das Angebot an und gebe ihm als Dank dafür ein Bier aus. Wenig später fahren wir los.

SANTA CRUZ

Neuer Ort, neue Bar, neues Bier. Ich durfte bereits auf der Hinfahrt nach Accompong eine zweistündige Zwangspause in Santa Cruz einlegen, denn jamaikanische Busse fahren nicht nach Fahrplan: Sie fahren los, wenn sie voll sind. Und keinen Augenblick früher. Ich hatte also reichlich Zeit, um es mir auf dem kleinen Busbahnhof der Stadt gemütlich zu machen, genauer gesagt an Marias Bar.

Die Kneipe befindet sich am Rand des Platzes, von dem aus Busse und Taxis in alle Richtungen des Landes fahren, und ist noch kleiner als die in Accompong. Sie besteht nur aus einem großen Tresen, hinter dem Maria steht und ihre Kunden mit Bier und Essen aus der kleinen Küche hinter der Hütte versorgt. Es gibt ein Vordach, das mich heute morgen noch vor der Sonne geschützt hat und dessen Lichterkette nun ein schummriges Licht auf den Bereich vor der Bar wirft.

»Weißt du, wann der nächste Bus nach Alligator Pond fährt?«, frage ich Maria.

Sie zieht die Augenbraue hoch. »Morgen früh.« Sie verweist mich auf die Taxis, die in einiger Entfernung stehen.

Dann bekomme ich einen meiner äußerst raren Gedankenblitze. Eine letzte Chance habe ich noch. Wenn ich feiere, verstecke ich manchmal Geld in einer der Seitentaschen meines Portemonnaies. Einerseits, weil ich zu später Stunde oft den Drang habe, Runden zu schmeißen, und so zumindest noch eine Notreserve für das Taxi nach Hause habe. Andererseits, weil ich grundsätzlich vergesse, dass ich Geld versteckt habe, und mich so immer wieder freue, wenn ich durch Zufall einen Schein in meinem Geldbeutel finde. Und tatsächlich: 20 Dollar befinden sich zusammengeknüllt am hintersten Ende des kleinen Geheimfachs. Wahrscheinlich noch von meinem Trip nach Trenchtown vorletzte Woche. Ich mache einen inneren Freudentanz und gehe zum ersten Taxi, das in einer Reihe mit den anderen steht.

»Hey, ich muss nach Alligator Pond, hab aber nicht allzu viel Geld dabei«, sage ich und versuche dabei möglichst charmant zu wirken.

»Wie viel hast du denn?", fragt der Fahrer misstrauisch.

»20 Dollar.«

»Das reicht aber nicht bis Alligator Pond.«

»Das ist egal, dann bring mich so weit, wie ich damit komme.«

Der Fahrer nickt, ich schmeiße mich auf die Rückbank, und wir fahren durch die karibische Nacht. Schnell nicke ich ein.

»So, die 20 Dollar sind aufgebraucht«, sagt der Fahrer und hält am Straßenrand an.

»Alles klar, wie weit ist es noch von hier aus?«

»Vier bis fünf Kilometer, vielleicht ein bisschen mehr.«

»Okay, das sollte ich schaffen.«

Leichter gesagt als getan. Ich hasse laufen. Ich fühle mich wie ein Verdurstender in der Wüste, obwohl ich erst ein paar hundert Meter gelaufen bin. Die Straße führt am Meer entlang. Ich kann es nicht sehen, doch das Rauschen der Wellen begleitet mich.

Wenig später taucht eine kleine Bar aus der Dunkelheit auf. Davor eine brennende Öltonne, in der ein paar Hähnchen vor sich hin brutzeln.

Credit Card accepted steht auf einem Schild.

Geht doch.

sein können. Nicht nur fuhren wir plötzlich
wieder auf der rechten Straßenseite. Die Straßen
waren auch asphaltiert. Statt plattgefahrener
roter Erde mit Schlaglöchern wie nach einem
Meteoriteneinschlag fuhren wir über
festen schwarzen Asphalt. Viel beeindruckender
war allerdings, was sich neben der Straße
abspielte. Statt Müll und Unrat waren die
Bürgersteige gepflegt und sauber bepflanzt.
Kein Kaugummipapier lag auf der Straße,
die Häuser waren einfach aber größer und
besser gebaut als in Uganda und hatten
silbrig glänzende Dächer aus Metall. Sogar
die Erde war nicht rot, sondern schwarz und
vulkanhaltig.

In Musanze, auch Ruhengeri genannt,
angekommen war der Bestand der
Unterkunft wieder
übernachten wollten wir nirgends
auffindbar, was sehr
schade war, da zum
Hotel auch zwei
Hunde gehörten.

Wir gingen
Stadt erkunden
wir
108

mha bara Hotel. Nicht ferne, aber erschütt-
idlig, da Dian Fossey hier wieder in ihr
gemacht hat. wenn sie sich große bei den
Gorillas im Urwald von den Virunga-
vonntrees war. Das Hotel war West
Wir zogen uns um und gingen in
die Stadt. Nur das Wetter war trostlos
Und aufgedem
s stillte
de aus
men und
d waren
lich gemütl
avro.

RWANDA

UGANDA

KIGEZI TRANSPORT OPERATORS
CO-OPERATIVE SOCIETY LTD
0772676621,0700620559,0702468568

TAXI TICKET

No 4759

Date: 20/09/2017
From: Kle To: Kisoro
Passengers:
Laggage: 15000
TOTAL
No refund will be allowed
Laggage carried at owner's risk

109

This is about our past and our future,
our nightmares and dreams,
our fear and hope.
Which is why we begin where we end,
with the country we love.

Gedicht am Eingang des Genozid-Mahnmals in Kigali

Ich nippe an meiner Tasse und blicke gedankenverloren ins Leere. Der Kaffee schmeckt mir nicht. Nicht, weil es schlechter Kaffee ist. Im Gegenteil, er ist bestimmt sogar ausgesprochen gut. Ich kann das als Teetrinker zwar nur schwer beurteilen, aber der Kaffee, der auf den Plantagen in den Bergen Ruandas angebaut wird, soll zu den besten Afrikas gehören. Doch in diesem Moment würde mir gar nichts schmecken, und würde ich jetzt ein Bier bestellen, müsste ich mich wahrscheinlich direkt übergeben. Daher bleibe ich vorerst bei Kaffee, als einziger im Raum.

Ich sitze in einer Bar im Stadtteil Rukiri in der ruandischen Hauptstadt Kigali und versuche die Eindrücke der letzten Stunden zu verarbeiten, während ich auf Leonard warte, den ich gestern in der Hostelbar kennengelernt habe. Ich war schon vor einer Stunde mit ihm verabredet, er hat sich allerdings bisher nicht blicken lassen. Und da ich kein Internet habe, kann ich nicht nachsehen, ob er mir in der Zwischenzeit geschrieben hat. Das Treiben um mich herum, sogar die Liveband, die ein paar Meter neben mir spielt, nehme ich nur entfernt war. Mir ist schlecht. Und das kommt nicht von der Malariaprophylaxe. Beim Blick in den verschmierten

Toilettenspiegel der Bar musste ich vor ein paar Minuten feststellen, dass meine Augen immer noch gerötet sind. Ich bin zwar normalerweise nicht nah am Wasser gebaut, beim Besuch des Genozid-Mahnmals vor ein paar Stunden konnte ich die Tränen phasenweise jedoch nicht unterdrücken.

Die Kinder... Ich muss an den letzten Teil der Ausstellung denken und bekomme erneut einen Kloß im Hals. Große Abzüge von Kinderbildern hingen an den weißen Wänden des Museums. Darunter kleine Steckbriefe über jedes einzelne Kind, das auf den Fotos zu sehen war.

KIREZI
Alter: 2 Jahre
Lieblingsspiel: Verstecken mit ihrem großen Bruder
Todesursache: Lebend verbrannt in der Gikondo-Kirche

UMUTONI UND UWAMWEZI
Verhältnis zueinander: Geschwister
Alter: 6 und 7 Jahre
Lieblingsspielzeug: Eine Puppe, die sie sich teilten
Charakter: Daddy's girls
Todesursache: Granate, die in die Dusche geworfen wurde

ISHIMWE
Alter: 9 Monate
Charakter: Weinte viel
Todesursache: Zerhackt mit der Machete
in den Armen ihrer Mutter

Die Liste setzte sich fort durch mehrere Räume, und doch war das Schicksal dieser Kinder nur die Spitze des Eisbergs. Ein kleiner Teil der rund eine Million Menschen, die während des Völkermords ihr Leben verloren. Sie geben der Masse ein Gesicht, stehen für Einzelschicksale, die das Ausmaß des Genozids deutlich machen sollen, statt ihn ausschließlich mit Zahlen zu beziffern.

»Niemals wieder.« Die Worte, die Jahr für Jahr von den unterschiedlichsten Politikern zu Holocaust-Gedenktagen in Deutschland gebetsmühlenartig heruntergeleiert werden, hallen durch meinen Kopf und klingen plötzlich sehr zynisch.

Die Massengräber, die sich nur wenige Kilometer hinter Rosenhecken befinden, sowie unzählige andere Gräber auf der ganzen Welt sind der Beweis dafür, dass wir von »niemals wieder« noch weit entfernt sind. Die 8000 Gräber der muslimischen Bosniaken, die beim Massaker von Srebrenica während des Bosnienkriegs getötet wurden, die mehr als zwei Millionen Menschen, die der Roten Khmer in Kambodscha zum Opfer fielen oder die Gräber von 7000 kurdischen Kindern, Frauen und Männern im irakischen Halabja etwa, um nur einige Beispiele zu nennen.

Die deutsche Regierung hat beim Völkermord in Ruanda genauso weggeschaut – oder besser noch: zugeschaut wie der Rest der Welt. 100 Tage lang wurde von den Vereinten Nationen hingenommen, dass die ruandische Regierung gemeinsam mit verschiedenen Milizen die im Land lebenden Tutsi regelrecht ausrotten konnten. »Niemals wieder«? Am Arsch. »Immer wieder« müsste es heißen, denn jeder Völkermord, jeder, ist einem internationalen Versagen gleichzusetzen. Und hier ist Deutschland nun einmal nicht ausgeschlossen.

Aus der Trauer wird plötzlich Wut. Ich brauche etwas Positives, deswegen habe ich mich mit Leonard verabredet, statt mich im Hostel in meinem Bett zu verkriechen und in düsteren Gedanken zu versinken. Auch wenn der innere Widerstand, unter Menschen zu gehen, groß war.

Dabei gab es sie ja, die positiven Geschichten inmitten des Greuels, die weißen Flecken inmitten der dunkelsten Zeit dieses kleinen Landes im Osten Afrikas.

Während es in Europa Menschen wie Oskar Schindler, Sir Nicholas Winton oder Hans Calmeyer waren, die während der Shoah ihr eigenes Leben riskierten, um das von Tausenden Menschen zu retten, gab es auch in Ruanda Geschichten, die mich den Glauben an das Gute im Menschen noch nicht ganz aufgeben lassen.

Allen voran die von Paul Rusesabaginas, der als »ruandischer Schindler« berühmt wurde, weil er mehr als 1200 Menschen in seinem Hotel versteckte und ihnen so das Leben rettete. Eine Geschichte, die mit etwas Pathos im Film »Hotel Ruanda« verewigt wurde. Ganz so uneigennützig, wie im Hollywood-Streifen dargestellt, soll der Protagonist nicht gehandelt haben. So wird ihm von Kritikern vorgeworfen, er habe von den geflüchteten Tutsi Gegenleistungen in Form von Geld oder anderen Besitztümern verlangt. Diese Version wäre wahrscheinlich weniger hollywoodtauglich gewesen. Zwar wehrt sich der ehemalige Hotelmanager noch immer gegen die Vorwürfe, widerlegt wurden sie allerdings nicht.

Leonard betritt zusammen mit seinem Kumpel Elijah die schummrig beleuchtete Bar, schaut sich suchend nach mir um und winkt mir freundlich zu, als er mich am anderen Ende des Raumes erblickt. Sein erster Gang führt ihn zur Theke, wo er drei Bier für uns bestellt, bevor er sich den Weg durch den dicht besetzten Raum zu mir bahnt. Dann halt doch Bier.

Ich habe die beiden nicht gefragt, ob sie Tutsi oder Hutu sind. Nach dem Genozid wurde diese Unterscheidung abgeschafft – es gibt seitdem nur noch Ruanderinnen und Ruander. Denn der Ursprung der Unterteilung der Bevölkerung in Tutsi und Hutu ist nicht auf ethnische Unterschiede oder auf ein historisch gewachsenes Selbstverständnis der beiden Gruppen zurückzuführen. Die Klassifizierung war nichts weiter als ein machtpolitischer Schachzug der damaligen belgischen Kolonialmacht. Wer viele Kühe besaß, war Tutsi, wer wenige hatte, war Hutu. Die Tutsi wurden mit verschiedenen Privilegien und Machtpositionen bedacht. Dass daraus unausweichlich Konflikte mit den im Land lebenden Hutu entstanden, die immerhin 85 Prozent der Bevölkerung ausmachten, interessierte die ehemaligen Kolonialherren nach ihrem Abzug aus dem Land nicht mehr.

Obwohl ich versuche, das Thema Genozid zu umgehen, und bemüht bin, über heitere Themen zu sprechen, kommt Leonard doch irgendwann darauf zu sprechen. Wahrscheinlich ist das unausweichlich in einer Stadt wie Kigali, in der dieser traurige Teil der Geschichte auch nach 25 Jahren noch zu spüren ist. Leonard ist Mitte 20. Damit ist er zwar etwas jünger als ich, die 100 Tage des Genozids hat er aber, wenn auch als Kleinkind, miterlebt. Auch er hat Tote gesehen, darunter Freunde und Verwandte. Ich bin irritiert, wie locker er damit umzugehen scheint.

»Ich habe sowohl Hutu als auch Tutsi in der Familie. Was meinst du, wie komisch bei uns die Familienfeste sind«, lacht Leonard. Ich lache nicht.

»Nein, im Ernst. Diese ganze Unterteilung ist absoluter Bullshit. Schon immer gewesen«, fügt er hinzu und tippt sich an die Stirn. Ob denn trotzdem noch unterschieden werde, will ich wissen.

»Klar. Die alten Leute kommen immer wieder an, sagen mir, ich solle stolz auf das sein, was ich bin, und mich von den anderen fernhalten. Sie wollen immer noch Rache nehmen für das, was man ihnen angetan hat. Die Wunden sitzen einfach zu tief, Mann«, antwortet Leonard, Elijah nickt zustimmend.

Während Leonard eine eher zierliche Statur hat, ist Elijah ein wahrer Hüne. Der Stuhl, auf dem er sitzt und von dem aus er seine mächtigen Unterarme auf den Tisch lehnt, wirkt wie ein Kinderhocker.

»Aber wir haben Frieden, und das ist die Hauptsache. Und ohne unseren Präsidenten wäre es nie soweit gekommen. Ohne seine starke Hand könnte es jederzeit wieder zum Bürgerkrieg kommen«, sagt Elijah bestimmt und hebt sein Bier, als wolle er dem Präsidenten in Gedanken zuprosten.

Präsident Paul Kagame, der seit dem Jahr 2000 das Land regiert, wird vom Großteil der ruandischen Bevölkerung

regelrecht verehrt. Er wurde bei der letzten Wahl mit un-
wahrscheinlichen 99 Prozent der Stimmen wiedergewählt,
und das, obwohl ihm und seiner Ruandischen Patriotischen
Front RPF mehrere Völkerrechtsverletzungen während des
ruandischen Bürgerkriegs angelastet werden. Die Beschrän-
kung eines Präsidenten auf zwei Amtszeiten setzte Kagame
2015 nach einem Volksentscheid außer Kraft.

Leonard pflichtet seinem Kumpel trotzdem bei: »Die Ver-
söhnung zwischen Hutu und Tutsi ist staatliche Doktrin.
Kagame würde es nicht zulassen, dass es erneut zu einem
Bürgerkrieg kommt.«

Dabei brodelt es immer noch unter der Oberfläche. Viele der
Täter von damals haben mittlerweile ihre Haft abgesessen,
sind in ihre Dörfer zurückgekehrt und leben nun in direkter
Nachbarschaft mit den Opfern und deren Familien. Das sorgt
für neu aufkommende Spannungen, und während der eine
Teil der Bevölkerung Präsident Kagame liebt, wird dieser von
vielen anderen gefürchtet. Denn das autoritäre Staatsoberhaupt lässt nahezu keine Kritik an sich und seiner Politik zu.
Die Opposition wird klein gehalten, politische Gegner und
Kritiker landen nicht selten im Gefängnis oder kommen wie
der ehemalige Finanzier der RPF, Assinapol Rwigara, durch
mysteriöse Umstände ums Leben.

»Aber wenn das Land immer noch so gespalten ist und nur
durch Druck von oben zusammengehalten wird, gibt es denn
dann überhaupt Hoffnung auf Normalität?«, frage ich.

»Klar, Mann. Die Jugend ist die Hoffnung. Die Alten sterben bald und mit ihnen das Bedürfnis nach Rache. Guck dich

hier im Raum um. Keine Ahnung, wer hier Hutu und wer Tutsi ist. Kann ich dir nicht sagen, und das kann dir auch keiner der anderen Gäste sagen, das möchte ich wetten. Und zumindest die jüngeren interessiert es auch überhaupt nicht«, antwortet Leonard.

»Wir haben heute ganz andere Probleme. Das Leben wird immer teurer. Ich kann mir meine verdammte Wohnung fast nicht mehr leisten«, ergänzt Elijah.

Ein Nachteil des stetigen Wirtschaftswachstums, das zwar dazu führte, dass Ruanda mittlerweile als »Schweiz Afrikas« bekannt ist, jedoch die Lebenshaltungskosten so sehr steigen ließ, dass immer noch ein Teil der Menschen in Armut lebt.

Trotzdem sind die beiden stolz auf die Errungenschaften des kleinen Landes, darauf, was sie als Gesellschaft gemeinsam in den letzten 25 Jahren geschafft haben. Und das können sie auch sein. Umwelttechnisch setzt Ruanda über den afrikanischen Kontinent hinaus Maßstäbe, bereits seit Jahren sind Einwegplastiktüten verboten, und es dürfen keine Autos importiert werden, die älter als sieben Jahre sind. Vom Ergebnis konnte ich mich beim Reisen durchs Land selbst überzeugen: Der Müll, der in den Nachbarländern Uganda und Tansania schon fast zum Landschaftsbild gehört und nahezu jede Straße säumt, ist an der Grenze plötzlich verschwunden.

Bei der Geschlechtergerechtigkeit ist Ruanda sogar weltweit führend. Die gesetzlich vorgegebene Frauenquote im Parlament liegt bei 30 Prozent. Real wird das Parlament aber momentan von 60 Prozent Frauen besetzt. Letzten Endes ist es vor allem den Frauen zu verdanken, dass es dem Staat heute überhaupt so gut geht. Denn sie bauten das Land aus dem Ruin wieder auf. Der Großteil der Männer war entweder tot, im Gefängnis oder auf der Flucht und im Exil. Die Frauen ernährten die Familien, führten die Betriebe fort oder gründeten neue, um Geld zu verdienen. Mit ihnen kam der wirtschaftliche Aufschwung, der bis heute anhält.

Elijah hat genug davon, über Politik und Gesellschaft zu reden. »So, ich hab jetzt Bock zu tanzen«, sagt er, ext den Rest seines Bieres und blickt auffordernd in die Runde.

Nein, Bock zu tanzen habe ich eigentlich immer noch nicht. Andererseits möchte ich irgendwie auch noch nicht zurück ins Hotel. Außerdem habe ich etwas Schiss vor Elijah. Er würde sicher nicht zulassen, dass ich ins Bett gehe, sondern mich einfach über die Schulter werfen und zur nächsten Disko schleppen.

Wir laufen durch die spärlich beleuchteten Straßen der Stadt in Richtung Club. Elijah geht voran. Wir passieren Wohnhäuser, einige kleine Geschäfte und Fabriken, bis wir in eine zunächst unscheinbare Seitenstraße kommen. Aus drei oder vier nebeneinander stehenden Bars kommt laute Musik, die auf der Straße zu einem undefinierbaren akustischen Mischmasch verschmilzt. Elijah steuert zielgerichtet auf die zweite zu, wir folgen ihm.

Schon am Eingang kommt eine ganze Gruppe von Frauen auf Elijah zu, die ihn mit Küsschen und Umarmungen begrüßen. Die Bar besteht aus einer komplett gefüllten Tanzfläche und einem kleinen Tresen. Ich suche nach einer Sitzmöglichkeit, doch die gibt es nicht. Ans Sitzen scheint hier außer mir offensichtlich niemand zu denken. Elijah bahnt uns mit seinem Riesenkreuz einen Weg durch die tanzende Menge bis zur Mitte des Raumes, und wir laufen einfach hinterher, während sich der tanzende Graben direkt hinter uns wieder schließt.

So schnell komme ich hier nicht wieder raus, dann kann ich auch genauso gut versuchen zu tanzen. Auf einer riesigen Leinwand, die den Großteil der hinteren Wand einnimmt, laufen Musikvideos überwiegend ostafrikanischer Künstler. *Big Bumpa* heißt eins der Lieder, *Kabulengane* ein anderes. Beide handeln von großen Hinterteilen und zeigen dementsprechend Frauen, die sie bewegen. Und als wäre das eine Art Signal gewesen, tanzt eine der Frauen von der Tanzfläche auf mich zu, zwinkert, dreht sich um, rammt mir ihren Hintern in den Schritt und beginnt, ihn so stark in Wallung zu bringen, dass ich kurz Gefahr laufe hinten überzufallen. Und als wäre das noch nicht genug, fängt sie an, sich so weit vorzubeugen, dass sie mit den Händen den Boden berührt und ihr Oberkörper aus meinem Sichtfeld hinter ihrem im Beat schwingenden Hinterteil verschwindet.

Ich weiß nicht genau, wie ich mit der Situation umgehen soll. Andererseits will das Mädel wahrscheinlich einfach nur Tanzen. Elijah scheint unterdessen ganz und gar in seinem Element. Er tanzt gleich mit zwei Frauen, lässt sie mit lässigem Blick um sich herum wirbeln und prostet mir lachend zu, als er mich sieht und merkt, wie verloren ich gerade bin. »Willkommen in Afrika, mein Freund«, ruft er und lacht noch lauter.

Ich tippe die Frau vor mir an, signalisiere ihr, als sie ihren Oberkörper wieder aufgerichtet hat, dass ich kurz etwas zu trinken holen gehe, schiebe ihren immer noch rotierenden Hintern zu meinem Tanznachbarn, der sich sichtlich darüber freut, kämpfe mir einen Weg durch die Menge, fliehe an die Bar, bestelle mir ein Bier, komme etwas zu Atem und blicke mich um. Ich beginne langsam zu erkennen, was Leonard meinte, als er sagte, die Hoffnung liege auf der Jugend. Einige der Leute hier sind in meinem Alter, was bedeutet, dass sie auf die ein oder andere Weise vom Genozid betroffen waren. Egal auf welcher Seite. Einer Studie von UNICEF zufolge mussten damals 80 Prozent der Kinder einen Todesfall in der Familie verkraften, 70 Prozent sahen einen Mord mit eigenen Augen und 90 Prozent hatten selbst Todesangst.

Der Großteil aber ist jünger. Auch sie wuchsen unter den Nachwirkungen des Genozids auf. Und trotzdem ging und geht das Leben für alle hier im Raum weiter. Tag für Tag, bis zum heutigen Abend, an dem sie hier im Club gelandet sind, egal, welche Geschichte sie auch immer hinter sich haben. Es ist Samstagabend im *Land der tausend Hügel* und die Leute haben Bock zu feiern. Das verbindet sie, unabhängig davon, was sie früher einmal getrennt hat. Sie tanzen, grinden, twerken und shaken, was sie haben.

Die Bilder von heute morgen und die, die sich gerade vor mir auftun, liegen, wenngleich in Wirklichkeit nur einige Kilometer, gefühlte Lichtjahre voneinander entfernt. Wenn die Jugend Ruandas es schafft, so miteinander zu tanzen, dann gibt es sie vielleicht tatsächlich: die Hoffnung.

IBU-ratiopharm® 400 mg akut Schmerztabletten

Filmtablette zum Einnehmen

Jede Filmtablette enthält 400 mg Ibuprofen.

Apothekenpflichtig

Packungsbeilage beachten.

Arzneimittel für Kinder unzugänglich aufbewahren.

ratiopharm

IBU-ratiopharm® 400 mg akut Schmerztabletten

Filmtabletten

Zur Anwendung bei Kindern ab 6 Jahren, Jugendlichen und Erwachsenen

Wirkstoff: Ibuprofen

Bei leichten bis mäßig starken Schmerzen und Fieber

20 Filmtabletten

C3656 22.01-Z05

42/25/103

FCSP
1FRN

REFUGEES
WELCOME!

#wirsagenMOIN

Das schaffst du schon, meinte er nur. „Ducati"

Ich habe keinen Plan, wo ich hin soll. Eigentlich hätte ich einen Termin für eine Reportage in Hamburg gehabt, der wurde im letzten Moment gecancelt. Ich bin schlecht gelaunt und laufe einfach drauf los, in der Hoffnung, dass sich irgendetwas spontan vor mir auftut, das den angebrochenen Abend doch noch einigermaßen annehmbar macht. Ich lasse mich treiben, steige an einer Stelle in die S-Bahn ein, an anderer wieder aus. Als ich an den Landungsbrücken und ihrem Meer aus Kränen und Containern vorbeifahre, bin ich für einen Augenblick gefangen im Moment. Immer, wenn ich diese Masse aus Beton und Stahl sehe, fühle ich mich ein wenig verloren.

Ein Hinz-&-Kunzt-Verkäufer, der mich bittet, ihm eine Obdachlosenzeitung abzukaufen, reißt mich aus meinem Tagtraum heraus. Ich bin am S-Bahnhof Reeperbahn angekommen und beobachte zwei Tauben, die sich um einen Chicken McNugget streiten. Verdammte Kannibalen.

Es ist laut und riecht nach Urin und Bier. St. Pauli. Von der Seefahrerromantik früherer Tage ist nicht mehr viel übrig, schenkt man den Erzählungen der älteren Leute Glauben, die man gelegentlich noch in den verbliebenen Kiezkneipen trifft. Und selbst für mich, der ich vor 20 Jahren als kleiner Pööks das erste Mal über die Reeperbahn gelaufen bin, hat sie sich verändert. Damals waren wir auf dem Weg zu einem Konzert, und ich lief mit Schamesröte im Gesicht an den leicht bekleideten Frauen vorbei.

Statt St. Niklas, dem Schutzheiligen der Seefahrer, wird hier heute Mammon angebetet. Der Stadtteil zwischen Elbe und Alster ist weitestgehend zu einer Musical-Meile verkommen, und wo früher Matrosen ihre Heuer verzockt haben, teilen sich heute Hipster, Junggesellenabschiede und japanische Touristen das sündige Pflaster. Pärchen tummeln sich kichernd vor den Fenstern der Sexshops, zeigen auf überproportionierte Dildos, Latexmasken und anderes Sexspielzeug, sehen sich beschämt um und betreten so unauffällig wie möglich den Laden.

Die kantigen Bars und Clubs, die sich über Jahrzehnte hielten und schon da waren, als die Beatles durch diese Gegend zogen, mussten mittlerweile modernen Varianten weichen. Sieht man sich die von hippen Innendesignern konzipierten, unpersönlichen Bars an, die den Bürgersteig säumen, wirkt die Reeperbahn heute manchmal wie eine Disneyland-Variante ihrer selbst.

Und trotzdem, ich bin immer noch gerne hier. Denn tief unter dem blank polierten Äußeren konnte sich St. Pauli einen Teil seines ursprünglichen Charmes bewahren. Wer an die Perle will, muss eben zuerst die Auster knacken.

Die Straßen sind ungewöhnlich voll. Ich werde angerempelt, rempele zurück. »Lass deinen Frust nicht an den anderen aus«, sage ich mir und biege in eine Seitenstraße ein. Je näher ich der Herbertstraße komme, desto penetranter werden die Prostituierten. Sie stellen sich mir in den Weg, halten mich fest und versuchen, mich mit aller Gewalt ins Bett zu kriegen. Nach einiger Zeit werden sie von düsteren Männern in Kapuzenpullovern abgelöst, die mir Drogen verkaufen wollen, von denen ich noch nie etwas gehört habe. Doch irgendwann verschwinden auch sie, und um mich herum ist nur noch Stille, abgesehen vom Rauschen des Verkehrs in der Ferne. Ich atme die kühle Nachtluft ein. Am Ende der Straße sehe ich ein rotes Astra-Schild, von dem ich angezogen werde wie die Motte vom Licht.

Den Namen der Kneipe habe ich bereits beim Betreten vergessen. Es stinkt nach altem Rauch, aus einer Jukebox scheppert Achim Reichel und singt von Sansibar. Neben einem hölzernen Steuerrad hängt ein Filmposter von Hans Albers an der Wand, der genüsslich an seiner Pfeife zieht.

Verstaubte Buddelschiffe kämpfen mit noch verstaubteren Schnapsflaschen um ihren Platz im Regal, vergilbte Postkarten zeugen davon, wo die Stammkunden der Spelunke in den letzten 40 Jahren schon überall gewesen sind (in Pattaya in Thailand, Meran und dem Schwarzwald). Ich setze mich an die Theke und lausche einige Zeit den Tresengesprächen. Das Leben im Allgemeinen ist gerade Thema.

Diese Kneipe ist ein Relikt aus einer anderen Zeit – wie die Menschen, die hier sitzen. Ein Refugium verlorener Seelen, ein Ort zwischen Hoffnungslosigkeit und Vergessen. Und während sich die Welt viel zu schnell ändert, scheint die Kneipe eine der letzten verbliebenen Konstanten im Leben ihrer Besucher zu sein. Für ein Bier werde ich es hier wohl aushalten.

Bier ist im Übrigen eine großartige Zeitrechnung. »Ich war gestern für drei Bier in der Bar«, klingt wesentlich besser, als zu sagen: »Und dann saß ich für zwei Stunden am Tresen.« »Wie lange willst du noch bleiben?« »Ach, so für ein, zwei Bier.« Da weiß jeder, was er zu erwarten hat und trotzdem kommt niemand unter Zeitdruck.

Irgendwann setzt sich ein Mann neben mich an den Tresen, der sich als Willie vorstellt. Er stinkt so sehr, dass es in der Nase brennt, und sein T-Shirt ist so dreckig, dass dessen ursprüngliche Farbe unmöglich zu erraten ist. Auf dem Kopf trägt er einen verbeulten Lederhut, in dem neben einer Feder noch einige St.-Pauli-Buttons, das Wappen von Hamburg und ein Anker-Pin stecken.

Wir kommen schnell ins Gespräch, er ist umgänglicher als sein Äußeres vermuten lässt, und solange ich die Nase in meinem Bierglas versenke, ist auch sein Geruch zu ertragen. Willie ist ein Trinker, erzählt er, aber das scheint ihn nicht weiter zu stören. »Wer regelmäßig trinkt, hat auch ein geregeltes Leben«, erklärt er und grinst mich mit seinen verbliebenen Stummelzähnen an. Dann gibt er einige Anekdoten aus seinem Leben zum Besten. Wie er in den 1980ern in der Karibik war und wie er fast bei der Polizei angefangen hätte.

Nach dem fünften oder sechsten Glas kann ich kein Bier mehr sehen. Willie ist mittlerweile so betrunken, dass er anfängt von vorne zu erzählen, und ich bin noch nicht betrunken genug, um es nicht zu merken. Zeit für mich zu gehen. Willie sieht das anscheinend anders. Er ist grade erst richtig warm gelaufen und beim Thema Frauen angekommen. Drei Schluck Bier später erzählt er mir, mit was für einer Schönheit er letztes Wochenende im Bett war. »Der Arsch, Junge, kannst dir nicht ausdenken sowas. Zum Reinbeißen«, schwärmt er, und ich hoffe für die Dame, dass er dies angesichts seiner vergammelten Stummelzähne nicht wirklich getan hat. Darüber kommt er dann zu seiner Ex. Das ist normalerweise der Zeitpunkt, an dem man den Absprung wirklich schaffen muss, will man nicht den Rest des Abends im Selbstmitleid eines fremden Mannes baden.

»Weißte, 20 Jahre hab ich mit ihr verbracht. Alles hab ich für sie gemacht. Alles! Glaubst du mir das?«, fragt er mich.

»Klar«, antworte ich und suche nach einem Ausweg aus der Konversation, die von hieraus nur bergab gehen kann.

»Und wie dankt sie mir? Hä? Indem sie mit der ganzen Stadt fickt, die Schlampe«, schimpft Willie, wobei er immer lauter wird, mir beim Reden immer näher kommt.

»Scheiße, Mann«, sage ich und beginne abzuschalten, während er immer weiter dahin lamentiert. Ab und zu werfe ich ein »Haste nicht verdient«, »Aha« oder ein »Diese Schlampe« ein, woraufhin er mir dankbar zuprostet. Ich warte weiterhin verzweifelt auf den Moment des Absprungs. Er kommt nicht.

»Ich muss kurz auf Toilette«, versuche ich als Ausrede zu nehmen, um ihm zu entkommen, in der Hoffnung, dass er sich ein anderes Opfer an der Bar sucht und mich mit seinem betrunkenen Kopf einfach vergisst.

»Gute Idee, ich auch.«

»Cool...«

Verglichen mit ihrer Toilette bietet die Kneipe selbst ein fast schon ästhetisches Ambiente. Der gefliste Boden ist Schwarz vor Dreck und die Kacheln an der Wand gehen von modrig-fauligem Braun über schimmliges Beige-Grün bis zu einem fast bernsteinfarbenen Nikotingelb in Kopfhöhe über, bevor die mit Filzstift vollgeschmierte Tapete beginnt.

Willi steht wankend vor einem der Pissoirs. Bevor ich mir von ihm auf die Schuhe pinkeln lasse, gehe ich lieber in eine der Kabinen. Ein Fehler. Der Gestank, der mir entgegenschlägt, lässt mir fast das Bier hochkommen. Nichts riecht so erbärmlich wie Altherrenschiss.

Ich überlege, wann ich das letzte Mal gegen Tetanus geimpft wurde, vermeide tunlichst etwas zu berühren, halte die Luft an und versuche, möglichst schnell wieder aus diesem Höllenloch herauszukommen. Ich stolpere aus der Schwingtür zurück Richtung Tresen, und in diesem Moment fühle ich mich sogar in der verbrauchten Kneipenluft wie in einer Persil-Werbung, umgeben von blühenden Alpenwiesen.

Kurz darauf torkelt auch Willie aus der Toilettentür. Er signalisiert mir, dass er sein Glück am Spielautomaten versuchen will, wirft ein paar Münzen hinein und drückt scheinbar wahllos auf ein paar Knöpfe. Soll er. Solange Willie sich den bunten Lichtern des Automaten zuwendet, in der Hoffnung auf den großen Wurf, habe ich zumindest meine Ruhe.

Erna, die Bardame zeigt auf das leere Glas vor mir.

»Willst noch eins?«

Ich zögere kurz.

Na gut.

Auf ein Bier bleibe ich noch.

[Handschriftlicher Text, teilweise unleserlich:]

... Trotzdem sah ich nicht ein ... ins Bett zu
gehen. Abdul hatte die Gitarre raus, ...
... und ich ... die
... den Fingern im Takt auf dem Tisch
... das ...
Was da ... hat nicht unbedingt
entgegenkommen. Das war ... manchmal,
als ... den toten Punkt überfunden
hatte alle ... völlig egal. Es war,
als würde ... in einer Welle ste...
keiner sprach ... mehr als das
nötigste. Alle lauschten, lächten,
machten Musik, ...
Ich ... ... lange da
stand so da, ... Irgendwann legte
Abdul die Gitarre zur Seite und ...
schwebte ins Bett.

... ken noch essen.
Alkohol darf der gläubige M
...ik ab. trinken. Auch wenn sich einige Einn...

neṣf (Hälfte; halb)

ṣoḥba (Freundschaft)

âjil (Komm!)

bellâti/wâḥda b-wâḥda (langsam)

shennû? (Was ist?)

lakârt (dein Ausweis, deine Papiere)

[Randnotiz rechts:]
Essaoui...
Ich lang
war
bös ...
ges...
word...
days
troll...
eher d
...
wach
waren
... au
...

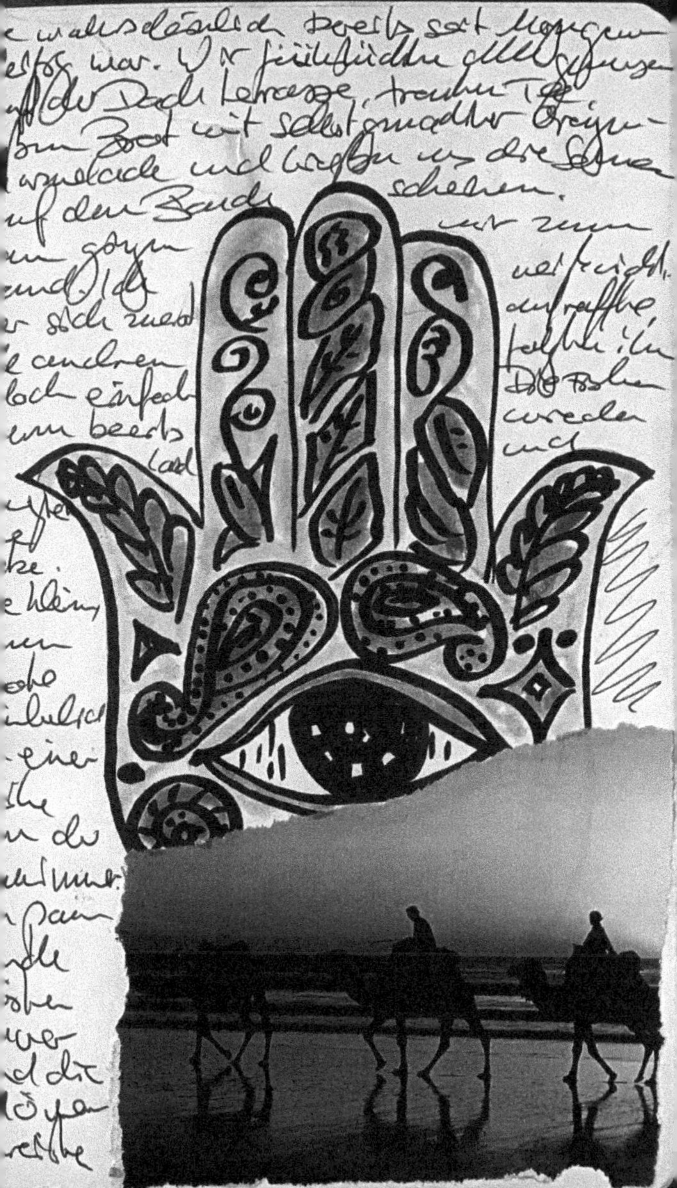

»Du musst unbedingt nach Essaouira.«

»Ok, warum?«

»Richtig geil da!«

Mehr hatte ich meist nicht aus den Leuten herausbekommen, die mir auf meiner mittlerweile fast vier Wochen andauernden Reise durch Marokko begegnet sind. Doch die Empfehlungen häuften sich, von Backpackern wie Einheimischen gleichermaßen. Der Reiseführer hielt sich in diesem Punkt relativ vage: »Nettes, kleines Fischerstädtchen, viele Hippies, leckerer Fisch.«

Nun stehe ich am Busbahnhof von Essaouira mitten in einer Traube von Menschen, die mich davon überzeugen wollen, dass ihr Hotel das günstigste, schönste, coolste und zentralste überhaupt ist. Ich habe mich längst daran gewöhnt.

Mir tippt jemand auf die Schulter und fragt in breitem amerikanischen Slang, ob ich nicht bei ihm im Hotel übernachten wolle. Er heiße Dan und sein Hotel sei das günstigste, schönste, coolste und zentralste überhaupt. Ich bin so verwirrt, von einem Amerikaner angesprochen zu werden, dass ich sofort mitgehe. Auf dem Weg zum Hotel bringt er schnell etwas Licht ins Dunkle. Dan ist Schriftsteller und darf umsonst im Hotel Dar Afram pennen, solange er ein paar kleine Aufgaben am Tag erledigt, zu denen auch das Anlocken unschuldiger Touristen gehört.

Beim Betreten des Hotels gibt es sofort eine Umarmung vom Hotelbesitzer Abdul. Ich solle mich wie zu Hause fühlen, sagt er und fragt, ob ich mit ihm und den anderen gemeinsam Abendessen möchte. »Wir haben auch Bier«, betont er.

Nicht, dass ich nicht auch so dabei gewesen wäre, aber der Gedanke an ein kühles Bier ist ein nicht zu verkennender Bonus. Besonders in einem muslimischen Land, wo es normalerweise gar keinen Alkohol gibt.

Als ich meinen Rucksack in mein Zimmer bringe, lerne ich Jake, Robert, Andy, Holly und Steph kennen, die gerade auf dem Weg in die Stadt sind und mich fragen, ob ich mitkommen möchte.

»Reist ihr zusammen?«, frage ich sie.

»Nee nee, wir haben uns auch erst hier kennengelernt. Wollten eigentlich alle nur eine Nacht bleiben. Und jetzt sind wir schon seit einer Woche da.«

Was für verplante Menschen, denke ich mir. Aber nett. Wir schlendern am Fischereihafen entlang, in dem kleine, blaue Boote säuberlich aneinandergereiht im Sand festgemacht sind, während die Möwen kreischend um die Fischreste kämpfen, die sich noch in dem ein oder anderen Bötchen befinden. Wir setzen uns kurz in den Sand und beobachten Touristenfamilien dabei, wie sie auf schaukelnden Kamelen den Strand entlang im Kreis geführt werden, bevor wir zum Abendessen zurück ins Dar Afram gehen.

SPÄTER

Das Essen ist fantastisch. Aischa, die Haushälterin und Köchin des Dar Afram, hat eine traditionelle Tajine zubereitet, die sie in zwei Lehmtöpfen mit der Größe eines Wagenrads angerichtet hat. Um diese herum sitzen nun die 15 Gäste des

Hotels, Abdul und Larry sowie ein Freund Abduls aus dem Ort und verschlingen genussvoll die von Aischa gezauberten Köstlichkeiten.

Ich habe endlich etwas Zeit, um mit Abdul zu reden, und er erzählt mir, wie er dazu gekommen ist, ein Hotel zu führen. Abdul hat viele Jahre in Australien gelebt, bevor er Mitte der 1990er Jahre zurück in sein Heimatland Marokko gezogen ist. Er hat nach eigener Aussage drei bis fünf Kinder.

»Drei bis fünf?«, frage ich ihn leicht irritiert.

»Ach, das passiert so schnell, Mann. So schnell. Besonders, wenn du in 'ner Band spielst«, antwortet Abdul und schüttelt lachend den Kopf.

Mit seiner Band Afram (nach der auch das Hotel benannt ist) hatte er mehrere Nummer-1-Hits in Marokko, ist um die halbe Welt getourt und lebt seitdem sein Leben so, wie er es will. Im Sommer, wenn es in Marokko zu heiß ist, verbringt er seine Zeit auf einer Alm in der Schweiz. Sobald die Wohlfühltemperatur dort im Frühherbst unterschritten ist, geht er zurück nach Afrika, kümmert sich wieder um sein Hotel, macht Musik mit seiner Band und hat Spaß.

Eigentlich wollte er nie Hotelbesitzer sein, erzählt er. Aber nachdem er in den 1990ern mit Afram erfolgreich einige Platten in Marokko verkauft hatte, erstand er von seinem Geld ein Riad, ein für Marokko typisches Wohnhaus mit begrüntem Innenhof, in Essaouira.

»Es war viel zu groß für mich alleine, darum waren eigentlich immer ein paar Freunde da«, erzählt er.

Irgendwann kamen auch Freunde von Freunden, um bei

ihm zu übernachten und mit ihm zu jammen und zu feiern, und schließlich gänzlich unbekannte Menschen. Unter ihnen auch ein Autor des »Lonely Planet«, der das Dar Afram direkt in die nächste Auflage aufnahm.

»Scheiße, und auf einmal kamen Leute wie Sau«, erzählt Abdul lachend, »und ich hatte doch überhaupt keine Lizenz und keinen Plan, wie man ein Hotel führt.«

Er hat es sich beigebracht. Auf seine Art.

Als das Essen vorbei ist, holen Abdul und Larry ihre Gitarren raus und beginnen eine Jamsession, die bis in die Morgenstunden andauert. Wir schnappen uns Perkussionsinstrumente, die an den Wänden im Raum hängen, und steigen mit ein. Dan bringt immer mehr Dosenbier aus dem Kühlschrank, und Abdul bedient sich reichlich an seinem scheinbar grenzenlosen Haschischvorrat.

Irgendwann, ich habe keine Ahnung, wie spät es mittlerweile ist, verabschiedet sich Larry, und auch die ersten Gäste machen sich auf den Weg ins Bett. Ich habe Larry gar nicht gefragt, was er sonst so macht und warum er mit uns im Dar Afram gegessen und gejammt hat.

»Was macht Larry eigentlich sonst so?«, frage ich Abdul.

»Er spielt Bass in meiner Band. Ich kenne ihn noch aus Australien. Da hat er auch schon Musik gemacht, hat AC/DC mitgegründet und so. Dann ist er irgendwann mit mir nach Marokko gezogen.«

»AC/DC?!«

»Ja, kennst du die? Kommen auch aus Australien.«

NÄCHSTER TAG

Eigentlich wollte ich nur eine Nacht in Essaouira bleiben, aber nachdem ich mich mit meinen Zimmergenossen und den übrigen Hotelgästen aus den Betten gepellt habe, gehen wir gemeinsam auf die Dachterrasse, um zu frühstücken. Die Zeit verliere ich aus den Augen. Außerdem habe ich einen Kater und in diesem Zustand absolut keinen Bock auf Busfahren. Na, dann halt morgen.

»Willst du noch einen Pfefferminztee? Ich hole noch welchen«, fragt mich Holly. »Klar«, antworte ich und lehne mich zurück in eins von den auf der Terrasse verteilten Kissen. Die Sonne scheint mir auf den Bauch, während ich dem Rauschen des Atlantiks lausche und das Spiel der Möwen über meinen Köpfen beobachte. Ich habe das Gefühl, dass ich es morgen ebenfalls nicht schaffen werde weiterzureisen.

EINE WOCHE SPÄTER

Aus einem Tag in Essaouira sind mittlerweile sieben geworden. Jeden Abend verwandelt sich das kleine Esszimmer des Hostels in die coolste Bar der Stadt. Von Tag zu Tag mache ich weitere Abstriche bei meiner Reiseplanung.

»Fahre ich halt nicht über die Grenze nach Mauretanien, sondern bleibe in der West-Sahara und schlafe noch eine Nacht hier.«

»Fahre ich halt nicht mehr in die West-Sahara, sondern nur die Küste runter.«

»Scheiß auf die Küste. Mache ich halt noch einen Kurztrip in die Umgebung und fahre dann zurück nach Marrakesch.«

Mein Busticket, das ich mir am dritten Tag gekauft hatte, ist mittlerweile ungültig. Anfängerfehler, erklärt mir Abdul. »Kauf dir dein Ticket erst, wenn du mit gepacktem Rucksack am Busbahnhof stehst, mein Freund«, rät er mir. Anhand der zahlreichen Busfahrkarten, die neben den Einträgen im Gästebuch des Dar Afram kleben, kann ich sehen, dass ich nicht der einzige bin, der dem Müßiggang des Ortes verfallen ist. Außer Essaouira werde ich also nichts mehr von Marokko sehen, denn übermorgen geht schon mein Flieger. Na gut, dann genieße ich hier noch einen Abend, fahre morgen nach Marrakesch, übernachte dort und fliege dann ausgeruht nach Hause.

ZWEI TAGE SPÄTER

Scheiße. Ich bin immer noch in Essaouira. Was soll ich sagen, eins kam zum anderen und ehe ich mich versah, fuhren gestern Abend keine Busse mehr. Nun war es nicht so, dass ich mich wirklich bemüht hätte, hier wegzukommen. Aber trotzdem. Jetzt jedenfalls wird es ganz schön knapp. Ich muss den ersten Bus in Richtung Marrakesch erwischen und obendrein noch hoffen, dass wir keinen Stau haben, der Bus keine Panne hat, wir höchstens eine Pause machen und ich in Marrakesch direkt ein Taxi bekomme, damit ich es rechtzeitig zum Flughafen schaffe. Während mir all diese Gedanken durch den Kopf schießen, wird im Hinterkopf eine kleine Stimme immer lauter, die versucht mir einzureden, einfach hierzubleiben. Das würde mir zumindest den Stress ersparen.

MARRAKESCH

Ich habe es geschafft. Gerade so. Ich musste zwar die älteren Muttis nach der Pause in den Bus schieben, damit wir schneller weiterkamen, aber die Damen haben mein Vorgehen als Hilfsbereitschaft interpretiert und mir sogar noch einen Keks geschenkt. Anschließend hab ich ein völlig überteuertes Taxi zum Flughafen genommen, da ich keine Zeit hatte zu verhandeln.

Jetzt stehe ich in der Schlange vor dem Gate. So ganz will ich noch nicht realisieren, dass ich mich tatsächlich auf dem Rückweg nach Deutschland befinde. Auch wenn ich mich auf mein eigenes Bett und ein paar andere Kleinigkeiten freue, die ich während meiner Reise vermisst habe, fällt mir der Abschied schwer. Bevor ich ins Flugzeug steige, drehe ich mich noch einmal auf der Gangway um, sehe die Palmen und die lehmfarbenen, rötlichen Mauern des Flughafens von Marrakesch. Mein Kopf dröhnt von den vielen Eindrücken, die ich in den vergangenen Wochen gesammelt habe, besonders in den letzten Tagen. Die Gerüche von Aischas Köstlichkeiten und Abduls Haschisch sind immer noch so präsent, als hätte ich sie gerade vor der Nase, die Lieder, die wir jeden Abend gesungen haben, werden mir höchstwahrscheinlich noch Wochen im Ohr bleiben. Ich überlege, welche Pläne ich in den letzten Tagen über Bord geworfen habe und was ich wohl alles erlebt hätte. Doch eigentlich tangiert mich dieser Gedanke nicht. *Fear of missing out?* Nicht in Essaouira, nicht im Dar Afram, dem Nirwana für Menschen, die gerne mal prokrastinieren. Ich verabschiede mich von Marokko mit dem Versprechen wiederzukommen. *Inschallah!*

Kleine Rätze, die
sie fördern kann.
Klimaanlage ×
in den neuen
Restaurants
und Bars
Fehlanzeige.
Stattdessen
gibt es große,
offene Terrassen,
auf denen ein
gelegentlicher Wind

... des Sitzen zumindest einigermaßen
erträglich macht. Und kaltes Bier und
Cocktails natürlich. Bier kostet hier im
Schnitt zwischen 50 Cent und 1 Dollar,
was die Wahl zur gesünderen, dafür
aber normal so teuren Alternative schwer
macht. Bier ist an einigen Stellen sogar
günstiger als Wasser.
Sonst ist Phnom Penh um einiges teurer
als Bangkok. Es gibt keinen vernünftigen Nah-
verkehr, weshalb ich für jede Fahrt irgendwo
hin mindestens 6 – 7 Dollar zahlen muss
für ein Tuk Tuk. Aber, da ich nicht vorhabe,
Sightseeing zu machen, müsste sich das
im Rahmen halten.

...a sitze jetzt in einer kleinen Restaurant neben
einem Hostel und tröste einen Majster, der
Knecht als hätten sie ihn mit Underdose-
likohol gemischt. Ich glaube, ich bleibe beim
Bier. Dafür schmeckt das Essen uso besser:
bratener Reis mit Schwein und Mayo, dazu
ein Becher.

Ein Plan, was heute mit mir los war.
Um 4 Uhr hat der Uber-Fahrer mich vom
würzigen ... Hostel in Bangkok abgeholt und
zum DMK gebracht, dem alten Flughafen
im Norden der Stadt. Absolutes Chaos!
Über eine Stunde stand ich in der Schlange
am Check-in. Da ganze Terminhafenschein
aus schließlich
für die Asia-
Flüge zuständig
zu sein.

បណ្ណាល់ដៃមេង់ប្រាក់
(ប្រនិអ្នកថ្លៃន)
ប្រាក់: 5$
...ម: ចូលទស្សនា...
អាយុ...
ភាយិកា: 7304...

ថ្ងៃទី ... ១៤ ... ខែ...
អ្នកប្រមូលចំណូល

Schatten. Schatten und Eistee. Das kleine Café, in dem ich gerade sitze und gierig wie ein Verdurstender mein Getränk runterkippe, ist meine Rettung. In den Straßen der kambodschanischen Hauptstadt steht die feuchtheiße Luft und es gibt nahezu keinen Schatten.

Das Café besteht aus einem kleinen Kaffeewagen. Dahinter steht eine Frau in Kittelschürze und brüht Kaffee und Tee auf. Zehn Stühle sind scheinbar wahllos rund um ihren Wagen herum aufgestellt. Darüber ist eine Markise gespannt, die so von Moos bedeckt ist, dass ich die ursprüngliche Farbe nur noch erahnen kann. Ein klappernder Ventilator bewegt mühsam die schwere Luft.

Zwei Katzen versuchen im Rinnstein vor dem Wagen eine handtellergroße Kakerlake zu fangen, die kreuz und quer läuft, um den scharfen Krallen der Killermiezen zu entkommen. Auf der anderen Straßenseite stehen Mönche in Unterhosen hinter den hohen Simsen eines kleinen Klosters und waschen ihre Kleidung. Die Wäscheleinen sind bis zur Belastungsgrenze behängt mit orangefarbenen Tüchern. Einer der Mönche bespritzt seinen Nebenmann lachend mit Wasser, was nicht ungesühnt bleibt. Bevor es allerdings zu einer heiligen Wasserschlacht ausarten kann, unterbindet einer der älteren Mönche die Neckereien.

Auf dem Fußweg vor dem Kloster steht ein Mann mit einem kleinen Kochstand, an dem er verschiedene Gerichte zubereitet. Gegarte Hühnerfüße und halb geschlüpfte Eier, aus deren Schale noch das Köpfchen des Kükens herausguckt, bereit die Welt zu entdecken, bevor es komplett frittiert wurde. In einem flachen Bambuskorb liegt dünn geschnittenes Fleisch, das in der Sonne trocknet.

Ein paar Männer zocken in der Seitenstraße, die ich von meinem Stuhl aus sehen kann, lautstark Karten, während hinter ihnen im Innern eines kleinen Kiosks Karaoke gesungen wird. Ich kann erkennen, dass der Laden bis zur Decke mit Regalen vollgebaut ist, welche wiederum zum Bersten gefüllt sind mit Zigaretten, Lebensmitteln, Gewürzen, Kondomen und Küchenutensilien. Das Sortiment weitet sich aufgrund des Platzmangels in den Regalen über den gesamten Fußboden aus, auf dem stapelweise Klopapier, Reissäcke, Kisten mit Instant-Nudeln, Hygieneartikeln, Kaffee und Tee stehen, sodass die Kunden nur durch verwinkelte Gänge in das Innere des Ladens vordringen können.

Die Straße füllt sich zunehmend mit Menschen, und zwischen all dem Leben bahnen sich Tuk Tuks und Motorroller ihren Weg, schlängeln sich aneinander vorbei, überholen sich und kämpfen um jeden Meter Asphalt.

Das Café ist ein Ruhepol inmitten des Chaos. Von den acht oder neun Gästen sitzt die Hälfte einfach nur schweigend da und beobachtet das Treiben rund um den Kaffeestand. Ein Mann, dessen Alter ich unmöglich einschätzen kann (eine Mischung aus Meister Yoda und der uralten Morla aus der »Unendlichen Geschichte«) fuhrwerkt mit einem Zahnstocher in seinen wenigen verbliebenen Zähnen herum. Eine Frau zeigt Kinderbilder auf ihrem Klapphandy. Ihre Schuhe hat sie neben sich auf einen Stuhl gestellt, was den Blick auf ihre fast nur aus Laufmaschen und Löchern bestehenden

Strümpfe freigibt. Ein Kabel führt von einer abenteuerlich befestigten Steckdose über die Wellblechwand des Cafés und verschwindet. An der Klostermauer gegenüber wäscht eine Mutter ihr Kind, die Wanne hat sie sich von den Mönchen geborgt.

Armut ist überall in der Stadt zu sehen. Im Gegensatz zu den Nachbarländern Thailand und Vietnam blieb der wirtschaftliche Boom in Kambodscha bisher aus, denn das Land hat sich bis heute nicht vollständig von den Nachwirkungen der jüngeren Geschichte erholt. Auch 40 Jahre nach der Schreckensherrschaft der Roten Khmer hat das Land noch immer mit dem Erbe von Pol Pot, seinen Genossen und ihrer Vision eines Bauernstaates zu kämpfen. Die gesamte Ober- und Mittelschicht wurde damals ausgelöscht. Ärzte, Lehrer, jeder, der eine Fremdsprache beherrschte, zu weiche Hände hatte oder auch nur eine Brille trug, kurz, jeder, der gebildet genug erschien, das degoutante System der Roten Khmer zu hinterfragen, wurde getötet. Auch vor Kindern wurde nicht zurückgeschreckt, aus Angst, dass sie irgendwann Rache nehmen könnten an der Ermordung ihrer Eltern. »Unkraut vernichtet man am besten mitsamt der Wurzel«, hieß einer der Leitsprüche der Roten Khmer. Innerhalb kürzester Zeit wurde das Land am Mekong zurück in die Steinzeit katapultiert. Alles, was die Kultur und das Selbstverständnis des Landes und seiner Bewohner ausmachte, wurde ausgelöscht. Tempel und Heiligtümer wurden dem Erdboden gleichgemacht, Schulen in Kasernen umfunktioniert.

Ich tue es den Menschen im Café gleich und sage die erste

Zeit nichts. Nach dem dritten Glas Tee kommt das Koffein bei mir an und ich beginne, unruhig zu werden.

»Schön hier«, versuche ich ein Gespräch mit den anderen Cafégästen zu starten. Die Männer und Frauen nicken.

»Und? Wie ist das Leben so in Phnom Penh?«

Schulterzucken und Kopfschütteln. Niemand scheint Englisch zu sprechen.

Einer der Männer sagt dann doch etwas. »Teuer«, murmelt er. Er hat sein FC-Barcelona-Trikot hochgerollt, um seinen dicken Bauch zu kühlen.

»Ja?«, frage ich.

»Ja.«

»Und warum?«

»Viele Touristen. Russen, Chinesen.«

Ich nicke.

»Wo du?«, fragt er.

»Deutschland.«

»Ja, Deutsche auch.«

»Und wie kommt man über die Runden?«

Er guckt mich verständnislos an, auch von den restlichen Gästen ernte ich erneutes verständnisloses Schulterzucken.

»Wie finanziert man das Leben hier?«

Abermals keine Resonanz.

»Kann man genug Geld verdienen in Phnom Penh?« Nichts. Sprachgrenze ausgereizt. Interkulturelle Kompetenz vielleicht auch. Dann also wieder schweigen. Ich zeige auf mein leeres Glas, und die nette Frau mit der Kittelschürze bringt mir einen neuen Eistee.

und danach direkt gegenüber Tür(?)
hoch gehabt. Das Problem ist, dass ich den
Laden niemals wiederfinden werde.
So wie ich sowieso nichts wiederfinde
in dieser Stadt. Ist echt ganz nett hier(?)
teilweise sogar schön. Wollte eigentlich
kein Souvenir kaufen, hab mich dann
allerdings doch für eins entschieden. Und
auch noch das größte, das es gibt.
Eine kleine(?) ... Große, wie Schreib-
eugen(?) ... ... Trauben aus Holz.
Nach ... ..., wie ich die heile nach
Deutschland bekommen soll und ob
die überhaupt in unsere kleine Propell-
maschine passt, aber das wird sich heraus-
... finden. Der Flughafen
... wollten eigentlich noch
entspannt ... Strand ...
und der Skipper hat mich
unterwegs ... Sole raus.
... B... Park
Die Welt Dreamis
Island. Hätte ich gewusst,
dass man in der
Etage über der
Bar sagar
pennen kann,
würde ich die
Insel gar nicht
verlassen. Sole war

Dreamer's Isla...

Forodha
Garden

...RIES
Emporium

10
9
8
11 15
17
4
18

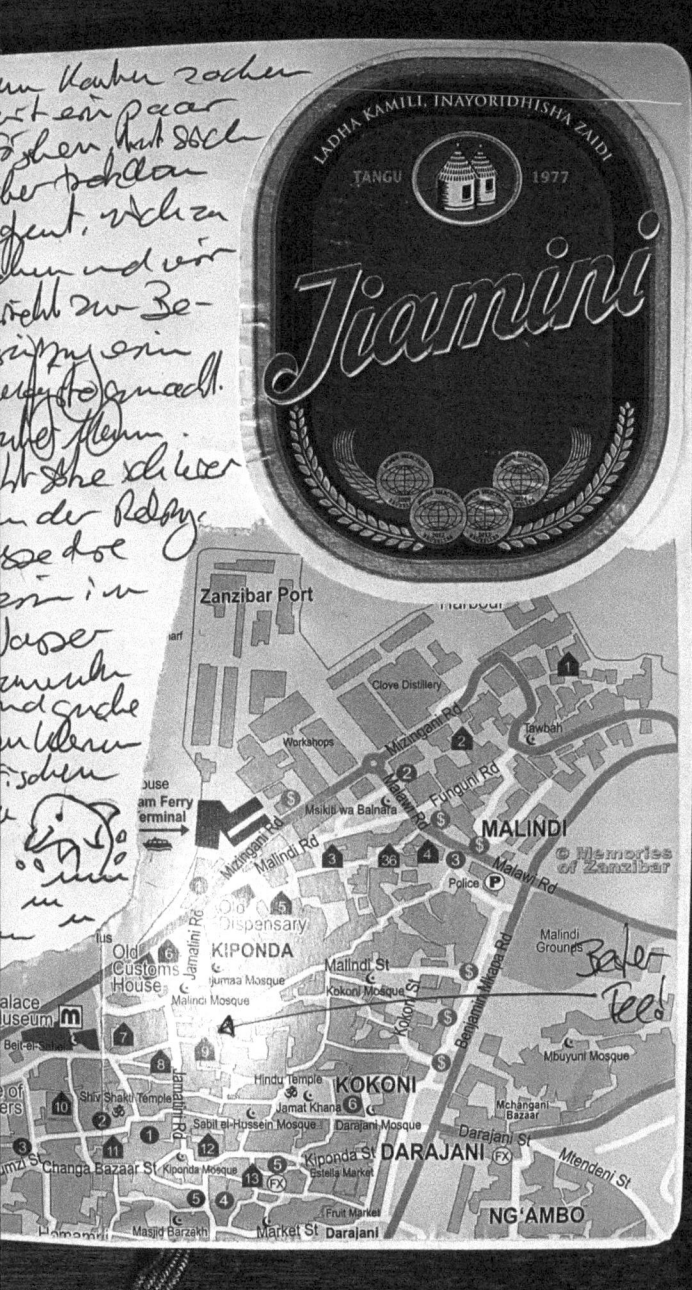

Ich hab das Paradies gesehen. Und das meine ich nicht im biblischen Sinn, sondern im Reichelschen. Ich hätte nie gedacht, dass ich Achim Reichel, dem Klabautermann unter den Deutschrockern, dem König unter den Ein-Mann-Shanty-Chören, einmal recht geben würde. Aber wenn er mit von Wind und Salzwasser angerauter Stimme von Sansibar singt und zum Klang des Synthesizers genau diese Worte ins Mikrofon spricht, bevor er in ein zum Schunkeln animierendes »Aloha heja he« verfällt, dann muss ich sagen: Achim, du alte Lederhaut, du hast verdammt noch mal recht. Denn während ich hier sitze, mit Blick auf den Horizont, die Füße im Indischen Ozean baumelnd, den Oberkörper leicht im Takt der Wellen hin und her schwankend, kommt mir derselbe Gedanke. Ich würde sogar noch einen Schritt weiter gehen. Ich hab das Paradies im Paradies gesehen, denn ich sitze gerade darauf: Dreamer's Island, eine schwimmende Kneipe etwa 200 Meter vor der Küste Sansibars.

Es könnten natürlich auch die Mojitos in meinem Bauch und das THC in meiner Blutbahn sein, die aus mir sprechen. Meine Freundin jedenfalls hat sich vor ein paar Stunden von einem Fischer zu einer Sandbank fahren lassen, um sich zu sonnen und zu baden. Beides nicht wirklich meins. Beim Sonnen werde ich nach spätestens 20 Minuten nölig und beginne, alle umliegenden Menschen zu nerven. Baden finde ich nur bis zu den Knien okay, vielleicht noch bis zu den Oberschenkeln. Aber sobald mein Pillermann nass wird, bin ich raus. Wie gut also, dass der Fischer mich mit dem Boot hier absetzen konnte und ich trocken blieb.

Jetzt sitze ich hier in einer Wolke der Glückseligkeit und sinniere mit Said, den alle Side nennen, über das Leben und andere Nichtigkeiten. Side ist Erbauer, Eigentümer und einziger permanenter Bewohner von Dreamer's Island und einer der entspanntesten Menschen, die ich jemals getroffen habe. Er ließe sich wahrscheinlich nicht einmal stressen, würde die Bank, auf der er sitzt, Feuer fangen. Vielleicht würde er Stress verspüren, wenn sein Gras mal alle sein sollte.

Die komplett aus Holz zusammengezimmerte und mit einem Sammelsurium aus Kitsch und Kuriositäten dekorierte Bar rotiert, von Wind und Strömung getrieben, wie in Zeitlupe um die eigene Achse. Und während wir vor ein paar Minuten noch die untergehende Sonne am Horizont beobachten konnten, drehen wir uns nun langsam in Richtung Festland. Vor uns liegt die steinige Küste Sansibars, dahinter eine massive Kaimauer und noch weiter entfernt wird das Wahrzeichen von Stone Town sichtbar: Das Haus der Wunder zeichnet sich als Silhouette vor dem dunkler werdenden Himmel ab. Der Palast von Barghash bin Said, dem zweiten Sultan von Sansibar, hat, wie die meisten Gebäude in der Inselhauptstadt, schon bessere Zeiten gesehen. Doch während der Großteil der Urlauber direkt weiter in den Norden der Insel fährt, um dort an weißen Sandstränden die Bacardi-Werbung nachzuspielen, kann ich von dem rauen Charme Stone Towns nicht genug bekommen. Hier treffen alle Attribute zusammen, die mein Herz in verschiedenen Städten auf der Welt berührt haben. Der impulsive Beat Havannas, dessen Rhythmus die Stadt von der Salsabar bis in die letzte Gasse antreibt. Der herrlich chaotische Trubel Teherans, in dem ich mich verloren und zugleich vertraut gefühlt habe. Das Konglomerat an Sinneseindrücken in Marrakesch vom Gewürzstand auf dem Basar bis zum versteckten Teehaus. Die unverblümte Abgefucktheit Kingstons. Und das alles im Kleinstformat. Über Jahrhunderte diente die Stadt als wichtiger Knotenpunkt zwischen Afrika, Asien sowie dem Nahen Osten und stand historischen Handelszentren wie Kathmandu oder Timbuktu als wirtschaftlicher Dreh- und Angelpunkt in nichts nach. Diese mondialen Einflüsse haben der Insel, ihrer Architektur, ihrer Küche und auch ihren Menschen einen einmaligen Charakter verliehen.

»Ich finde das echt krass, hier leben Muslime, Christen und Hindus seit Jahrhunderten zusammen und trotzdem ist die Insel noch nicht untergegangen«, sage ich zu Side.

»Das kommt, weil wir einander respektieren, weil wir teilen. Teilen müssen. Auf einer Insel ist alles begrenzt, auch der Platz. Es gab mal eine kurze Zeit mit Unruhen, weil religiöse Spinner Stress gemacht haben, aber das ist vorbei. Jetzt ist alles wieder sehr entspannt. Sansibar ist so klein, dass jeder jeden kennt. Wenn man jemanden nicht mag, findet man eine Lösung. Man kann nicht wegrennen, man kommt irgendwann eh wieder am gleichen Punkt an«, erklärt Side.

»Aber kriegst du nicht irgendwann einen Inselkoller?«

»Nein, Mann, im Gegenteil. Ich habe mich woanders nie frei gefühlt, nur hier. Das Festland hat zu viel von allem. Zu viele Leute, zu viel Kriminalität. Hier ist alles sicher, immer.«

»Aber Kriminalität gibt es hier doch auch?«

»In Sansibar? Nein, Mann«, antwortet Side und schüttelt so energisch den Kopf, dass seine Dreads durch die Luft wirbeln.

»Ach komm, das kann ich mir nicht vorstellen, bei den vielen reichen Touristen, die jedes Jahr hierherkommen.«

»Nein, nein, keine Chance. Jeder weiß, wer mit welchen Leuten abhängt. Du kannst nicht entkommen. Wenn dich jemand überfallen sollte, und du kommst danach zu mir, dann hättest du am nächsten Tag dein Geld wieder. Wie gesagt, jeder kennt jeden.«

Am Ufer kommt Bewegung auf. Menschen beginnen, kleine Stände aufzubauen, Feuer zu machen. Über dem ganzen Marktplatz steigen kleine Rauchwolken in den Himmel. Ich drehe mich zu Side um und blicke ihn fragend an: »Was passiert da?«

»Die Garküchen werden aufgebaut. Solltest du dir vielleicht auf dem Rückweg mal angucken. Nur vom Fisch besser die Finger lassen, wenn du nicht kotzen möchtest. Dafür kommst du lieber zu mir«, antwortet er.

»Klar«, sage ich und und frage Side: »Kommst du eigentlich von Sansibar?«

»*Born and raised, brother, born and raised*«, bestätigt er, fegt sich mit einer Kopfbewegung ein paar Dreadlocks aus dem Gesicht und richtet seine Sonnenbrille. »Darum hab ich mir auch die Insel hier gebaut. Woanders würde ich nicht glücklich werden.«

»Ja, krass, wie kam es eigentlich dazu?«

Side lächelt. »Lange Geschichte«, antwortet er und zieht

an seinem Joint. »Die Idee hatte ich eigentlich schon als Kind. Es war immer mein Traum, auf dem Wasser zu leben. Mein Daddy war Fischer, das Wasser war immer da, hat uns ernährt. Und auf eine Bar hatte ich auch schon immer Lust. Aber weißt du, wir haben hier so viele Strände, und die Mieten kann keiner bezahlen. Das Meer allerdings kostet gar nichts«, erklärt er und zwinkert mir zu. »Naja, und dann musste ich meiner Frau erklären, dass ich das ernst meine. Die Leute haben mich allesamt für verrückt erklärt oder zumindest für nicht ganz normal. Meine Frau dachte, ich hätte mal wieder zu viel gekifft«, lacht Side und klopft etwas Asche über die hölzerne Reling.

»Hast du vielleicht auch, oder?«

»Hab ich vielleicht auch«, sagt Side. »Aber trotzdem, ich wusste einfach, dass es klappt. Von Anfang an.«

Die Tatsache, dass wir gerade hier sitzen und die Plastikcontainer, die die schwere Holzkonstruktion an der Oberfläche halten, nicht nachgeben, gibt ihm recht. Wie er all das errechnet hat, die Statik, den Auftrieb, ist mir ein Rätsel. Side wirkt mit sich und seinem Leben zufrieden, für komplizierte Gedanken scheint in seiner Welt kein Raum zu sein. Ich stelle mir vor, dass er in seinem Kopf den Großteil des Tages ein monotones, entspanntes Summen hört. Ich bin mir nicht mal sicher, ob er mir spontan sagen könnte, was für einen Tag wir haben.

Side erzählt weiter: »Wir haben nichts aufgezeichnet, haben einfach unten angefangen zu bauen und oben aufgehört, ein ganz natürlicher Prozess. Gambon-Style, entweder

Dreamer's Island schwimmt oder sie geht unter. Über 400 Leute haben beim Schieben geholfen, das halbe Dorf war dabei. Bei Hochwasser haben wir angefangen, und als wir fertig waren, wurde es dunkel und es war Niedrigwasser. Wir mussten also auf die Flut warten. Um fünf Uhr morgens kam dann der Anruf: ›Sie schwimmt‹. ›Natürlich schwimmt sie‹, hab ich nur geantwortet und mich wieder hingelegt. Daran hab ich nie gezweifelt.« Side zuckt mit den Schultern. Gambon heißt so viel wie Glücksspiel – und das passt auch, wenn man sich das hölzerne Konstrukt anschaut, das Sides Bar beherbergt.

Ich lasse den Blick durch das Innere der Bar schweifen. Sie erinnert mich an die Tiki-Variante eines Hundertwasser-Hauses. Die Planken und Bretter, aus denen sie zusammengezimmert wurde, scheinen zumindest zu einem gewissen Teil aus Strandgut zu bestehen, das sich über die Zeit in alle Richtungen verzogen hat. Das Mobiliar ist so willkürlich zusammengewürfelt, dass es schon wieder zusammenpasst. Von der Decke hängen klimpernde Muscheln, alte Glasflaschen, leere Kokosnüsse und Holzstücke herunter, die zu bunten Girlanden zusammengeknotet wurden. Die Wände sind mit farbenfrohen Fischen und aufgemalten Ziegelsteinen verziert, dazwischen haben die zahlreichen Besucher der Bar sich mit Filzstift verewigt. Neben meinem Kopf hängt ein altes, knallrotes Telefon, dessen Kabel im Takt der Wellen hin und her baumelt. Ob es jemals funktioniert hat, ist anzuzweifeln. Überall stehen und hängen Pflanzen herum, die dem Ganzen fast schon ein Dschungelgefühl verleihen. Gerade durch ihren Nonkonformismus gliedert sich die Bar ideal in den allgemeinen Vibe der Insel ein.

Es dauert nicht lange, bis sich auch mein Unterbewusstsein diesem Lebensgefühl angepasst hat. *Polepole*, wie es auf Suaheli heißt, locker bleiben, bloß nicht stressen. Tagsüber streune ich mit meiner Freundin durch die verwinkelten Gassen Stone Towns. Wir halten unsere Vitalfunktionen mit Unmengen Tangawizi Chai am Laufen, einem afrikanischen Schwarztee, der mit Zimt, Nelken, Kardamom und viel Ingwer in Milch aufgekocht wird. Dazu essen wir gegrillten Fisch von Straßenständen und frisches Obst. Das Leben könnte wahrlich schlechter sein.

Im Laufe des Nachmittags schlendern wir meist zum Hafen, winken in Richtung Dreamer's Island und warten darauf, dass Side oder einer seiner Mitarbeiter sich in das kleine Holzboot schwingt und uns abholt. Meist sind wir bis auf ein paar Fischer die einzigen Gäste.

»Wie viele Leute passen eigentlich hier drauf?«, frage ich Side. »Genug. Wir haben hier früher echt große Partys geschmissen, aber das wurde zu verrückt, die Leute sind ständig über Bord gegangen, wenn sie betrunken waren.«

»Und kannst du davon leben?«

Side zuckt mit den Schultern: »Alles *polepole*, Mann. Ich kann nicht meckern. Außerdem haben wir ja das Meer, wir werden also nie verhungern.«

Ich mag gar nicht daran denken, Sansibar wieder verlassen zu müssen. Geschweige denn Dreamer's Island. Zum Glück haben wir noch ein paar Tage, bevor es wieder zurück auf den afrikanischen Kontinent geht. Und diese will ich optimal genießen. Ich frage Side daher, ob er einen absoluten Lieblingsplatz hat, zu dem wir am nächsten Tag fahren können.

Side beginnt so laut zu lachen, dass er sich kurz am Rauch verschluckt und zu husten beginnt.

»Mein Lieblingsplatz? Dein Ernst?«, fragt er mich und wischt sich eine Träne aus dem Auge. »Dreamer's Island, Mann. Meine eigene Insel. Hier kann ich den ganzen Tag chillen, trinken, kiffen, machen, was ich will. Kein Boss, keine Polizei.«

Gut, wenn ich drüber nachdenke, hätte ich auch keine andere Antwort erwartet. Außerdem eröffnet sich so für mich die Möglichkeit, meine Zeit auch morgen wieder guten Gewissens auf Dreamer's Island zu verbringen, ohne dass mir so etwas wie Sightseeing dazwischenkommt.

Für einige Zeit sagen wir gar nichts. Ich gucke den Wellen und den kleinen Fischen zu, die um unsere Füße herum schwimmen und schlürfe meinen Mojito, während Side weiße Wolken in die Luft bläst.

Vor uns an Land füllt sich der Platz. Jugendliche aus der Stadt versammeln sich an der Kaimauer, während Urlauber durch die Reihen der Garküchen schlendern und neugierig begutachten, was dort gekocht wird.

Wir drehen uns langsam wieder in Richtung offenes Meer, und während ich an Steuerbord weiter das Treiben auf dem großen Platz beobachte, hat Side seine Augen auf das Wasser gerichtet. Zentimeter für Zentimeter wandert die untergehende Sonne in unseren Fokus, während wir weiter schweigend nebeneinander sitzen. Aber das ist okay, das Schweigen ist nicht unangenehm. Im Gegenteil, ich habe etwas Angst, dass jedes falsche Wort den Moment zerstören würde.

Die Fischer in ihren kleinen Booten, die einige Meter vor uns vor Anker liegen, ordnen ihre Geräte, säubern ihre Netze, spleißen Seile und legen ihre Segel ordentlich zusammen, um morgen früh pünktlich vor Anbruch des Tages hinausfahren zu können. Ein paar Möwen gucken ihnen neugierig dabei zu, in der Hoffnung, es könnte doch noch ein Stückchen Fisch von Bord fallen, das die Männer übersehen haben. Vergebens.

Die dunkler werdenden Silhouetten der Boote im Hintergrund, die sich, aufgereiht wie auf einer Perlenkette, den Horizont entlangschlängeln, der sich rosarot färbende Abendhimmel und die Mischung aus Möwengeschrei und Reggae-Musik sorgen für das kitschigste Sonnenuntergangserlebnis, das ich je hatte. Würde jetzt ein Delfin vor mir aus dem Wasser springen und einen Salto machen oder ein Einhorn am Ufer auftauchen, wäre ich nicht verwundert.

»Verdammt. Das ist echt das Paradies hier«, platzt es aus mir heraus.

»Das ist es, Bruder. *Karibu sana*, willkommen, Mann«, antwortet Side und lächelt, ohne den Blick vom Horizont abzuwenden.

»*Karibu sana.*«

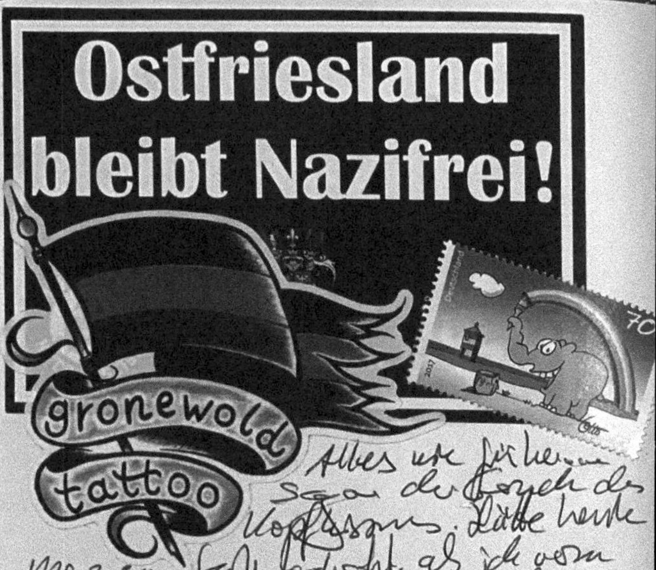

JEVER

Friesisch-herb.

Friesisches Brauhaus

Lennart   Jever 0,5 l IIII
           0,3 l
           Cola-
           Korn
           IIII

Corvit III

Das Wort »Hassliebe« lässt sich für mich am besten anhand meines Heimatortes erklären. Als Jugendlicher hatte ich vor allem einen Gedanken: Bloß weg aus diesem Drecksloch. Möglichst schnell, möglichst weit. Als ich diesen Plan verwirklicht hatte, kam allerdings die verspätete Erkenntnis, dass nicht alles schlecht war. Immerhin war es *mein* Drecksloch. Und ich hatte viele Drecksloch-Freundinnen und -Freunde, mit denen ich aufgewachsen bin, die wussten, wie ich ticke, von denen ich wusste, wie sie ticken und die sich nicht über meinen Ostfriesen-Slang lustig machten.

Genau auf diesen wurde ich unsanft am ersten Tag meines Work-and-Travel-Aufenthalts in Neuseeland hingewiesen: Mein bester Kumpel Carsten und ich hatten gerade unser Abi in der Tasche und saßen im Aufenthaltsraum des Fat Camel Hostels in Auckland, zusammen mit zwei Bayern und einer Thüringerin. »Süßen Dialekt habt ihr«, sagte die Thüringerin in feinstem Thüringisch. Carsten und ich haben uns nur verwirrt angeguckt. »Wir? Dialekt? Quatsch!«, was zu allgemeinem Gelächter führte. »Is des euer Ernst? Ihr klingts wie Hein Blöd nach a poar Bier zvui«, fügte einer der Bayern hinzu. Frechheit!

Als sich ähnliche Sprüche bezüglich unserer Aussprache im Laufe der Reise häuften, merkte ich: Auch die Ferne, die Freiheit, hat ihre Nachteile. Weg von Mutti, weg von Oma, die immer eine Tasse Tee und ein paar geschmierte Krintstuten, ostfriesische Rosinenbrote, für mich bereit hatte. Wäsche selber waschen? Ätzend. Arzttermine selber machen? Mega ätzend! Mein ostfriesisches Zuhause wuchs in meinem

Kopf zu einem Utopia, wo Tee in Bächen fließt und Kluntje auf Bäumen wächst. Ein Schleier der Nostalgie legte sich über das kleine Städtchen an der Nordsee und ließ alles in einem rosaroten Licht erscheinen.

Wieder zu Hause folgte schnell die Ernüchterung. Alle meine Freunde waren weg, verstreut auf der ganzen Welt. Nur noch zu Weihnachten und mit etwas Glück an einem Wochenende im Sommer traf man sich beim Heimaturlaub. Die Stadt wirkte ohne sie wie ausgestorben, und die Besuche bei meiner Familie bekamen einen immer stärkeren Pflichtcharakter. Meine Heimat wurde mir fremd. Ich begann zu reisen, mich überall zu Hause zu fühlen. An jeder Ecke der Welt ein kleines Stückchen meines Herzens zu lassen. Statt Heimweh nach Ostfriesland bekam ich Heimweh nach Neuseeland, Heimweh nach Marokko, Heimweh nach Kuba.

Und dann stand ich plötzlich mit dem gesamten Hausrat, der sich während meiner zwei erfolglosen Politikwissenschaftssemester angehäuft hatte, wieder zu Hause vor der Tür. Eine Depression, eine gescheiterte Beziehung sowie ein persönlicher Kleinkrieg mit dem Bildungssystem und der daraus resultierende Studienabbruch hatten mich wieder dorthin geführt, wo ich eigentlich nicht mehr hinwollte. Norden, Ostfriesland, Niedersachsen. Die tiefste Pampa der tiefsten Pampa der tiefsten Pampa. *Inception* der langweiligen Art.

Die Einschreibefristen für ein neues Studium hatte ich verpasst. Also blieb mir nichts Anderes übrig, als beim Chefredakteur der Lokalzeitung anzurufen, bei der ich nach dem Abi mal ein Praktikum gemacht hatte, um zu fragen, ob ich dort ein Jahr als freier Journalist arbeiten könnte. Kein Problem, zumindest das lief geschmeidig. Zurück in mein altes Kinderzimmer, um Geld zu sparen – und schon hatte sie mich wieder, die Kleinstadtmonotonie.

Nun stehe ich an dem Ort, an dem ich während der Oberstufe wahrscheinlich mehr Zeit verbracht habe als im gegenüberliegenden Gymnasium. Ulrich – jetzt, wo ich das rostige Schild, die schmierigen Scheiben und die steinerne Treppe sehe, die ins Innere der Kneipe führt, kommt doch so etwas wie Heimatgefühl auf. Wie oft bin ich diese Treppenstufen hochgelaufen und runtergestolpert? Die Tage waren zu Schulzeiten fest verplant. Mittwoch war Cocktailtag im Ulrich, Donnerstag war Weizentag, Freitag war allgemeiner Ulrichtag, Samstag war Katertag. Entweder mit oder ohne Vorglühen traf man sich spätestens um 21 Uhr dort, um noch einen guten Platz zu bekommen. Man musste sich nicht verabreden: Es gab eh keine Alternative. Das wusste auch Harald, der Betreiber, der nur dafür sorgen musste, dass genügend Bier da war, und ansonsten alles so ließ, wie es immer war. Mit 16 wurde jeder einmal nach dem Ausweis gefragt. Wer ihn präsentieren konnte, war fortan berechtigt, hier zu sein, und Harald merkte sich darüber hinaus noch, was man am liebsten trank. Das Ulrich ist eine dieser Bars, wo das Bier schon auf der Theke an seinem üblichen Platz steht, wenn man eintritt.

Ich schließe mein Fahrrad ab und gehe die Treppen hoch in die Kneipe. Mein Bier steht heute nicht auf der Theke und auch nicht an meinem üblichen Platz. Auch sonst hat sich einiges verändert. Früher war die Wandfarbe dunkelrot mit nikotingelben Nuancen, wo die Farbe abgebröckelt war und den Putz freigab. Jetzt ist sie zur Gänze in feinstes WC-Stein-Gelb getüncht, was im Vergleich zu dem bis dahin eher grufti-mäßigen Ambiente der Kneipe fast schon einen Teletubby-Charakter aufweist, so aufgesetzt fröhlich springt einem die Wandtönung ins Auge. Den Typen hinter der Bar kenne ich nicht, er mich dementsprechend auch nicht. Scheint der neue Besitzer der Kneipe zu sein.

Abgesehen von Harald stand früher oft Eddy auf der anderen Seite des Tresens, seine Haare zum Pferdeschwanz gebunden, sein T-Shirt niemals heller als verwaschenes Schwarz. Ein typisches Gespräch mit Eddy lief eigentlich immer gleich ab.

»Moin Eddy, alles gut? Bin ganz schön kaputt, machst du mir 'nen Kaffee?«

»Bist du bekloppt? Weißt du, wie spät das ist? Ich mache doch jetzt keinen Kaffee mehr!«

»Dann halt 'ne Cola.«

»Cola ist hinten, die hol ich jetzt nicht extra.«

»Alles klar, hab verstanden, dann hätte ich gerne ein Bier«, war meist die resignierende Antwort, während Eddy zufrieden zum Zapfhahn griff und mir mein Bier über die Theke schob. Ein großes Jever. Immer.

»Geht doch«, sagte er dann und schüttelte verächtlich mit dem Kopf. Man musste ihn einfach mögen.

Das Ulrich war immer ein Treffpunkt für Punks, Metaller, Hip Hopper, Hippies, Computernerds, Rollenspieler, Popper und andere Randgruppen Nordens gewesen. Kurz: für alle, die in den zwei, drei gutbürgerlichen Kneipen der Stadt keinen Platz fanden. Und auch die, die sich keiner Gruppe zuordnen lassen wollten, gesellten sich gerne dazu. Doch die üblichen Verdächtigen sind heute nicht hier.

Gerd-Dieter zum Beispiel, grüner Lokalpolitiker, Alt-68er, Künstler, Enfant terrible. Optisch geht er in Richtung eines in die Jahre gekommenen Che Guevara, der sich nach erfolgreicher Revolution in Ostfriesland zur Ruhe gesetzt hat, um Lokalpolitik zu machen. »Opposition muss dagegen sein, sonst wäre es ja keine Opposition«, hat er mir mal geantwortet, als ich ihn fragte, warum er grundsätzlich alles scheiße fand, was die anderen Fraktionen vorschlugen. Ich durfte einmal miterleben, wie Gerd-Dieter anlässlich des 20-jährigen Jubiläums der Städtepartnerschaft zwischen Norden und Pasewalk vor Delegierten aus der mecklenburgischen Partnerstadt eine Stelle aus *Mein Kampf* rezitierte, in der Hitler beschreibt, wie er in Pasewalk beschloss, in die Politik zu gehen.

Als der örtliche Landpuff vor ein paar Jahren (vermutlich gemeinsam mit der letzten Prostituierten) starb, kaufte Gerd-Dieter sämtliche Bestände auf, darunter erotische Stummfilme aus Zeiten der Weimarer Republik. »Wäre doch zu schade, wenn das verloren geht. Und wer weiß, vielleicht organisiere ich mal ein Porno-Filmfestival in Norden«, begründete er den Kauf.

Dann war da Cosmo, der aussah, als hätte Dumbledore zu tief in seinen Zauberkessel geguckt oder Gandalf das falsche Kraut geraucht. Irgendwelche Drogen jedenfalls müssen im

Spiel gewesen sein, denn physisch saß er zwar jedes Wochenende im Ulrich, geistig allerdings war er in einer fernen Ga-
laxie. Niemand verstand ihn wirklich, wenn er etwas in seinen beachtlichen, weißen Bart murmelte. Außer Eddy, denn
wenn Cosmo irgendwas in Richtung Theke brabbelte, nickte
dieser nur und brachte ihm, was auch immer er gerade wollte. Cosmo war immer gut drauf, immer friedlich, begutach-
tete das Treiben um ihn herum mit funkelnden Augen, machte ab und zu merkwürdige Gesten und Mimiken und gehörte
genauso zur Bar wie die Zapfanlage und der Kickertisch.

»Was willste haben?«, fragt mich der neue Barkeeper, nachdem ich ihn wahrscheinlich etwas zu skeptisch von meinem
Tresenplatz aus gemustert habe.

»Jever, groß.«

Ich warte auf Ute, den letzten Fels in der Brandung. Ohne
sie würde ich mich wahrscheinlich über kurz oder lang im
Watt einbuddeln und warten, bis die Flut kommt. Sie ist Fo-
tografin beim Ostfriesischen Kurier, dort habe ich sie kennengelernt. Ihr Job hat sie bisher noch in Norden gehalten.
Ein Glück. Mit Ute kann man genauso gut über Nonsens wie
über weltbewegende Dinge diskutieren. Als sie durch die Tür
kommt, blickt sie skeptisch durch die Bar, bis sie mich entdeckt und zu grinsen anfängt.

»Komisch hier«, flüstert sie mir leise zu. Ich nicke zustimmend. Aber wenigstens sitzen wir wieder nebeneinander an
der Bar, und obwohl alles anders ist, ist es doch irgendwie
wie früher. Zumindest ein bisschen. Der Geruch ist trotz der

neuen Wandfarbe und der neuen Klimaanlage gleich geblieben. Jahrzehnte ausgeschwitzten Alkohols und der Rauch zigtausender Zigaretten haben sich tief in die Grundmauern des Gebäudes gefressen. Früher war die Kneipe so verraucht, dass man bis zur Mitte des Raums gehen musste, um zu sehen, wer am anderen Ende im Nebel am Kickertisch stand. Um dieses Odeur loszuwerden, hilft wahrscheinlich nur Abreißen und Neubauen. Für mich ist es der Geruch von Heimat. Auch das Geräusch meines Unterarms, der sich mit einem schmatzenden Ton beim Anheben des Bierglases vom klebrigen Tresen löst, lässt Erinnerungen wachwerden.

Es bricht mir ein wenig das Herz, die Kneipe so leer zu sehen. Zu Schulzeiten mussten Bürgersteig und Straße noch mit Bauzäunen abgesperrt werden, da die Party nach draußen verlagert wurde, sobald die Kapazitäten der kleinen Kneipe ausgereizt waren.

Nach dem Abi zogen so gut wie alle aus meinem Jahrgang weg. Und die Ulrich-Revival-Partys wurden in die jeweiligen Städte und das am besten geeignete Ulrich-Pendant verlegt. Oft mit unterschiedlicher Besetzung aber ähnlichem Ende, wenn wir uns am späten Abend in den Armen lagen und über die guten, alten Zeiten im Ulrich sinniert haben. Ich habe mehrfach versucht, in Flensburg eine Enklave für die hier lebende ostfriesische Diaspora zu etablieren, ähnlich wie Chinatown in New York. Ostfrieslandtown mit kleinen Teehäusern, eigenem Sportverein mit Disziplinen wie Boßeln und Teebeutelweitwurf und Kneipen, in denen der Cola-Korn grundsätzlich im Angebot ist. Bisher ohne Erfolg.

Ute schlägt vor, am Wochenende unsere Kameras zu schnappen und eine Fototour zu machen.

»Klar, cool! Und was sollen wir fotografieren?«, frage ich.

Ute überlegt. »Hm. Weiß nicht, Schafe?«

»Auf jeden, Schaf-Safari!«

»Schafari«, antwortet Ute, und ich muss so doll lachen, dass mir ein Schluck meines Bieres aus der Nase wieder rauskommt.

Der Typ hinter der Bar guckt uns skeptisch an.

»Wir gehen auf Schafari!«, erkläre ich, die erwartete Begeisterung seinerseits bleibt allerdings aus.

»Aha...«, antwortet er nur und geht ins Hinterzimmer, um Getränke aufzufüllen.

Ute und ich prosten uns angesichts unserer genialen Idee erneut zu und unterhalten uns über die aktuellen Entwicklungen in der Stadt. Meine gerade noch gute Stimmung verdunkelt sich etwas. Norden ist eine Stadt, die das eigene Potenzial gnadenlos verspielt – angefangen bei unserer Zeitung. Kritischer Journalismus ging hier leider oft nur so weit, bis man Geschäftspartner oder Anzeigenkunden verärgert hätte. Die hiesige Baumafia scheißt gerne mal auf Denkmalschutz, setzt sich eigene, hässliche Denkmäler und verschandelt das Stadtbild, das in den 1960ern ohnehin stark gelitten hatte, noch weiter. *No Future* mag das Motto der 1980er gewesen sein, in Norden gilt es immer noch. Wir haben zwar kein Kunst-, dafür aber zwei Teemuseen. Die Skatehalle wurde eingestampft, das Jugendhaus ist scheintot, das Stadtfest eingestellt. Der letzte Club in der Stadt, der den aussagekräftigen Namen »Der Club« trug und alles spielte – vom Pur-Hitmix bis zu den neuesten Hits aus dem Vorjahr –, wurde inzwischen abgerissen. Stattdessen wird Geld mit seniorengerechtem Wohnen am Wasser gescheffelt, und Ostfriesland verkommt zu einem Florida für Arme. Ein Elefantenfriedhof, zu dem nordrhein-westfälische Rentner pilgern, um ein Häuschen zu kaufen und darin zu sterben.

Trotzdem bleibt Norden mein Zuhause. Und so sehr es mein Herz zerreißt, was hier passiert, möchte ich die ersten 18 Jahre meines Lebens, die ich hier verbracht habe, um nichts in der Welt missen.

»Und was hast du heute gemacht? Hast du dich wieder gut eingelebt?«, erkundigt sich Ute.

»Joa, geht. War bei Oma essen«, antworte ich.

»Hab ich mir schon gedacht. Du siehst auch ganz schön fertig aus«, sagt sie mit mitleidigem Blick.

»Ja, das Essen war schon viel, aber der Liter Bananenmilch zum Nachtisch hat mich gekillt. Aber war lecker«, füge ich hinzu. Die Worte »Ich bin satt« scheinen Omas grundsätzlich nicht zu kennen, und ostfriesische Großmütter sind besonders engagiert, wenn es darum geht, ihre Enkel zu mästen. H.P. Baxxter – Scooter-Sänger, Techno-Pionier, Ostfriese – hat hat in einem Interview erzählt, dass seine Oma ihm immer Grünkohl und Tee mitgibt, wenn die Band wieder auf Welttournee geht. Für eine ostfriesische Oma ist es wahrscheinlich egal, ob ihr Enkelkind Trash-Gott oder Journalist ist. Hauptsache es wird satt.

Es dauert meist nur ein paar Tage und mir fallen ein paar versöhnliche Kleinigkeiten auf, die es mir mal so schwer gemacht haben, Ostfriesland dauerhaft zu verlassen. Die Gastfreundschaft, die Tatsache, dass jeder jeden kennt, man so gut wie jeden duzt, die Tradition, die keine verbohrte Heimattümelei, sondern gelebter Alltag ist. Und das Schöne ist: Diese Sachen scheinen sich einfach nicht zu verändern. Denn wenn eines unübertroffen ist, dann ist es die Sturheit der Ostfriesen. Egal, wie schnell sich die Welt um sie herum ändert, solange sie dies ignorieren, ist alles gut. Geht ihr Hausarzt in Rente oder stirbt, gehen sie zu dessen Sohn oder Tochter, anschließend zu deren Enkeln. Wird vom Supermarkt um die Ecke gesprochen, wird sich immer noch auf den Tante-Emma-Laden bezogen, der dort vor Ewigkeiten mal stand. Selbst, wenn mittlerweile schon die dritte Großhandelskette in Folge dessen Platz eingenommen hat.

Mein Vater hat diese Sturheit sogar auf ein komplett neues Level gebracht, indem er sie hinter Weltoffenheit versteckt. So reist er liebend gerne. Individuell, frei, ausschließlich mit dem Wohnmobil. Und ausschließlich nach Skandinavien. Mit ostfriesischer Hausmannskost kann er nicht viel anfangen, mag es lieber international. Hier allerdings darf der sprichwörtliche Tellerrand nicht überschritten werden. Beim Italiener gibt's Pizza Hawaii, beim Griechen gebackenen Saganaki oder bei viel Hunger den Mykonos-Teller, beim Asiaten kommt nur Schweinefleisch süß-sauer auf den Tisch. Ohne Ausnahme. Er ist Rocker, Musikkenner, hatte früher lange Haare und lehnte sich mit seinem Musikgeschmack gegen seine Eltern auf. Ich durfte, seit ich acht oder neun bin, mit ihm zu allen möglichen Konzerten in ganz Deutschland fahren. Meine musikalische Früherziehung hat schon damit begonnen, dass er Kopfhörer an den Bauch meiner schwangeren Mutter gehalten hat, um mir das neue Neil-Young-Album vorzuspielen. Er hat ein eigenes Musikzimmer, in dem wir, wenn ich bei ihm bin, stundenlang nebeneinandersitzen und die Kapazitäten der Anlage ausreizen, bis die Bilder an der Wand zu vibrieren beginnen. Ich liebe es. Aber obwohl eine gesamte Wand mit tausenden Schallplatten und CDs gefüllt ist, lässt sich seine musikalische Spannweite auf ein Genre reduzieren: amerikanischer Westcoast-Rock der 1960er Jahre. Crosby, Stills, Nash & Young, Eagles, Jackson Browne. Wer nicht in Woodstock gespielt hat oder sich im musikalischen Dunstkreis des Meisters Neil Young befindet, wird bei ihm nicht aufgelegt.

»Wat de Bur ne kennt, dat frett he ne«, heißt es auf Plattdeutsch. Was der Bauer nicht kennt, das frisst er nicht. Außenstehende würden es schrullig nennen, man kann es aber auch als Zeichen von Zufriedenheit interpretieren. In postindustriellen Zeiten scheint es nur noch um die stetige Optimierung der eigenen Persönlichkeit zu gehen. Es gibt immer eine mögliche Verbesserung des Bestehenden. Ich Version 2.0, Version 2.1, Version 2.1.1. In Ostfriesland ist das anders. Wenn etwas gut ist, warum sollte man es ändern?

Meine Großeltern nahmen in den Urlaub nicht nur ihren Teepott, Tee, eine Dose Kandis, Sahne und einen Tauchsieder mit, falls das Hotel keinen Wasserkocher im Zimmer hatte.

Sie haben sogar einen Kanister mit ostfriesischem Leitungs-
wasser mitgeschleppt. Denn mit fremdem Wasser schmeckt
der Tee nicht. Die Eltern meines Stiefvaters sind noch weiter gegangen. Sie haben jedes Jahr zwei große Wassertanks
über die Alpen bis nach Italien geschleppt, um den Sommer
am Gardasee unbeschadet zu überstehen. Einen gefüllt mit
feinstem ostfriesischem Teewasser und einen leeren, sodass
sie das Wasser jede Woche umschütten konnten, um zu ver-
hindern, dass es schlecht wird. Und zugegeben: Ich habe es
anfangs ähnlich gemacht, wenn auch nicht ganz so extrem.
Eine kleine Dose Tee und eine Reiseteekanne habe ich sogar
in die Sahara getragen. Ostfriesentee schmeckt mit Kamel-
milch aber nur halb so gut, sodass ich zur Tuareg-Variante
übergewechselt bin und meinen Tee im Rucksack gelassen
habe.

»Was machst du morgen?«, fragt mich Ute.

»Keine Ahnung, Teetrinken bei meinen Nachbarn, aber
abends hab ich noch nichts vor. Sollen wir was machen?«

»Klar, gerne. Was denn?«, antwortet Ute.

Ich überlege.

»Ulrich?«

Anschließend hatten wir Zeit, Ainkawa alleine zu erkunden. Da sich in Ainkawa an der die einzige „deutsche" Gaststätte des Iraks, der Deutsche Hof, befand, war unser erstes Ziel klar. Zumindest Christians, Connils und meins. Katten und Nathalia waren sich zu gut für „diese Art von Etablissement".

Beide kommen aus Nürnberg,

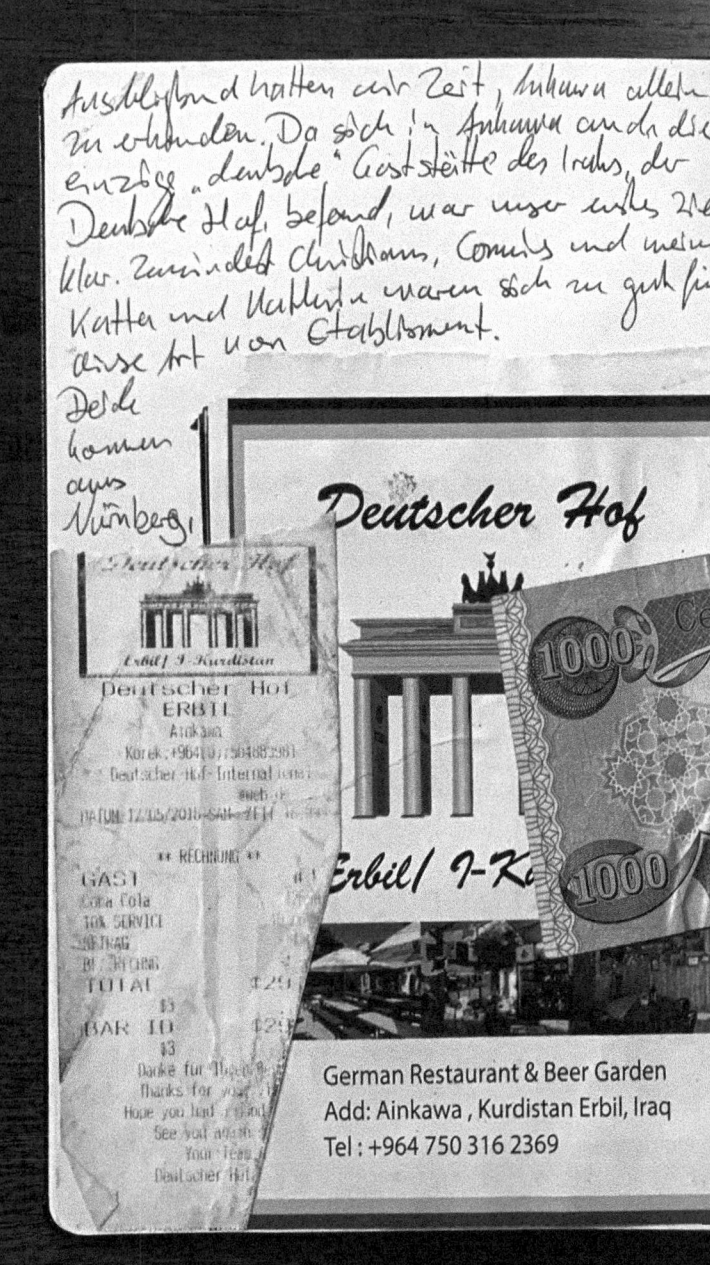

Deutscher Hof
Erbil / I-Kurdistan

Deutscher Hof
ERBIL
Ainkawa
Korek: +9640 7564882981
Deutscher Hof International
web.:
DATUM: 12/05/2016-SAM-ZEIT

** RECHNUNG **

GAST
Coca Cola
10% SERVICE
BETRAG
RECHNUNG
TOTAL $29
$5
BAR ID $29
$3
Danke für Ihren
Thanks for your
Hope you had a good
See you again
Your Team
Deutscher Hof

German Restaurant & Beer Garden
Add: Ainkawa , Kurdistan Erbil, Iraq
Tel : +964 750 316 2369

FATOOSH
Fast Foo...

فرانسيسكو   يونان + قطر

البنك المركزي العراقي

Bank of Iraq   1000

1000

Thousand Dinars

250

2500

2500   شاورما

1500   هوت دوع + جبن

1000   خبز شامي او صمون تركي

شاورما   عربي   2000   صمون تر   1000   خبز شامي

»Bitte zeig meinem Bruder Yousif die Seiten von Kurdistan, die er sonst nicht sehen würde. Er soll Dinge erleben, die er niemals machen dürfte«, musste ich meinem Kumpel Amed vor meiner Reise in seine alte Heimat versprechen. Amed lebt seit einigen Jahren in Deutschland und kann sein Geburtsland und seine Familie aufgrund seines Flüchtlingsstatus nicht besuchen.

Seine Bitte zu erfüllen, kommt mir zunächst schwierig vor. Denn der nördliche Teil des Irak ist für mich das, was für Angela Merkel das Internet ist: absolutes Neuland. Aber wie sich herausstellt, will Yousif eigentlich nur Bier trinken und Frauen angucken. Klingt simpel und relativ normal für einen 17-jährigen Jugendlichen. Aber das Leben in einer streng religiösen kurdischen Familie und der Alltag in der konservativen Provinzhauptstadt Erbil stellen diesen Wünschen doch einige Barrieren in den Weg.

Es gibt im Nordirak eine relativ bedeutende christliche Minderheit. Ankawa, der nördlichste Stadtteil Erbils, wird beispielsweise überwiegend von Christen bewohnt. Hier existieren, im Gegensatz zu den vollständig muslimisch geprägten Teilen des Irak, eine ganze Reihe von Schnapsläden, und auch einige höherklassige Hotels und Restaurants schenken Alkohol aus. Die Anzahl der Bars kann man in der Millionenstadt trotzdem an einer Hand abzählen. Und während des Fastenmonats Ramadan haben sie geschlossen. An Alkohol zu kommen ist da schon knifflig. Und das ganze auch noch so zu organisieren, dass Yousifs Eltern nichts davon mitbekommen, macht es nicht unbedingt leichter.

Doch zunächst ist Fastenbrechen angesagt. Wir sitzen wie an jedem Abend der letzten Tage auf dem Fußboden um den Fernseher herum und warten darauf, dass der Imam auf dem Bildschirm mit seinem Gesang das Zeichen gibt. Wenn die Sonne untergegangen ist, dürfen wir mit dem Essen beginnen.

Ameds Mutter Galawezh drapiert die letzten Gerichte auf der Decke, die sie vor uns ausgebreitet hat, setzt sich auf die Knie und blickt auf den Bildschirm. Während Yousif den Tag über immer wieder heimlich etwas von meinen Keksen genascht hat, haben seine Eltern die letzten 16 Stunden weder gegessen noch getrunken und wirken etwas matt. Dann läutet der Imam mit einem Gesang den Iftar ein, das Fastenbrechen. Ich sitze etwas unbeholfen daneben und weiß nicht genau, was ich machen soll, während der Rest der Familie mit geschlossenen Augen und nach oben geöffneten Händen leise Gebete murmelt und sich mehrmals in Richtung Mekka verbeugt. Das Gebet ist vorbei. Ameds Vater Sherwan reicht mir eine Dattel, mit der ich meinen Körper und meinen Geist auf das Essen vorbereiten soll, wie er sagt.

Vor uns stehen Berge an Essen. Galawezh hat sich mal wieder selbst übertroffen. Frischer Salat, Hähnchenschenkel und Dolma, gefüllte Paprikaschoten. Dazu große Schüsseln mit Reis, der mit gerösteten Mandeln und Rosinen garniert ist. Dolma hat Galawezh extra für mich gemacht, weil sie Ameds Lieblingsessen waren.

Amed hat seit fünf Jahren keine Dolma mehr bei seiner Mutter gegessen, mit 15 musste er aus dem Irak fliehen. Der Grund: Er ist Ex-Muslim. Eigentlich war er ebenso religiös wie seine Eltern, ging mit ihnen in die Moschee und fastete während des Ramadan. Als er jedoch in Onlineforen auf den Atheismus aufmerksam wurde, ergab dies für ihn viel mehr Sinn als die Lehren des Islam.

Damit war sein bisheriges Leben vorbei. Als Amed sich als Atheist outete, riefen seine Eltern am nächsten Morgen die Polizei, die ihn direkt ins Gefängnis steckte. Zwei Wochen wurde er dort gefoltert, geschlagen und gedemütigt, sollte umerzogen werden und so wieder auf den richtigen Pfad gelangen. Die Maßnahmen erzielten das Gegenteil. Nur durch öffentlichen Druck gelang es Menschenrechtsorganisationen, ihn aus dem Gefängnis zu holen, doch sein Leben war fortan nicht mehr sicher. Er musste fliehen. Seitdem hat Amed seine Mutter und seine Geschwister nicht mehr gesehen. Sein Vater beuschte ihn einmal in Flensburg, ein Visum zu bekommen ist aber teuer und kompliziert.

»*Khosha?*«, fragt Galawezh mich, als ich in eine der gefüllten Paprika beiße, was auf kurdisch so viel heißt wie »gut«. »*Khosha*«, antworte ich mit vollem Mund, woraufhin sie zufrieden lächelt und etwas zu Yousif sagt, das er für mich übersetzt. »Amed liebt Dolma auch.« Ihr Lächeln verschwindet langsam. »Erklär mir, warum muss Amed solche Sachen schreiben?«, will sie von mir wissen und beginnt zu weinen.

Ich habe mich lange gefragt, wie Eltern ihr eigenes Kind anzeigen können. Nachdem ich einige Tage bei Ameds Familie zu Hause verbracht habe, würde ich behaupten, dass es nicht aus Bosheit geschah. Vielmehr aus Unverständnis, wie jemand sich vom Glauben abwenden kann, der für sein gesamtes Umfeld so essentiell ist. Ameds Eltern handelten aus Hilflosigkeit, vielleicht sogar aus Angst. Angst davor, ihr Gesicht zu verlieren, vielleicht auch vor Schlimmerem. Als ihr Sohn wieder frei war, verhalfen seine Eltern ihm zur Flucht, der Vater brachte ihn in die Türkei. Von dort aus kam Amed über Umwege nach Flensburg. Dort angekommen begann er, seine Geschichte öffentlich zu machen, sich für die Rechte von Ex-Muslimen stark zu machen. Mittlerweile hält er Vorträge, ist Gast bei Diskussionsrunden in ganz Deutschland und macht Schlagzeilen mit Aktionen, zum Beispiel ist er mit einem *Allah is Gay*-Shirt zum Christopher Street Day gegangen.

Mit seinen Eltern hat er sich nach seiner Flucht wieder versöhnt, skypt regelmäßig mit ihnen und dem Rest seiner Familie im Irak. Wie sehr seine Eltern unter der Trennung von ihrem Sohn leiden, habe ich in den letzten Tagen erlebt. Auch der Vater kann seine Trauer nicht ganz verstecken. Doch wenn es um Ameds Aktivismus geht, treffen zwei Welten aufeinander.

»Warum tut er das?«, wiederholt Galawezh ihre Frage.

»Weil er es kann«, will ich ihr sagen. Denn er musste aus einem Land fliehen, in dem er gefoltert wurde, weil er eine andere Meinung vertritt als die geltende Norm – und auf die gewonnene Freiheit will er nicht mehr verzichten.

»Weil er es möchte«, will ich ihr sagen. Denn er kann damit nicht nur sein eigenes Trauma verarbeiten, sondern auch auf eine Thematik aufmerksam machen, die für viele immer noch ein Tabu ist.

»Weil er es muss«, will ich ihr sagen. Denn Freiheit kann nur gewonnen werden, wenn es Menschen gibt, die bereit sind, Opfer für sie zu bringen. Durch seinen Aktivismus macht Amed sich zur Zielscheibe für Extremisten aus den unterschiedlichsten Lagern. Amed überschreitet mit seinen Aktionen regelmäßig Grenzen, bekommt deshalb im Internet und auf der Straße Morddrohungen, aber auch Interviewanfragen vom »Guardian« bis zur »Bild«-Zeitung. Würde er Grenzen nicht überschreiten, nicht provozieren und damit Menschen gegen sich aufbringen, würde er nicht dort bohren, wo es weh tut, würde sich auch niemals etwas ändern. »Die Reaktionen, besonders der Hass, zeigen mir, dass es wirkt«, hat Amed mir mal gesagt.

All das sage ich nicht. Ich habe in den letzten Tagen mehrfach versucht, ihr Ameds Standpunkt näher zu bringen, aber sie konnte es einfach nicht verstehen. Ich erzähle ihr stattdessen, dass viele Menschen ihm regelmäßig schreiben und ihm für seinen Aktivismus danken. Dafür, dass er ihnen geholfen hat, ihre Ängste zu überwinden, ihnen gezeigt hat, dass sie nicht alleine sind. Wie stolz sie auf ihn sein kann, dass er all das in einem fremden Land geschafft hat. Dass er viele Freunde hat, ein gutes Leben führt.

Galawezh wischt sich die Tränen weg. »Ja, Amed ist ein guter Junge«, sagt sie und nickt. »Aber warum muss er so provozieren?«

Die Diskussion dreht sich im Kreis, das merkt auch Yousif und fragt seinen Vater, ob er uns in die Stadt bringen könne. Ich drücke noch einmal tröstend Galawezhs Hand, und sie wischt sich erneut ihre Tränen ab, richtet ihr Kopftuch, streicht ihr Kleid glatt, begleitet uns zum Auto und winkt. Ich muss noch einige Zeit an Ameds Mutter denken, als wir durch die sternenklare Nacht in Richtung Stadt fahren.

Galawezh ist der kurdische Name für Canopus, einen der hellsten Sterne am Firmament. Von Europa aus ist er nicht zu sehen, doch hier leuchtet er am klaren Nachthimmel.

Yousifs Vater bringt uns zunächst nach Eskan nahe des Stadtzentrums, um David abzuholen, und von dort aus nach Ankawa. Wenn es Alkohol gibt, dann nur hier. Und ich habe auch schon eine Idee wo.

»Na, gut gegessen?«, fragt David, als er sich auf die Rückbank des weißen Toyotas schwingt.

»Boa, ich platze gleich«, lache ich.

David ist Fotograf aus Freiburg und gehört zu den Menschen, die man trifft und sich fühlt, als kenne man sie schon seit Ewigkeiten. Wir haben bei manchem Bier auf der ein oder anderen Dachterrasse zwischen Dohuk im äußersten Nordwesten der Provinz und Sulaymaniyah im Osten herausgefunden, dass wir eine ähnliche Philosophie haben, was das Reisen und das Leben angeht. Wir sind uns einig, dass es überall Gutes gibt, selbst dort, wo man es am wenigsten vermutet. Sonst hätten wir uns wahrscheinlich auch nicht mitten im Irak getroffen. David fotografiert nicht nur, sondern ist gleichzeitig Flüchtlingshelfer, hat mehrere Monate im griechischen Idomeni, Europas größtem Flüchtlingslager, gearbeitet. Auch in Kurdistan initiiert er gerade ein Projekt, mit dessen Hilfe Solarlampen an Flüchtlinge verteilt werden sollen, die seit Beginn des Kriegs gegen den IS in riesigen Lagern vor den Städten leben.

Sherwan liebt David und beginnt direkt auf ihn einzureden. »David! Kurdistan ist das beste Land, oder?«, fragt er und schwärmt anschließend stolz von Kurdistan und den Errungenschaften seines Landes, während Yousif alles von der Rückbank aus ins Englische übersetzt – und unsere Antworten für seinen Vater ins Kurdische.

Amed hatte mich bereits vorgewarnt. »Für meinen Vater ist Kurdistan das Paradies auf Erden, in dem alles so läuft wie es muss und wo es kein Unrecht gibt«, sagte er mir bei einem Bier am Hafen in Flensburg, ein paar Wochen vor meiner Abfahrt nach Kurdistan. Sherwan spricht zwar kein Wort Englisch, irgendwann allerdings kommt er immer an einen Punkt, an dem er nicht mehr alles von seinem Sohn übersetzen lassen will. Ab dann beschränken sich die Konversation auf das Aufzählen von Sachen, die entweder *khosha* oder nicht *khosha* sind.

»*Erbil? Khosha*«, sagt Sherwan und erwartet eine Reaktion von uns.

»*Erbil, khosha*«, pflichte ich ihm bei.

»*Erbil, khosha*«, wiederholt David, und Sherwan nickt zufrieden.

»*Chai, khosha?*«, fragt er mich, nachdem wir die letzten Tage mehrfach nahe der historischen Zitadelle der Stadt Tee getrunken haben.

»*Khosha*«, sage ich zustimmend.

So geht es weiter, bis wir in Ankawa ankommen. *Kurdistan?*

Khosha! Peshmerga? Khosha! Toyota? Merzedes? Khosha! Barzani? No khosha! Letzterer war bis 2017 Ministerpräsident der Autonomen Region Kurdistan. Mittlerweile hat sein Neffe das Amt übernommen, nachdem es bereits dessen Vater und Großvater innehatten. Es bleibt also in der Familie.

Eine große Marienstatue auf einem Kreisverkehr signalisiert uns, dass wir in Ankawa sind. Sherwan lässt uns raus, und erst als sein Wagen um die Ecke gebogen ist, gehen wir los. Unser Ziel: der Deutsche Hof.

Wenn es jemals eine Kneipe gab, die ihrem Namen alle Ehre macht, dann der Deutsche Hof, denn deutscher geht es wirklich nicht. Der Biergarten sieht aus, als hätte sich der Bundesadler im Flug über das Gelände übergeben. Sämtliche Tische und Bänke sind in Schwarz, Rot und Gold gehalten. Die Wände sind verziert mit folkloristischem Nippes aus dem gesamten Bundesgebiet, vom mit Plastikmuscheln behangenen Fischernetz bis zur Schwarzwälder Kuckucksuhr. Schals sämtlicher Fußballclubs hängen neben Hirschgeweihen, Akkordeons, vergilbten Fotos deutscher Städte, verzierten Maßkrügen und Jägermeisterwerbung. Das Ganze ist dabei so willkürlich zusammengewürfelt und wirkt in dieser Umgebung so überzogen und deplatziert, dass es mir vorkommt, als wäre das Musikantenstadl ein Joint Venture mit dem Bazooka Circus aus *Fear and Loathing in Las Vegas* eingegangen. Die deutschtümelnde Variante von *Willy Wonkas Schokoladenfabrik,* sozusagen.

Yousif ist die Anspannung anzumerken, als David dem Kellner mit einer Handgeste signalisiert, dass er uns drei Bier bringen soll. Kurz darauf stehen sie vor uns, und Yousif blickt skeptisch auf sein Glas.

»Du musst weder dir noch uns etwas beweisen«, versichere ich ihm, und David nickt zustimmend.

»Wenn du kein Bier trinken möchtest, dann trinkst du halt kein Bier. Gar kein Problem«, fügt David hinzu, doch Yousif schüttelt den Kopf.

»Ich will aber«, sagt er und zieht das Bierglas zu sich herüber. »Was ist das Weiße da?«

»Bierschaum«, antworte ich.

»Mag ich nicht«, entgegnet Yousif und schiebt das Glas wieder zu mir hinüber.

»Das sind nur die ersten Schlucke, danach kommt das gute Zeug«, lacht David.

»Willst du dein Bier lieber ohne Bierschaum trinken?«, frage ich. Yousif nickt. »Alles klar, ich trink den Schaum ab und du trinkst den Rest«, verspreche ich ihm, schlürfe die zwei, drei Schlucke Schaum ab, die sich im Glas befinden und schiebe das Bier erneut zu Yousif hinüber.

Yousif ist zufrieden. Er atmet noch einmal tief ein und aus, schnappt sich das Glas, setzt an, nippt, verzieht das Gesicht, stellt es hastig wieder ab und wedelt angewidert gestikulierend mit den Händen vor seinem Gesicht herum.

»Ah, das ist nicht gut«, sagt er, und man merkt seiner Stimme an, dass er den Würgereiz unterdrücken muss. »Nicht gut. Gar nicht gut«, wiederholt er und kneift die Augen zu.

David und ich müssen lachen und, nachdem er seinen Schock überwunden hat, stimmt auch Yousif mit ein.

»Keine Sorge, da gewöhnt man sich dran«, beruhigt David ihn und klopft Yousif aufmunternd auf die Schulter.

Die Bar ist sowohl Treffpunkt für Expats, als auch für kurdische Politiker. Ein Gerücht besagt, dass die ein oder andere wichtige politische Entscheidung nicht im Parlament getroffen wurde, sondern hier am schwarz-rot-goldenen Biertisch. Keine Ahnung, ob an dieser Geschichte etwas dran ist, bei uns zumindest will der Funke nicht überspringen.

Während Yousif staunend das Treiben um sich herum begutachtet und wahrscheinlich denkt, dass jede Bar in Deutschland so aussieht, blicken David und ich uns nur immer wieder kopfschüttelnd an. »Das ist einfach zu krass«, sagt David, und ich kann ihm nur zustimmen. Also ab zur nächsten Kneipe. Von der Bar, die wir bei Google finden, hat der Taxifahrer vor der Tür noch nie gehört, aber die Adresse kennt er. Aus dem Radio des Taxis dröhnt kurdische Musik.

Kurdistan heißt wörtlich übersetzt »Land der Kurden«, wobei dieser Titel dem tatsächlichen Status dieses Landstrichs zwischen Syrien, Iran und der Türkei nicht ganz gerecht wird. Denn obwohl sie im Irak seit Jahren für vollständige Souveränität kämpfen und sich über 90 Prozent der Kurden im Herbst 2017 bei einer Volksabstimmung für die Unabhängigkeit vom Rest des Irak entschieden, sind die Geschicke der Autonomen Region Kurdistan nach wie vor unter der Kontrolle der Zentralregierung in Bagdad. Aber immerhin ist die Situation im Norden des Irak in großen Teilen um ein Vielfaches besser als in den restlichen kurdischen Gebieten im Iran, Syrien und der Türkei.

Unser Taxifahrer signalisiert uns, dass wir unser Ziel erreicht haben. Wir befinden uns mittlerweile an einer stark befahrenen Straße, vor uns einige Hochhäuser, Bankgebäude, die Geschäftsstellen großer Firmen und ein paar Hotels. Im Gegensatz zu den Straßenzügen auf dem Weg wirkt diese Gegend allerdings ziemlich ausgestorben. Licht kommt nur von den vereinzelten Straßenlaternen auf der anderen Seite der Hauptstraße und den Firmenlogos an den Gebäuden.

»Hm, sieht nicht wirklich nach Nachtleben aus«, merkt David an. Nein, irgendwie nicht. Sieht nach keiner Art von Leben aus. Wir laufen die Straße ein paar Mal auf und ab. Ohne Erfolg. Eine Bar ist weit und breit nicht zu sehen, sodass wir uns entschließen, in eines der Hotels zu gehen, um uns an der Rezeption nach dem Weg zu erkundigen. Ansonsten gibt es keine Menschen, die wir fragen könnten.

Wir laufen durch die Vorhalle des Hotels und fragen den Mann hinter dem Tresen, ob es hier in der Nähe eine Bar gebe. Er mustert uns skeptisch, bevor er uns wortlos dazu auffordert, ihm zu folgen. Wir gehen an der Rezeption vorbei durch eine Schwingtür in einen von Neonröhren beleuchteten Hinterraum und weiter in Richtung Hotelküche. An den Wänden hängen Töpfe und Pfannen, wir passieren Edelstahlregale, die mit Lebensmitteln und weiteren Kochutensilien vollgestellt sind, bis wir zu einer kleinen Tür kommen, die von einem massiven Türsteher verdeckt wird. Er trägt eine tarnfarbene Hose und einen schweren Armeegürtel, darüber ein schwarzes T-Shirt, dessen Elastizität von seinen Muskeln auf die wortwörtliche Zerreißprobe gestellt wird. Er mustert uns noch skeptischer als zuvor der Rezeptionist, gibt dann aber den Weg durch die Tür frei, nachdem er einen Blick in unsere Taschen geworfen hat.

Ich hätte alles hinter der Tür erwartet, ein illegales Casino, einen Stripclub, Hahnenkämpfe, aber nicht das: eine stinknormale Sportsbar. Dunkles Licht, Neonleuchten, Bierwerbung mit leicht bekleideten Frauen, die sich mit einem eisgekühlten Bier am Strand räkeln, eingerahmte Fußballtrikots und Fanflaggen verschiedener Vereine an den Wänden. Dazu mehrere Großbildschirme, auf denen Fußball-, Basketball- und Musikvideos laufen. Und schlechte Musik. Genau wie in jeder anderen verdammten Sportsbar. Die Bedienungen sehen allerdings aus, als würden sie in einem Hooters arbeiten. Klein und zierlich, falsche Brüste, bauchfreie Tops und umgeben von einer Wolke aus Parfum.

Wir bestellen drei Bier, und Yousif wirkt weniger angewidert als vorhin. »Das ist besser als das erste«, sagt er, schiebt das Glas aber ebenfalls nach zwei Schlucken zu mir rüber.

»Sag ich doch, man gewöhnt sich dran«, grinst David. Wir quatschen einige Zeit und essen Nüsse, die von der Bedienung netterweise auf den Tisch gestellt wurden. Yousif möchte wissen, wie es in den Bars in Deutschland zugeht.

»Ich war also in dieser Bar...«, beginne ich zu erzählen, doch bevor ich den Satz zu Ende bringen kann, kommt eine der Bardamen herüber und grinst uns mit makellosem Lächeln an.

»Hallo Darling, möchtet ihr noch was trinken?«, fragt sie und klimpert mit ihren aufgeklebten Wimpern.

Ich blicke fragend zu David, der ein fast volles Glas Bier in der Hand hat, auf die beiden fast vollen Gläser vor mir und Yousifs ebenfalls volle Cola, die er sich zwischenzeitlich bestellt hatte.

»Nein, danke«, antworte ich freundlich, und die Dame wackelt enttäuscht von dannen.

»Wo war ich? Ach ja, bei dieser Bar...«, starte ich erneut, werde allerdings wieder mitten im Satz unterbrochen. Die Kollegin der Bedienung, die sich in Aussehen, Auftreten und dem inflationären Gebrauch von Make-up nahezu nicht von ihrer Vorgängerin unterscheidet, fragt nach einem »Hey Darling«, ob wir noch etwas trinken möchten. Ich verneine abermals. »Später vielleicht, wenn wir ausgetrunken haben«, fügt David hinzu.

So geht es die nächste halbe Stunde weiter. Immer wieder versuchen die Bardamen durch ihre höflichen Fragen nach einem neuen Drink zu suggerieren, dass wir doch bitte schneller trinken sollen.

»Hey Darling, noch Bier?«, kommt Kellnerin Nr. 6 zu uns.

»Nein, Danke«, sage ich.

»Die Rechnung?«

Wir geben auf. In jedem Stripclub auf St. Pauli geht es entspannter zu als in dieser »Sportsbar«. Als sie ein zweites Mal fragt, ob wir die Rechnung wollen, nicke ich. Sie kommt wenig später mit einem Kassenbon wieder. Ich schlucke etwas, als ich die Zahl sehe, die auf dem Zettel steht. Fünf Euro allein für die Handvoll Nüsse. Vom Bier ganz zu schweigen. Auch was das Preisniveau angeht, ähnelt die Bar stark einem

Edelpuff, und mich beschleicht das Gefühl, dass wir uns in einem solchen befinden. Zwei der Bedienungen hängen in den Armen eines übergewichtigen Mannes im Anzug, der sich auf einem der Sofas in der hintersten Ecke des Clubs räkelt und die beiden Frauen lustvoll angrinst. Ich drehe mich etwas angeekelt zu Yousif um, aber dieser ist glücklich, strahlt übers ganze Gesicht und wirkt wie berauscht. Weniger von den zwei Schlucken Bier als vielmehr von den Eindrücken um ihn herum.

Nein, den ganzen Abend können wir hier nicht bleiben, dafür reicht weder mein Geld noch meine Contenance. Ich bezweifle allerdings, dass wir auf einen Dienstagabend im Ramadan noch eine bessere Bar in der Stadt finden. Yousif schickt ein letztes Selfie an seinen Bruder. Wir verschwinden zurück auf die Straße, winken ein Taxi heran und machen uns auf den Rückweg in Richtung Eskan. Die Straßen werden zunehmend belebter. Die Menschen zieht es nach dem kräftezehrenden Fasten nach draußen.

Entlang der Hauptstraße steht eine endlose Reihe an Stühlen und Tischen, die bis auf die Fahrbahn hinausreichen. Welche Tische zu welchem Café, Teehaus oder Imbiss gehören, wissen wahrscheinlich nur die Kellner. Von überall steigen kleine Rauchschwaden aus der Menge in die Luft. Wasserpfeifen glühen auf den Tischen, Menschen lachen, die Musik aus den verschiedenen Geschäften vermischt sich auf der Straße zu einem undefinierbaren Soundmischmasch. Zwischen den Autos schieben Männer kleine Wagen durch die Straße und verkaufen geröstete Nüsse, Zigaretten und

Fruchtshakes. Für ein Zehntel des Geldes, das wir in dem Sportpuff für unseren Mikrosnack ausgegeben hatten, bekommen wir hier einen kompletten Sack mit frisch gerösteten Sonnenblumenkernen, deren würziger Duft sich mit dem süßlichen Rauch vermischt, der von den Shishas der umliegenden Tische zu uns herüberweht. Wir bestellen auch eine Wasserpfeife und dazu drei Tassen Tee. Schnell breitet sich ein Teppich aus Schalen vor uns aus, der sich über die Nachbartische fortsetzt, auf denen ebenfalls Tüten mit Sonnenblumenkernen liegen. Mit hörbarem Knirschen läuft der Kellner, ein Tablett mit Tee balancierend, durchs Schalenmeer auf uns zu. Die kleinen, geschwungenen Gläser sind zu einem guten Drittel mit Zucker gefüllt, der Tee hat eine sirupartige Konsistenz. Der unmittelbar einsetzende Zuckerflash macht mich schlagartig wach und das Zusammenspiel aus kräftig-bitterem Tee und Zucker unmittelbar süchtig.

Wir kommen schnell ins Gespräch mit unseren Sitznachbarn, die neugierig sind, wo wir herkommen und was wir ausgerechnet in Kurdistan machen. Der Anteil an Bärten im Umkreis, egal ob Vollbart, Schnurrbart, Dreitagebart oder diese ausgefallen anrasierte und mit Mustern und Streifen verzierte Art, liegt bei 100 Prozent. Damenbärte sind nicht dabei, denn Frauen sind weit und breit keine zu sehen.

»Wie komme ich am besten nach Deutschland?«, fragt Yousif uns plötzlich, als hätte er die Frage schon viel zu lange zurückgehalten. Dabei habe ich sie Yousif in den letzten Tagen gefühlt hundert Mal beantwortet. Ohne weiteres leider erstmal gar nicht, denn ohne die nötigen Garantien, dass er,

wenn er in Deutschland angekommen ist, nicht einfach da-
bleibt, ist die Chance auf ein Visum gleich Null. Dass er min-
derjährig ist, macht das ganze noch komplizierter. Für Yousif
scheint Deutschland eine Art Paradies zu sein. Ein Land, in
dem die Frauen auf Bäumen wachsen und der Schnaps in
Flüssen fließt. »Klar, Schnapsflüsse gibt's«, stimme ich augenzwinkernd zu.

Doch Yousif bleibt hartnäckig. Sein großer Traum: einmal
nach Deutschland, und wenn es nur für eine Woche ist. Der
Rest der Welt scheint ihm egal zu sein. Einmal die Freiheiten genießen, von denen ihm sein Bruder Amed am Telefon erzählt. Dass Amed in Deutschland Morddrohungen bekommen hat und regelmäßig von Alltagsrassismus betroffen
ist, ignoriert er. Klar, an individueller Freiheit mangelt es in
Deutschland nicht. Zumindest nicht so sehr wie in anderen
Ländern. Und Yousif würde in Deutschland sicherlich Vorzüge genießen können, von denen er im Irak nur träumen
kann.

Amed hat mir oft davon erzählt, wie sehr er unter der religiösen Repression in Kurdistan und den Zwängen und Bevor-
mundungen seiner konservativen Familie gelitten hat, selbst,
als er noch Muslim war. Und er leidet noch immer darunter. Yousif wird es ähnlich gehen. Ich will nicht wissen, wie
Frauen sich in diesem Land unter solchen Umständen fühlen müssen.

Apropos. »Wo sind eigentlich die Frauen?«, frage ich Yousif
und blicke durch die bärtige Masse um mich herum.

»Wieso? Da ist doch eine«, antwortet Yousif und zeigt auf

ein vielleicht zehnjähriges Mädchen, das zusammen mit ihren Eltern an uns vorbeifährt und sich die Nase an der Autoscheibe platt drückt.

»Okay, und der Rest?«

»Woanders. Zuhause. Ich weiß es ehrlich gesagt nicht«, antwortet Yousif. Ich scheine einen wunden Punkt getroffen zu haben, denn plötzlich wirkt er nervös.

»Wisst ihr, ich würde echt gerne Frauen kennenlernen«, sagt er. Auch dieses Thema hatten wir schon mehrmals.

»Und was hindert dich daran?«, fragt David.

»Du kennst seine Eltern nicht«, antworte ich an Yousifs Stelle.

»Ich darf noch nicht mal mit Frauen reden. Dabei will ich das echt gerne. Ich chatte heimlich mit welchen und ich glaube, die finden mich ziemlich gut«, erzählt er uns leise, sodass keiner der Männer in der Nähe uns hören kann.

»Frag doch einfach mal, ob sie sich mit dir treffen wollen. Nur freundschaftlich. Müssen deine Eltern doch gar nicht wissen«, schlage ich vor.

Yousif guckt mich ernst an. »Irgendjemand wird es herausfinden. Wenn nicht meine Eltern, dann ihre. Oder ihre Brüder. Und dann bin ich tot. Und wenn nicht ich, dann sie. Ich werde warten müssen, bis meine Eltern irgendwann eine Frau für mich gefunden haben«, entgegnet Yousif resigniert.

»Das gibt's doch nicht. Was für ein Scheiß!«, antworte ich. Aber ich weiß, dass er recht hat.

Die Tatsache, dass wir uns gerade im Irak befinden, muss ich mir erneut ins Bewusstsein rufen. Auf den ersten Blick lässt nicht viel darauf schließen, dass ich mich in einem Land befinde, das in den letzten 30 Jahren mehr Krieg gesehen hat als Frieden. Keine Straßensperren mit bewaffneten Peschmerga, der kurdischen Armee, keine Panzer und Truppenfahrzeuge auf den Straßen. Stattdessen handelsübliche Toyotas. Das einzige, das meinen Aufenthaltsort begreifbar macht, sind die Straßenschilder. Baghdad, Mosul und Kirkuk steht dort in weißer Schrift auf grünem Grund. Orte, die ich bisher nur aus Schreckensmeldungen in den Nachrichten kannte. Orte, die mir wesentlich weiter weg vorkommen, als die Kilometeranzeige auf den Schildern angibt. Je mehr ich dieses Land kennenlerne, desto weniger begreife ich es.

reiten. Nikos, sein Sohn, ist der andere Boss. Überzeugt
habe er nicht viel zu sagen. Der Strand ist ein
200 Meter langer schmaler. Ein Nudistenstrand.
Jedenfalls wegen sehr viele, ledrige, alte
Menschen an ihm. Das heißt, weil sie ihn
als einzelne baden, hüpfen, barecke.
Ich habe noch nie erlebt, dass sich
Menschen so oft baden
müssen. Und wenn,
dann grundsätzlich breit-
beinig und so tief, dass
ich von 10 Metern Entfernung
eine Prostata-Check machen
könnte. Dann muss hier etwas
aufgehoben werden, dann dort
und jedes mal bekommt der gesamte
Strand die baumelnden Genitalien aus
einem Winkel zu sehen, der anatomisch
eigentlich nicht möglich ist. Weggucken kann
man allerdings auch nicht, denn schaut man in
eine andere Richtung, sind dort andere alte Men...
die sich ebenfalls bücken, oder noch schlimmer
Joga machen. Nach einem ausgedehnten Bad im
Meer wieder zur Taverne, wo Georgos uns
erzählte, dass er uns...   Joven Barh
                                       geliangt
                                       hat

Agios

Ambelo

den Mardu heute Abend für uns macht. Ansonsten
genösse ich es gerade nichts zu tun. Bzw. gezwungen
zu sein, nichts zu tun. Denn außer ein paar Tavernas,
die alle gleich schön sind, gibt es wohl
auf der Insel. Ergo kann man auch
nichts verpassen. Ich könnte Wochen
hier verbringen. Essen,
trinken und nachten
Marschen dabei zusehn,
wie sie die Delinübungen

Karave machen. Irgendwann:
One Way Ticket nach Gavdos.
Taverna aufmachen, nette
Leute beliefern. Ich glaube kurze
Korfos für plötzlich Belohnten,
glücklich sein. Hat den
Meer vor der Nase und Wärme
wie diesem hier, braucht man
nicht mehr. Nach ein paar
Wochen würde man
jeden auf der Insel
kennen. Die Fisher
Tripiti wüsste bald, was
für Fisch ich mag,
die anderen Wirte,
welchen Ouzo ich

Sarakiniko

ΝΔΟS

Kastri

N
O
S

Kumala-
res

21

Es gibt wenige Länder, in die ich mich so schnell, so stark verliebt habe, wie Griechenland. Sei es die fast schon melancholische Ruhe der versteckten Bergdörfer, der raue Charme Athens, der sich dem Reisenden abseits der Souvenirbuden offenbart, unzählige Postkartenstrände von Korfu bis Kos oder die wilde Schönheit der Natur, die oft unmittelbar hinter diesen Stränden beginnt.

Diesmal hat es uns nach Kreta verschlagen. Pärchenurlaub vom Feinsten: Bummeln in der historischen Altstadt Chanias, Chillen am Strand von Phalasarna, Meeresfrüchte vom Grill, karaffenweise griechischer Wein im Hafen von Rethymno und Feiern in der Inselhauptstadt Iraklio. Schöner kann das Leben eigentlich nicht sein.

Während jeder andere Urlaub irgendwann zu einer zwischenzeitlichen Beziehungskrise führte (zu viel hiervon, zu wenig davon; Nichtigkeiten, die sich aufgrund von Übermüdung und zu langem Aufeinanderhocken zu scheinbar unüberwindbaren Hindernissen hochschaukelten), scheinen Cathi und ich mit Griechenland unseren gemeinsamen Reisenenner gefunden zu haben. Wir bewegen uns hier in zweisamer Glückseligkeit über die Insel.

Ein Grund dafür sind die Griechen selbst. Auch wenn ich die Pauschalisierung von Menschen eigentlich ablehne, habe ich in den letzten Jahren nach eingängiger empirischer Forschung herausgefunden: Es scheint wenig gestresste Menschen in Griechenland zu geben. Frustriert, klar, was angesichts der Schuldenkrise, in der das Land seit Jahren steckt, der hohen Jugendarbeitslosigkeit und der angespannten

Flüchtlingslage, bei der sich die Griechen zu Recht allein gelassen fühlen, kein Wunder ist. Aber gestresst? Nicht wirklich. Sogar in Athen scheint das Leben langsamer abzulaufen
als in vergleichbaren Metropolen. Diese Gelassenheit färbt ab.
Ich merke, wie ich nach zwei oder drei Tagen bei den Helle-
nen auf optimale Betriebstemperatur runterfahre. Ich habe
es nie geschafft, mal für eine Zeit ins Kloster zu gehen, um zu
meditieren, abzuschalten und zu mir selbst zu finden. Diesen Wunsch habe ich mittlerweile abgeschrieben, denn das
schaffe ich in Griechenland bereits nach ein paar Nächten in
den Tavernen. Einmal im Jahr Griechenland muss daher sein,
haben wir beschlossen. Jedes Jahr eine andere Ecke.

Dabei hat es lange gedauert, bis ich das Land zwischen Io-
nischem und Ägäischem Meer für mich entdeckt habe. Die
Griechenlanderzählungen von gemütlichen Tavernen mit
Blick auf die Küste, kleinen Häuschen in den Hügeln und Fischern, die mit wettergegerbten Gesichtern Wein und Kaffee am Hafen trinken, klangen zwar immer romantisch, aber
auch etwas angestaubt. Diese romantischen, unberührten
Bilder von Land und Leuten gab es vielleicht noch in Nana
Mouskouris Jugend, aber bestimmt nicht mehr in Zeiten, in
denen Ryanair für 19,99 Euro gefühlt jede zweite griechische
Insel anfliegt.

Was heute der *Banana Pancake Trail* ist, die Pilgerrou-
te hunderttausender Backpacker in Südostasien, waren in
den späten 1970er und 1980er Jahren die griechischen Inseln,
wenn ich den Erzählungen meiner Eltern und ihrer Freunde Glauben schenke. Der Pioniergeist der 68er war erloschen,

der Hippie-Trail war tot, Afghanistan, Iran und Goa mittlerweile nicht mehr auf der Reiseroute der Jugendlichen. Stattdessen Naxos, Samos, Paros.

»Und dann haben wir uns unser Essen direkt in der Küche ausgesucht, sind zum Kochtopf gegangen, haben reingeguckt und uns das Leckerste gewählt«, ist eine Story, die ich mittlerweile unabhängig voneinander von meiner Mutter, meinem Vater, den Eltern meiner Freundin, verschiedenen Arbeitskollegen und anderen Bekannten oberhalb der 60 gehört habe. Nur übertroffen von: »Und dann sind wir zum Fischer am Hafen gegangen und haben uns unseren Fisch selbst ausgesucht. Der wurde abends in der Taverna für uns zubereitet.« Danach pennen am Strand, und im Idealfall kam morgens ein Opa mit einem Esel vorbei und hat einem frische Melonen verkauft. Klingt idyllisch und gleichzeitig etwas verklärt. Das typische: »Früher war alles besser«. Denn wer heute in Santorini oder Rhodos am Strand schläft, bekommt eher eine Geldstrafe als ein Stück Melone.

»Lennart! Cathi!«, ruft Maria aus der Küche und winkt uns von der kleinen Küchentür aus zu. Wir sitzen auf der sonnengefluteten Terrasse der Taverna Panorama auf Gavdos. Maria signalisiert uns abermals winkend, zu ihr zu kommen.

Sie wischt sich die Hände an ihrer Schürze ab und läuft zur Gefriertruhe. »Georgos war fischen, und ich wollte nur fragen, was ich euch heute Abend machen soll«, sagt sie lächelnd und zeigt auf verschiedene Fische, die vor ein paar Stunden noch im Mittelmeer schwammen und nun in ihrer Truhe liegen. »Was ist das für einer?«, frage ich und zeige auf den größten.

Maria sagt irgendeinen griechischen Namen, den ich noch nie gehört habe. »Klingt sehr gut, den nehmen wir.«

Ihr Mann Georgos hat uns vor ein paar Stunden am Hafen von Karave, dem Hauptdorf der Insel Gavdos, aufgesammelt. Wobei Dorf übertrieben ist, da es abgesehen vom Fähranleger und einer dazugehörigen Taverna nur aus einer Handvoll Häuser besteht, die verstreut am Berghang kleben. Georgos stand lässig an sein Auto gelehnt, streckte seinen voluminösen Bauch in die Sonne und strich sich gemächlich durch seinen weißen, fülligen Schnurrbart. Er sah so entspannt aus, dass wir ihn direkt gefragt haben, ob er nicht zufällig ein Zimmer für uns hätte. Das hätte er, er könne allerdings nicht sagen, wie teuer das wäre. Für die Finanzen sei sein Sohn Nikos zuständig, der eigentliche Boss des Ganzen. Aber wir sollten ruhig mitkommen, es werde schon nicht so teuer sein. Außerdem mache seine Frau Maria den besten Fisch der Insel. Sie sei sein zweiter Boss. Überhaupt habe er nicht viel zu sagen, aber das sei schon in Ordnung.

Er erzählte uns, dass er auf Stammgäste wartete, um sie abzuholen. Diese hätten zwar nicht reserviert, aber eigentlich kämen sie immer ungefähr um diese Zeit. Mal früher, mal später. Also fährt er bei jeder ankommenden Fähre zum Pier und schaut, ob sie die Gangway hinunterkommen oder nicht. Diesmal waren sie nicht unter den sechs, sieben Gästen an Bord. Stattdessen nahm er uns mit und fuhr mit seinem klapprigen Fiat Scudo durch die karge Felsenlandschaft der Insel. Keine Hotelanlagen, keine Geschäfte mit gefälschten Markenshirts, überteuerten Badeutensilien und Kühlschrankmagneten. Und vor allem: keine Menschen. Nur alle paar hundert Meter ein einsames steinfarbenes Haus, das sich von seinem felsigen Hintergrund fast nicht absetzte. Das war's.

Warum Gavdos? Nun, wir ernährten uns auf Kreta von Nektar und Ambrosia und führten ein Leben wie Dionysos, der griechische Gott des Weines und der Freude. Aber als wir am Pier von Chora Sfakion im Süden Kretas standen und mit ein paar einheimischen Frauen ins Gespräch kamen, die am Hafen Wein tranken und Backgammon spielten, erzählten sie uns von Gavdos, und wir wurden neugierig. Von der Insel hatten wir noch nie gehört und auch unser Reiseführer erwähnte sie mit keinem Wort.

»Und was gibt es da genau zu sehen?«, fragte ich.

»Auf Gavdos? Absolut nichts. Es ist traumhaft«, antwortete eine der Frauen mit rauer Stimme und zog an ihrer Zigarette.

Im Sommer und Herbst leben auf Gavdos rund 150 Menschen, in den Wintermonaten bis zum Frühjahr sind es nur zwischen 30 und 40. Besucherströme wie im Norden Kretas waren wahrscheinlich weniger zu erwarten. Warum auch? Der Kretaurlauber findet auf der Insel alles, was er möchte, von Natur bis Kultur. Zweieinhalb Stunden mit der Fähre zu einem kleinen Eiland zu fahren, das augenscheinlich wenig zu bieten hat, ergibt für die meisten wenig Sinn. Aber irgendetwas zog uns auf diese Insel, auf der Odysseus der Legende nach von der Meernymphe Kalypso festgehalten worden sein soll. Da dort nur zweimal die Woche eine Fähre anlegt, hatten wir die Wahl: vier Stunden oder vier Tage Gavdos. Wir entschieden uns für letzteres.

Wir haben es uns auf der großen Terrasse der Taverna gemütlich gemacht. Abgesehen von einem französischen Pärchen sind wir die einzigen Gäste. Die Saison ist jetzt im Oktober fast zu Ende, doch auch im Sommer verirren sich nicht allzu viele Touristen auf die Insel.

Die Terrasse ist spartanisch eingerichtet. Eine Reihe von Tischen, karierte Wachstischdecken, zusammengewürfelte Stühle, eine verwitterte Karte der Insel an der hinteren Mauer. Die restliche Fläche ist offen und kann bei Unwetter mit durchsichtigen Plastikabdeckungen zugezogen werden. Ein rosafarbener Tintenfisch ziert die Wand, in jedem seiner acht Fangarme hält er etwas zu essen oder zu trinken, Kaffee, Fisch, eine Karaffe Ouzo. Seine Augen sind leicht verdreht, so als wäre die Flasche Schnaps in seinem Arm nicht die erste.

Während ich das Interieur begutachte, läuft ein nackter Mann pfeifend an der Taverna vorbei in Richtung Meer, die Haare zum Pferdeschwanz gebunden, ein kleines Handtuch locker über die Schulter geworfen. »War der Typ grade nackt?«, fragt Cathi etwas irritiert. Entweder das oder er hatte einen ziemlich faltigen, fleischfarbenen Overall an. Ich blicke zum Strand hinunter. Auch hier ausschließlich nackte Menschen. Ein Mann mit einem Bauch so rund wie ein Medizinball blickt gedankenverloren aufs Meer, die Arme hinter seinem Rücken verschränkt, während seine Frau ihm sein bestes Stück mit Sonnencreme einreibt. Sie geht dabei überaus gründlich vor, massiert zuerst routiniert den Pillermann, damit keine Cremerückstände darauf zurückbleiben, hebt diesen dann mit einer Hand hoch, um mit der anderen seine Hoden einzucremen. Er wiederum schaut weiter aufs Wasser, nimmt scheinbar keine Notiz davon, was sich unter seinem Bauchnabel abspielt. Wahrscheinlich könnte er es dank seines Bauchumfangs auch gar nicht sehen.

Ich gebe Gavdos bei Google ein und finde direkt mehrere Einträge, die die Insel als absolutes Nudistenparadies beschreiben. »*Naked trip – no people with clothes on the entire island :) Great!!*«, schreibt der Blogger Captain Barefoot über seine Tour auf die Insel. »*It goes from one nudist beach to another, it is perfect for a nude walk.*«

ZWEITER TAG

Seit etwa einer Stunde laufen wir nun schon an der Küste entlang. Angezogen. Der Geruch von Salzwasser weht vom Meer über die schroffen Hänge zu uns hinauf, der Duft von Kiefern und Pinien liegt in der Luft. Zu hören ist nichts außer dem Rauschen der Wellen, dem leisen Rascheln der Kiefernnadeln im Wind, dem Knarren der alten, knorrigen Äste über unseren Köpfen, dem gelegentlichen Bimmeln einer Glocke sowie dem Blöken der dazugehörigen Ziege. Wir sind unterwegs nach Tripiti Beach, etwa fünf Kilometer von der Taverna entfernt. Hierher führt keine Straße, wir sind also auf unsere Füße angewiesen. Je höher wir steigen, desto leiser wird das Meeresrauschen. Die Vegetation wird immer karger, bis wir nur noch das Knirschen der Steine unter unseren Schuhen hören, die vom lehmigen, kupferhaltigen Boden rot gefärbt sind. Maria hat uns ein paar belegte Brote eingepackt, die wir zwischendurch essen.

Den höchsten Punkt haben wir mittlerweile hinter uns gebracht. Jetzt geht es nur noch bergab, bis sich vor uns eine steinige Ebene erstreckt, an deren Ende wir einen silbernen Streifen erkennen. Das Meer. Kleine Steinmännchen und mühsam aufgestapelte Türme und Steinburgen, in den Boden geritzte und mit Stöckern gelegte Herzen weisen uns den Weg. Der Hippie-Vibe ist omnipräsent auf dieser Insel.

Am Strand sind einige kleine Zelte aufgebaut, mehrere Hängematten und Windspiele sind an den Bäumen befestigt. Auch hier: ausschließlich nackte Menschen. Das östliche Ende des Strandes wird durch einen massiven, von drei Bögen durchbrochenen Felsen flankiert.

Wir wagen den Aufstieg und klettern bis zu einem knapp drei Meter hohen Holzstuhl, der direkt an der Klippe im Boden verankert ist. Europas südlichster Punkt liegt unter dem hinteren Stuhlbein. Hier ist Endstation. Dabei ist alles, wie so oft, eine Sache der Perspektive. Von Afrika aus gesehen geht Europa hier erst los – und damit die Hoffnung auf ein besseres Leben. 140 Flüchtlinge strandeten am Gründonnerstag 2015 auf der kleinen Insel, zu dieser Jahreszeit waren das etwa dreimal so viele Menschen wie Inselbewohner. Diese sollen sich rührend um die erschöpften Menschen gekümmert haben, bevor die Küstenwache sie später abholte und ans Festland brachte. Es ist ein beklemmendes Gefühl, zu wissen, dass sich zwischen uns und der libyschen Küste kein Land befindet und dass sich dort, nicht einmal 300 Kilometer entfernt, tausende Menschen wünschen, zu stehen, wo wir gerade sind.

Mit einem erleichterten Schnaufen lasse ich mich, zurück in der Taverna, neben Cathi in einen der Stühle auf der Veranda sinken. Laufen ist für mich fast so schlimm wie Schwimmen. Ich bin mehr der Sitzer. Obwohl ich zugeben muss, dass es eine schöne, kleine Wanderung war.

»Und? Wart ihr am Tripiti Beach? Habt ihr ein Foto auf dem Stuhl gemacht?«, fragt Nikos und setzt sich zu uns.

»Das muss wohl sein, oder? Aber wieso eigentlich ausgerechnet ein Stuhl?«

»Das weiß niemand so wirklich, den haben die Unsterblichen gebaut«, antwortet er, und ich stutze etwas.

»Die was?«, frage ich.

»Die Unsterblichen«, wiederholt er, als wäre es selbstverständlich. Er berichtet von einer Gruppe von Tschernobyl-Überlebenden, Wissenschaftlern und Ingenieuren, die seit dem verheerenden Reaktorunglück 1986 in der Ukraine hier auf der Insel leben.

»Die sowjetische Regierung hat die Wissenschaftler damals zum Sterben hierher geschickt, damit sie die letzten Monate in der Sonne verbringen können. Aber sie sind einfach nicht gestorben. Tschernobyl ist mittlerweile über 30 Jahre her, einige von ihnen waren schwer verstrahlt, aber nun sind sie gesund. Wie das kommt, weiß ich auch nicht«, erzählt Nikos schulterzuckend.

»Und die wohnen hier auf der Insel? Auf Gavdos?«, frage ich ungläubig.

»Klar, gleich da drüben«, antwortet Nikos und zeigt auf ein Haus, auf dessen Dach sich eine große Antenne befindet.

Wie ich später lese, haben sie mittlerweile eine Art Sekte gegründet, nennen sich selbst die »Unsterblichkeitsgemeinde«, forschen in selbstgebauten Labors nach dem Sinn des Lebens und berufen sich dabei genauso auf Einstein und Stephen Hawking wie auf Apollo, Zeus und die griechische Mythologie.

»Das sind sehr nette und umgängliche Leute. Handwerklich sehr begabt. Sie reparieren quasi alles, was auf der Insel kaputt geht, vom Auto bis zur Waschmaschine, helfen beim Häuserbau und beim Ausbessern der Fischerboote. Dafür bekommen sie Essen, Trinken und etwas Geld von den Leuten auf der Insel. Sie brauchen nicht viel, leben sehr einfach«, erzählt Nikos.

»Klingt für mich immer noch eher nach einem Science-Fiction-Roman. Verstrahlte Wissenschaftler, die auf einer Insel leben und sich bei ihrer Forschung auf die griechischen Götter beziehen...«, kontere ich.

Aber Nikos scheint das alles nicht so merkwürdig zu finden wie Cathi und ich: »Auf den ersten Blick vielleicht, aber wenn man erstmal mit ihnen redet, merkt man, dass sie eigentlich ganz normale Leute sind.«

DRITTER TAG

Friedlich vor sich hin summend sitzt Georgos in der Sonne vor der Taverna, flickt seine Netze und entwirrt seine Angelschnüre. Mit stoischer Ruhe reiht er Haken für Haken auf und legt die Nylonschnüre, an denen sie befestigt sind, sorgfältig in einen großen Bottich, der vor ihm steht. Er ist einer von zwei Fischern, die noch auf der Insel übrig sind. Normalerweise wäre er auch heute rausgefahren, um zu fischen, aber sein ältester Sohn, mit dem er zusammenarbeitet, ist nach Kreta gefahren, um sich um die Steuern für die Familie zu kümmern. »Muss auch gemacht werden«, sagt Georgos schulterzuckend und widmet sich wieder seinen Netzen und Haken.

»Gibt es denn noch genug zu fangen hier?«, frage ich. Mich interessiert, was aus den anderen Fischern geworden ist.

»Tja«, antwortet Georgos und streicht sich durch seinen Schnurrbart. »Mal so, mal so.«

»Was fangt ihr so?«, frage ich weiter, woraufhin Georgos sich erneut durch seinen Bart fährt. »Tja, mal dies, mal das.«

In diesem Stil geht die Unterhaltung weiter. Nach einer Weile taut er aber etwas auf. Zumindest für seine Verhältnisse. Georgos erklärt mir, wie besorgt er um die Zukunft der Fischerei auf Gavdos sei, denn von den jungen Menschen würden die wenigsten bleiben. Sie ziehe es nach Kreta oder aufs Festland. Dann sagt er wieder für einige Zeit nichts.

Ich bin lange genug mit ostfriesischen Kutterfahrern befreundet, um zu wissen, dass die Wortkargheit keinesfalls unhöflich gemeint ist. Überhaupt werde ich, abgesehen vom Klima, sehr an zu Hause und die Zeit bei meinen Großeltern erinnert. Oma kocht essen und Opa erzählt einsilbig vom Meer.

Als wäre das das Zeichen, kommt Maria mit einem großen Topf aus der Küche. Ich stehe auf, geselle mich wieder zu Cathi, die lesend an einem Tisch am Geländer der Veranda sitzt und warte mit unangenehm laut knurrendem Magen, bis Maria uns etwas aufgetan hat.

Imam Baildi steht heute auf der Speisekarte, zu deutsch: »Der Imam fiel in Ohnmacht«, geschmorte Auberginen in Tomatensauce mit viel, viel Knoblauch. Seinen eigenwilligen Namen bekam das Gericht der Legende nach, weil der Imam, nachdem er das Gericht zum ersten Mal probiere, so hingerissen von dessen Geschmack war, dass er in Ohnmacht gefallen sein soll. Das passiert uns zwar nicht, verzückt sind wir aber auch. Dazu ein schwerer Rotwein, und die Endorphine arbeiten wieder Sonderschichten.

»Schmeckt es euch?«, fragt Maria und wischt sich die Hände an ihrer Kittelschürze ab. Cathi nickt mit vollem Mund.

»Fantastisch, wie immer«, sage ich. Was Maria uns jeden Tag serviert, ist keine Haute Cuisine, sondern großartige Hausmannskost.

»Superlecker, ich weiß nicht, wie du das schon wieder gezaubert hast«, fügt Cathi hinzu.

»Das ist mein Job«, entgegnet Maria zufrieden lächelnd. »Und zwar seit 38 Jahren. Da lernt man sowas.«

»Ja, kann sein, aber es schmeckt wirklich besonders«, füge ich hinzu.

»Und weißt du warum, mein Lieber?«, fragt Maria.

»Nein.«

»Weil ich es immer noch mit Liebe mache. Denn worin liegt der Sinn, etwas zu tun, wenn man es nicht mit Liebe macht?«

VIERTER TAG

»Noch einen Kaffee?«, fragt Maria und blickt mich mit der liebevollen Fürsorge einer Henne an, die sich um ihr Küken sorgt. Ich muss trotzdem ablehnen, noch eine Tasse und meine Herzfrequenz hätte die eines Kolibris erreicht. Ich sitze jetzt seit knapp drei Stunden auf der Veranda im Schatten und tue nichts. Absolut nichts. Mein Tagebuch, das ich eigentlich schreiben wollte, liegt jungfräulich neben mir, mein Handy unbrauchbar daneben, der Akku hat sich schon vor langem verabschiedet. Stattdessen habe ich aufs Wasser geschaut, abwechselnd Ouzo und Kaffee getrunken und mein Gehirn auf Sparmodus gestellt. Cathi liegt irgendwo zwischen den Nackedeis am Strand. Wobei diese weniger liegen, als sich vielmehr räkeln, dehnen und recken, Hauptsache, ihre primären und sekundären Geschlechtsmerkmale geraten ordentlich in Schwingung. Und bücken. Ich habe noch nie erlebt, dass sich Menschen, besonders Männer, so oft bücken. Und wenn, dann grundsätzlich breitbeinig, ohne in die Knie zu gehen und so tief, dass ich problemlos von zehn Meter Entfernung einen Prostata-Check bei ihnen machen könnte.

Ich entschließe mich trotzdem, mein Nichtstun kurz zu unterbrechen und Cathi einen Besuch abzustatten, die gerade ein paar Bahnen im Meer zieht.

»Willst du nicht auch baden gehen?«, fragt sie, als ich am Strand angekommen bin.

»Ich bin nicht so der Badefan, weißt du doch«, sage ich.

»Weiß ich, aber das Wasser ist wirklich herrlich«, versucht sie mich umzustimmen.

»Ich hab gar keine Badehose dabei«, entgegne ich, worauf Cathi mich ansieht, als hätte ich gerade die dümmste Sache der Welt gesagt.

Sie zeigt auf die nackten Menschen um uns herum: »Hat hier niemand.«

Dagegen kann ich tatsächlich nichts sagen. Peinlich wäre es mir auch nicht wirklich, die einzige, die mich hier kennt, weiß, wie ich nackt aussehe. Es geht mehr ums Baden als ums Nacktsein. Das Meer sieht tatsächlich sehr verführerisch aus. Außerdem merke ich, wie der Ouzo in meiner Blutbahn zu überhitzen droht. Ich nicke, stehe mit einem schweren Stöhnen auf, denn zumindest soll Cathi wissen, welch eine Anstrengung und Überwindung mich ihr Vorschlag kostet. Ich beginne mich auszuziehen, blicke mich kurz um, bevor ich auch die letzte Hülle fallen lasse, aber niemand nimmt von mir Notiz. Ein Wunder, denn mein Arsch ist so weiß, dass man ihn wahrscheinlich noch von Kreta aus sehen könnte. Ich sehe zwischen den anderen Nudisten aus wie ein Marshmallow zwischen Grillhähnchen. Zumindest werde ich so schneller gesehen, sollte ich in Seenot geraten.

Die ersten Meter Meer bestehen aus einem dichten, braunen Teppich abgestorbener Algen, die mit den Wellen langsam an den Strand gespült werden, bevor die türkisblaue See beginnt. Ich wate auf Zehenspitzen und mit leicht angeekeltem Gesichtsausdruck durch die toten Wasserpflanzen Richtung Blau, damit keine der Algen in Kontakt mit meinen Weichteilen kommt. Fuck, ist das kalt. Dann habe ich das algige Hindernis überwunden, werfe noch einen sehnsüchtigen Blick hoch zur Taverna, in der ich gerade mit einem frischgebrühten Kaffee oder eiskalten Ouzo sitzen könnte, zähle bis drei und lasse mich fallen.

Kälte. Dunkelheit. Für einen Moment krampft sich alles zusammen, bevor ich prustend die Wellen zurück an die Oberfläche durchbreche. Dann ist der Schreckmoment überwunden. Ist vielleicht doch nicht so schlimm, muss ich zugeben, während ich die ersten Züge mache. Irgendwie befreiend.

Fuck, irgendetwas hat mein linkes Bein berührt. Ich zucke zusammen. Scheiße, was war das? Ein Fisch? Ein Seehund? Ein Wal?! Puh, nein, war nur mein rechtes Bein. Ich schwimme trotzdem lieber auf dem Rücken. Sicher ist sicher. Mein Penis macht während meiner Schwimmzüge zu willkürliche Bewegungen. Er könnte für Meeresbewohner zu leicht mit einem verletzten Hering oder ähnlicher Beute verwechselt werden, denke ich mir. Ich fühle mich nackt. Nicht nur physisch. So, als wäre meine Badehose eine Art Schutzpanzer gegen Seemonster. Nein, mit Freiheit hat das hier nichts zu tun. Es muss jetzt auch reichen, mein Soll ist erfüllt, ich habe mich abgekühlt und dabei eine halbwegs gute Figur gemacht.

Ich lasse mich von den Wellen in einigen kräftigen Zügen zurück in Richtung Strand schieben, bis ich mit meinem Hintern Bodenkontakt habe.

Ich richte mich auf, unterschätze allerdings die Kraft der Brandung, muss einen Ausfallschritt machen, stoße mit dem großen Zeh gegen einen Stein und verliere das Gleichgewicht. Mit rudernden Armen falle ich vorne über und lande mit einem lauten Klatschen wieder im Wasser, nur, um direkt vom Sog einer Welle gepackt und wie ein Pingpongball herumgewirbelt zu werden. Mit der Grazie einer betrunkenen Kegelrobbe werde ich an den Strand geschwemmt, wo ich kurz benommen liegenbleibe, bis ich von einer zweiten Welle erfasst und zur Gänze mit braunen Algen, Sand und Dreck überspült werde. Cathi kriegt sich am Strand vor Lachen nicht mehr ein. Mittlerweile habe ich auch die Aufmerksamkeit der restlichen Nudisten-Community auf mich gezogen, während ich mich wie das Ding aus dem Sumpf zurück zu Cathi schleppe.

Die abgestorbenen Algen haben sich überall an meinem Körper festgesetzt wie Fussel an einem Klettverschluss. Es dauert eine ganze Weile, bis ich den Großteil der Pflanzen von meiner Haut abgekratzt habe, während ich durch kreisende Bewegungen meines Hinterteils versuche, alle Meerespflanzen möglichst diskret aus meiner Poritze zu entfernen. Definitiv nicht mein stolzester Moment.

Der Himmel verdunkelt sich, ein Unwetter scheint aufzuziehen. Auch die letzten Nackten packen ihre Sachen ein und fliehen vom Strand, während wir schon wieder in der

Geborgenheit der Taverna sitzen. Nikos kommt aus der Küche, wo seine Mutter gerade das Abendessen zubereitet und gesellt sich zu uns. Er hat Literaturwissenschaft studiert. Wie ein großer Teil der Griechen in seinem Alter, besonders der Akademiker, hat er wenig Chancen auf einen qualifizierten Job. Statt in einem Verlag, einer Redaktion oder einer Bildungseinrichtung zu arbeiten, jobbt er also bei seinen Eltern in der Taverna, kümmert sich um die wenigen Gäste, die sich hierher verirren, und schreibt die Rechnungen.

Der Himmel ist mittlerweile komplett schwarz, während er in immer kürzeren Abständen für kurze Augenblicke von Blitzen erhellt wird, die in der Ferne ins Meer schlagen. Auch der Wind frischt auf, es bleibt allerdings trocken.

»Selbst im Winter haben wir hier höchstens fünf oder sechs Regentage«, erzählt Nikos. Für ihn ist es der erste Winter seit einigen Jahren, den er komplett auf der Insel verbringen wird. Bis letztes Jahr hat er studiert, doch der Arbeitsmarkt hat ihn nun zurück nach Gavdos getrieben. Für ihn scheint das in Ordnung zu sein.

»Es wird sehr ruhig werden, denke ich. Aber das ist okay. Es gibt viel zu tun, wir wollen die Küche renovieren, und die Veranda muss auch ausgebessert werden«, sagt er. Dass es genug zu tun gibt, ist jetzt schon abzusehen. Alle zehn Minuten kommt ein lautes »Niiikooos« aus der Küche, wenn Maria etwas von ihm will. Auch jetzt, als sie uns eine Karaffe Wein auf den Tisch stellt, fordert sie ihren Sohn mit einem »Nikos!« und einem Kopfnicken auf, Gläser für uns alle zu holen.

»Sag mal, wann müssen wir denn morgen zur Fähre?«, frage ich Maria, woraufhin sie zum Horizont schaut.

»Ihr esst morgen erstmal ganz in Ruhe Frühstück. Dann rufe ich auf Kreta an, ob bei dem Wetter überhaupt ein Schiff fährt. Und wenn nicht, dann bleibt ihr eben noch eine Nacht bei uns«, antwortet sie und lächelt uns mit ihrem letzten verbliebenen Zahn an. Damit hätten weder Cathi noch ich ein Problem.

»Ah, Alexis Sorbas. Ein großartiges Buch«, sagt Nikos und blickt auf das leicht vergilbte Taschenbuch seines Namensvetters, des kretischen Schriftstellers Nikos Kazantzakis, das neben meinem Glas Wein auf dem Tisch liegt. Ich habe es mir bei einem kleinen Buchhändler in Iraklio gekauft.

»Ja, ich finde es auch großartig«, stimme ich ihm zu und nicke. Die Geschichte des grobschlächtigen, aber nichtsdestotrotz feinsinnigen Sorbas ist berechtigterweise ein Klassiker der Weltliteratur, und in dem Setting, in dem wir uns gerade befinden, bekommt die Story zusätzlich noch eine besondere Tiefe. Wie sich herausstellt, hat Nico seine Abschlussarbeit an der Uni über eben dieses Buch geschrieben.

»Niemand hat es geschafft, die Seele unseres Landes so in Worte zu fassen wie Kazantzakis. Wenn du Griechenland verstehen willst, musst du Sorbas lesen«, schwärmt Nikos, während er das Buch vom Tisch nimmt und beinahe bedächtig in seiner Hand wiegt. »Oder du gehst in die Tavernas.«

fast den ganzen Tag
bei ihm im Werkstuhn
und haben ihn beim
Stechen zugesehn.
Unglaublich, wie schnell
und gleichzeitig sanft
er arbeitet. Die ganze
Woche behielt das
einen Raum und einen
kleinen Wisch. Wir
saßen mit seiner Tochter
und seinem Enkeln
auf dem Fußboden
im Kreis, während
er mit Hammer und
Meißel das Holz
bearbeitete. Sie waren
zunächst deutlich, dass
ich ihm Anlass zurühme
und das, obwohl er
auch so viel zu tun
hat. So hat er beispiel-
weise die beiden
hübschen Löwen vor
dem Palast des Königs
komplett alleine ge-
staltet. Über ein Jahr
hat er dafür gebraucht

ungefähr 6000 $ hat er für die serie...

1882-1982
TIN CAN MAIL

13s   32s   47s

TONGA   **TONGA**   **TONGA**
TIN CAN MAIL CENTENARY   TIN CAN MAIL CENTENARY   TIN CAN MAIL CENTENARY

COLLECTING THE MAIL NIUAFO'OU

»Scheiße, beißen die?«, frage ich Carsten und gehe vorsichtshalber einen Schritt zurück unter das Wellblechdach unserer Veranda.

»Alter, keine Ahnung. Die sind ganz schön groß«, antwortet er skeptisch. Zwischen den Blättern der Palme, die etwa einen Meter neben dem Außenpfosten unserer Veranda aus dem Boden sprießt, hängen kopfüber vier oder fünf *Flying Foxes*, Tonga-Flughunde, und blicken uns neugierig mit schwarzen Knopfaugen an. Die Flügel haben sie dabei um ihren bräunlich-roten, pelzigen Körper geschlungen, sodass sie aussehen wie ledrige, langgezogene Kokosnüsse mit Ohren. Sie sind etwas länger als mein Unterarm. Einer von ihnen breitet mit einer flatternden Bewegung seine Flügel aus, was dazu führt, dass auch Carsten einen Satz unters Dach macht.

Unser Hotelier lacht nur, als er unsere Rucksäcke vom Wagen zur Hütte bringt. »Keine Sorge, die sind harmlos«, sagt er und macht eine fortscheuchende Handbewegung in Richtung Baumkrone, doch die Flughunde blicken unbeeindruckt weiter zu uns. Einer von ihnen lässt sich fallen, gewinnt mit einem lauten »flapp, flapp, flapp« seiner Flügel an Höhe, segelt in Richtung Strand, fliegt dort eine 180-Grad-Kurve und verschwindet über unseren Köpfen in den Bäumen des angrenzenden Waldes. Obwohl auf Tongatapu, der größten der mehr als 170 Inseln Tongas, fast 75.000 Menschen wohnen, bekomme ich das Gefühl, auf einer einsamen Insel gestrandet zu sein. Treten wir aus der auf Stelzen gebauten Veranda unserer Hütte, stehen wir bereits mit den Füßen im weißen Sand des Strandes. Hinter uns ist die Hütte gesäumt von dichtem Urwald, bunten Blumen und mehreren in Regenbogenfarben schillernden Spinnen. Sie haben die Größe meiner Handfläche. Unser Hotelier behauptet, sie wären ungefährlich. Würden Tarzan, Crocodile Dundee oder der Geist von Steve Irwin in diesem Moment aus dem Dickicht auftauchen, ich wäre nicht verwundert.

Dabei gehörte Tonga eigentlich gar nicht zu meinen Sehnsuchtsorten. Ich hatte zwar schon davon gehört, jedoch keinerlei Vorstellungen von dem Land. Erst in einem Reisebüro in Auckland las ich auf einem Poster: Tonga, das letzte Königreich im Pazifik. Archipel im Herzen der Südsee und die vielleicht am wenigsten bereiste Inselgruppe Polynesiens. Nur gut drei Flugstunden von Neuseeland entfernt. Außerdem war das Angebot das günstigste, das sie hatten. Mein bester Freund Carsten und ich kauften ohne zu überlegen ein Ticket.

ERSTER TAG

Unser Hotel, das sich am Ende einer langen Straße nahe des Örtchens Nukunuku im Westen der Insel befindet, hat nichts. Keinen Pool, keinen Fernseher, kein Internet, kein warmes Wasser. Aber: eine Strandbar. Dort sitzen wir nun auf der Terrasse und versuchen mit Carstens Taschenmesser die Frucht der *Cocos nucifera* zu öffnen, um an Wasser und Kokosnussfleisch zu kommen. Vergeblich.

Vor uns der Strand, um uns herum Palmen, über unseren Köpfen kreisen Flughunde. Eigentlich wollten wir in der Bar ein Bier oder einen Cocktail trinken, aber wir konnten weit und breit keine Bedienung sehen. Die Küche sieht so aus, als wäre sie schon lange nicht mehr benutzt worden. In den fettigen Pfannen auf dem Herd und in der Spüle tummeln sich die Fliegen. Doch die Bar selbst hat gerade durch diesen Ranzfaktor einen gewissen Charme. Authentischer könnte eine Tiki-Bar mitten in der Peripherie einer Pazifikinsel nicht rüberkommen.

Der bierbäuchige Hotelier unserer Herberge, in der wir uns für die nächsten sieben Tage einquartiert haben, will an uns vorbeilaufen, bleibt aber kurz stehen, um zuzusehen, wie Carsten ohne sichtbaren Erfolg mit der winzigen Klinge seines Taschenmessers auf die scheinbar unzerstörbare Kokosnussschale einhackt. Er schüttelt den Kopf und geht weiter, bevor wir ihn fragen können, was mit der Bedienung los sei und ob die Bar überhaupt geöffnet hat.

Obwohl ich am Meer aufgewachsen bin und die Küste liebe, konnte ich mit Stränden nie viel anfangen. Strandbars hingegen sind etwas anderes. Sie haben die gleichen Vorzüge, das Panorama, das Meeresrauschen in den Ohren, nur, dass man gleichzeitig in den Genuss von Schatten, einer Sitzmöglichkeit und eines kühlen Drinks in der Hand kommt.

Wir haben unseren Versuch, die Kokosnuss zu öffnen, vorerst aufgegeben und beschlossen, zu härteren Mitteln zu greifen. Eine Machete scheint uns die einzig adäquate Lösung zu sein, und da wir eh in die Stadt wollten, um uns einen Eindruck von der Insel zu verschaffen, können wir auch direkt auf die Suche nach dem nächsten Macheten-Fachgeschäft gehen. Auf die Frage, wann denn Busse in die Stadt fahren würden, antwortet der Hotelchef nur: »Morgens sind die Chancen am besten.« Er zeigt uns aber, wo die nächste Haltestelle ist. Nach 40 Minuten, die wir schweigend auf einer kleinen Holzbank am Straßenrand neben einer strickenden Oma verbringen, geben wir die Hoffnung auf einen Bus auf. Unsere erste Fahrt in die Hauptstadt Nuku'alofa, die sich im Norden Tongatapus befindet, findet dafür passenderweise auf der Ladefläche eines Kokosnusstrucks statt, dessen Fahrer uns netterweise aufgesammelt hat.

Endlose Plantagen, Kokosnüsse so weit das Auge reicht. Die Frucht ist das wichtigste Exporterzeugnis für das kleine Königreich. Gelegentlich passieren wir Wellblechhütten, vor denen Frauen Wäsche waschen, Kinder spielen, Hühner gackern und sich ein paar Schweine genüsslich im Dreck suhlen.

Wir fahren an verschiedenen Regierungsgebäuden vorbei, bevor wir von unserem Fahrer an der Post rausgeschmissen werden. Unser Hotelchef hatte uns erst heute morgen erzählt, dass Tonga bis in die 1970er Jahre nicht wirklich ans Postsystem angeschlossen war. Die Schiffe warfen stattdessen auf ihrer Route durch den Pazifik die Briefe und Postkarten in großen Blechdosen einfach über Bord. Sie wurden dann von Schwimmern mehrere Kilometer an Land gezogen. Diese Methode wurde erst eingestellt, als zu viele der Schwimmer von Haien gefressen wurden.

In den Straßen passieren wir einfach zusammengezimmerte Marktstände und kleine Geschäfte. *R yal niversity of T nga* steht am Unigebäude. Vor dem Eingang ein Stand mit

Melonen. Die Schule scheint zudem gerade zu Ende zu sein, auf den Straßen sind überall Kinder. Die Schuluniform besteht aus einem Strohrock und Flip Flops, darüber T-Shirt oder Hemd. Bei Schülern wie Lehrern. Wir wollen uns von einem der Stände zwei Kokosnüsse holen, der Automat am Flughafen hatte uns allerdings nur 50-Pa'anga-Scheine gegeben, umgerechnet etwa 17 Euro. Einen solch großen Schein könne sie nicht wechseln, signalisiert uns die Verkäuferin, woraufhin sie uns die Kokosnüsse einfach schenkt.

Schließlich finden wir einen Supermarkt. Die Macheten befinden sich neben Töpfen und Pfannen in der Haushaltswarenabteilung – wo sonst? Wir greifen beide gleichzeitig zur größten.

DRITTER TAG

Sione, wie sich unser Hotelchef vorgestellt hat, schmeißt sowohl das Hotel als auch die Bar allein. Das erklärt auch die fehlende Bedienung. Wenn er gerade etwas anderes zu tun hat, müssen wir eben warten.

Die meiste Zeit verbringen wir auf der Terrasse der Strandbar. Morgens eine frische Kokosnuss zum Frühstück, geöffnet mit unserer nigelnagelneuen Machete, tagsüber erkunden wir die Insel und abends kehren wir für Cocktails zum Abendessen wieder in die Bar zurück. Solange Sione Lust hat. Ansonsten bleiben wir auch abends bei Kokosnüssen. Wir sind die einzigen Gäste und haben damit das gesamte Resort, wenn man es so nennen darf, für uns. Tonga ist in weiten

Teilen touristisch noch nahezu unerschlossen. Unsere Hütte besteht aus einem Raum, der so winzig ist, dass neben dem Doppelbett, das sich Carsten mit mir teilt, gerade noch Platz für einen Nachttisch und unsere Rucksäcke ist. Das Badezimmer, das an den Schlafraum angrenzt, hat keine Tür, sodass mein erster Blick beim Aufwachen Carstens nackter Hintern auf der Toilette ist. Lieber betrachte ich die Ameisenstraße an der Zimmerdecke, auf der in Reih und Glied hunderte Ameisen vom Fenster bis zur gegenüberliegenden Tür marschieren, und beobachte die Geckos dabei, wie sie versuchen, Ameisen zu fangen.

Geweckt werden wir vom Grunzen dreier kleiner Ferkel und dem Geräusch ihrer kleinen Schweinefüße auf der Suche nach etwas Essbarem auf unserer Veranda. Haben wir die Tür am Abend nicht richtig geschlossen, kommen ein oder zwei mutige sogar bis ans Bett.

VIERTER TAG

Heute hören wir weder Gegrunze noch Getrampel. Die Ferkel sind verschwunden. Am Nachmittag finden wir sie wieder: fein säuberlich tranchiert auf den Tellern einer Hochzeitsgesellschaft, die auf der großen Holzterrasse unserer Bar feiert. Wir werden sofort eingeladen.

Die Bar ist kaum wiederzuerkennen. Die Wände sind geschmückt mit frischen Blumengirlanden, die Holztische schön gedeckt und die Küche tatsächlich in Betrieb. Ein großer Teil der Hochzeitsgesellschaft trägt Basträcke, was auf

Tonga Alltagskleidung ist, aber auch für festliche Anlässe voll in Ordnung zu sein scheint. Einige Südseeklischees treffen eben doch zu, lediglich nach Frauen mit Kokosnuss-BHs suchen wir vergeblich.

Wir dürften auf keinen Fall gehen, ohne etwas gegessen zu haben, insistiert das Brautpaar und führt uns zum Buffet. Wir starren eine Zeit lang unschlüssig auf die knusprig-braun gegrillten Ferkelchen. Dann siegt der Hunger.

FÜNFTER TAG

Seit zwei Tagen haben wir kein fließendes Wasser mehr. Die gesamte Anlage wird von einem großen Regenwassertank gespeist, der auf einem Gerüst neben unserer Hütte steht. Irgendwann signalisierte uns der Wasserhahn mit einem würgenden Geräusch: Das war's, Tank leer. Eine Unannehmlichkeit. Was es zum größeren Problem macht, ist die Tatsache, dass unsere Klospülung nicht funktioniert. Und dass wir beide seit dem ersten Tag Durchfall haben. Das Essen besteht meist aus gekochten Yams, kartoffelartigen Knollen, mit Schweinespeck und Soße. Nicht besonders gesund und nicht besonders lecker, aber günstig und sättigend und mangels Alternative annehmbar. Nur nicht besonders förderlich für unsere Verdauung.

Ich laufe zur Bar. Sione sitzt entspannt in seinem Sonnenstuhl und dreht sich eine Zigarette. Warum auch stressen? Mit der Hochzeitsgesellschaft von gestern ist wahrscheinlich das Monatssoll erfüllt.

»Was meinst du, wann können wir wieder duschen?«, frage ich ihn.

Er schaut mich an, steckt sich seine Zigarette in den Mund, greift gemächlich zum Feuerzeug, zündet sich seine Fluppe an, atmet tief ein und genüsslich wieder aus. Dann blickt er in den Himmel. »Sieht nicht nach Regen aus«, sagt er nur und zuckt mit den Schultern.

SIEBTER TAG

Am Strand zu liegen war, wie erwähnt, noch nie meins. Der Strand jedoch, der sich vor unserer Bar scheinbar endlos in beide Richtungen erstreckt und den wir komplett für uns haben, hat dann doch eine gute Argumentationsgrundlage für Carsten geboten, einen Tag hier zu bleiben.

Wir liegen in Badehose im weißen Sand in unmittelbarer Rufweite zur Bar, sodass wir einfach nur unseren Kopf um ein paar Grad drehen müssen, um ein neues Bier zu bestellen. Vielleicht ist es doch nicht so schlimm. Die Wellen rauschen, die Blätter der Palmen rascheln über unseren Köpfen. Irgendwann nicke ich ein und träume von einem Leben als Robinson Crusoe zwischen Kokosnüssen und wilden Tieren.

Im Traum liege ich in einer Hängematte, umgeben von schönen Frauen in Baströcken, vor einer selbstgebauten Hütte. Dressierte Papageien bringen mir frische Früchte. Plötzlich zwickt mir einer der Vögel in den Nippel. Moment, was? Der Traum wird mir zu seltsam. Ich mache verschlafen die Augen auf und sehe das breite Grinsen eines Kindes, etwa zehn Zentimeter über meiner Nase, während sein Kumpel an meinen Brusthaaren zupft. Ich richte mich etwas verwirrt auf, auch Carsten ist aufgewacht. Eine Gruppe Jungs, sie sind vielleicht vier, fünf Jahre alt, hat sich um uns versammelt und schaut uns mit leuchtenden Augen an.

Ich habe keine Ahnung, wie lange wir gepennt haben, meine Haut jedenfalls hat eine leuchtend rote Farbe angenommen. Einer der Jungs drückt mit seinem Finger auf meinen Bauch und hinterlässt dort einen weißen Abdruck, der sich langsam wieder dem restlichen Rot anpasst. Er lacht und sagt etwas zu seinen Freunden, woraufhin alle damit beginnen, mit ihren Fingern auf mir herumzudrücken und Muster in meinen Sonnenbrand zu malen.

In diesem Moment kommt der Hotelchef, sieht die Kinder auf uns rumturnen und macht eine fortscheuchene Handbewegung.

»Nein, nein, alles gut, die können gerne hierbleiben«, sage ich. Nicht, dass die Jungs auf seine Geste reagiert hätten, sie drücken nach wie vor auf mir herum und beobachten staunend das Farbenspiel auf meiner Haut.

Der Hotelier lacht. »Tut mir leid, die Jungs haben noch nie einen Weißen von Nahem gesehen«, erklärt er. Als sei dies das Zeichen, rennt die gesamte Gruppe zum Meer, springt in die Wellen, nur um kurz darauf wieder aus dem Wasser zu rennen. Alle werfen sich in den Sand und wälzen sich darin herum, bis sie zur Gänze paniert sind. Sie zeigen zuerst auf sich, dann auf uns, wir lachen. Dann beginnen sie damit, das Innere unserer Taschen zu inspizieren und kramen ein paar

Bücher, Kleingeld und Taucherbrillen heraus. Ich blicke an meiner krebsroten Vorder- und kreidebleichen Rückseite herunter. »Wir müssen aus der Sonne, ey«, sage ich.

»Oder du drehst dich einfach nochmal auf die andere Seite«, schlägt Carsten vor.

»Hm.«

»Willst du noch ein Bier?«

Ich überlege und drehe mich langsam auf den Bauch.

»Ja, ich glaub, eins können wir noch«, antworte ich.

THE PANAM

nglish & Español

Issue #1 0

geht. Am zweiten Abend, dem ersten richt-
Abend, nach dem Kater des Tages am ersten
Abend, habe ich zusammen mit dem Brasil
Andrè aus Brasilien und einem Inselbe,
den Segeltouren über den Panama Kanal
anlegten die Happy Hour in der Hotel Ba
(50 cent pro Bier, 1 Dollar für Mixgetränke)
bestmöglich ausgenutzt, sodass wir ziemlich
schnell ziemlich betrunken waren und
Pläne für eben genannten Boots-
schlusleben.

Der nächste Tag war drastisch aber großen
Ich hatte mich bereits am Tag vorher mit
ihren Freundin Sann verabschiedet, danach ging es in
ein Taxi zum Sobrania Nationalpark und
zum Panamakanal weiter kommen und ebe
wir uns versahen waren wir zu acht. An
kamen ebenfalls mit, was nicht un cool
(36) da er der erste in der Gruppe w

... gleich die sprach. Ein ...
... lländern aus ... , die ...
... und zwei Namadter waren ebenfalls ...
..., sodass wir uns zwei Tagos teilte

...a's Castle, Panama   16.1.16

... Problem war, dass wir zwar beiden Taxi-
... das gleiche Ziel sagten, aber nicht
... Fahrer dem gleichen Ziel fuhren.
... in die Taxi ... zum bezahlen
... an ... Park, unser zum Mc Donalds ...
... City-Zentrum. Es dauerte etwas, um
... Fahrer zu erklären, dass die nicht ...
Park war,
den wir wollten.
Endlich er ...
im Park —
Einer nach
dem Weg
fragte, brachte
er uns zum
richtigen ...

Das Schöne an Bars ist, dass man zwar immer jemanden zum Reden hat und wohl nirgends so leicht Anschluss findet wie hier – man muss sich aber nicht unterhalten, wenn man keine Lust auf Interaktion mit Menschen hat.

So wie ich heute. Ich möchte einfach noch einmal die warmen Abendstunden des karibischen Frühlings genießen, bevor es zurück ins nasskalte Norddeutschland geht.

Ich sitze auf der Plaza Catedral in der Altstadt von Panama-Stadt. Der Platz liegt, wie der Name vermuten lässt, an einer Kathedrale mit dem üppigen Namen Catedral Basílica Metropolitana Santa María La Antigüa. Er ist ebenfalls unter dem Namen Plaza de la Independencia bekannt. Zweimal wurde Panama unabhängig: zuerst 1821 von Spanien und knapp 80 Jahre später noch einmal von Kolumbien. Panama hatte sich freiwillig dem südamerikanischen Land Großkolumbien unter Präsident und Freiheitskämpfer Simón Bolívar angeschlossen und spaltete sich erst 1903 unter US-amerikanischem Druck wieder ab.

Ich muss gestehen, dass mich gerade nicht mehr viel in Panama hält. Ich wurde in den letzten Tagen nicht unbedingt vom Glück verfolgt. Auch einer der Gründe, warum ich gerade wenig Lust auf Kontakt mit Menschen habe.

Gestern bin ich nur knapp einer Massenschlägerei in einem der Vororte der Stadt entkommen. Während ich an einem Straßenstand darauf wartete, dass mein Maiskolben auf dem Grill endlich fertig wurde, kam es auf einmal zu einem Handgemenge zwischen einer Gruppe Männer und einem Betrunkenen. Plötzlich kamen aus allen Richtungen weitere

Männer angerannt, um entweder dem Betrunkenen oder der Gegenseite beizustehen. Einer von ihnen schubste mich im Vorbeirennen auf den Fußweg und schrie mir irgendetwas auf Spanisch ins Gesicht, eine Glasflasche segelte knapp an meinem Kopf vorbei und zersplitterte auf dem Boden, woraufhin ich in eine Seitengasse flüchtete. Ich wartete kurz ab, ob sich die Lage wieder beruhigen würde, doch die Schreie hörten nicht auf, sodass ich aufgab, meinen Maiskolben im Stich ließ und ins nächste Taxi zum Hostel stieg.

Am Abend wurde mir dann auf einer Party von einem Mann aus dem Nichts in die Eier geschlagen. Er habe einen Witz machen wollen, erklärte er mir, nachdem ich einige Minuten nach Luft ringend auf dem Fußboden der Bar kniete. Den Witz habe ich nicht verstanden, ebenso wenig wie die anderen Leute auf der Party. Aber zumindest hat der Typ mir ein paar Drinks als Entschuldigung ausgegeben. Was nichts an der Tatsache ändert, dass ich immer noch schmerzende Weichteile habe und seitdem versuche, die Beschwerden mit Schmerzmitteln und Mojitos zu lindern.

Als hätte das noch nicht gereicht, wäre ich heute fast von einem korrupten Polizisten festgenommen worden. Ich habe mir mit ein paar Leuten aus dem Hostel ein Taxi geteilt, um zu den Miraflores-Schleusen im Panamakanal zu fahren. Ich wollte mich selbst davon überzeugen, wie die Franzosen und später die Amerikaner es vor über 100 Jahren geschafft haben, den fast 80 Kilometer langen Kanal quer durch ein ganzes Land, mitten durch Dschungel und Gebirgstäler zu bauen und damit zwei Weltmeere zu verbinden. Der

Plan war außerdem, meinen beiden Seefahrerkumpels Derk und Krischan zu Hause sagen zu können, »Pff, war ich auch schon«, sollten sie mal wieder von der berühmten Durchfahrt zwischen Pazifik und Atlantik schwärmen.

Doch bevor wir überhaupt einen Blick auf den Panamakanal werfen konnten, wurde unsere kleine Gruppe von einer Polizeikontrolle an den Straßenrand gewunken. Ein grimmig dreinblickender Polizist kam ans Fenster unseres Wagens und sagte etwas auf Spanisch, während sein Kollege langsam um das Auto herumlief. »Er will unsere Pässe sehen«, übersetzte Ricardo aus Argentinien, der auf dem Beifahrersitz neben dem Taxifahrer saß und der einzige im Wagen war, der Spanisch sprach. Der Beamte blätterte durch die Pässe und guckte dabei immer wieder misstrauisch ins Auto. Dann sagte er etwas zu Ricardo und zeigte auf mich.

»Er will auch noch deinen Personalausweis sehen«, übersetzte Ricardo wieder.

»Meinen Perso? Wieso? Der liegt im Hostel. Er hat doch meinen Pass, da steht doch alles drin!«, sagte ich und bekam langsam ein ungutes Gefühl.

Ricardo nickte und erklärte dem Polizisten die Situation. Dieser schüttelte den Kopf und erklärte, nicht ohne ein kurzes hämisches Grinsen, dass er gefälligst meinen Personalausweis sehen wolle, ihm komme mein Reisepass komisch vor. Könne ich diesen nicht vorzeigen, würde er mich mitnehmen und ins Gefängnis stecken.

Ich merkte, wie mein Kreislauf abfiel und sah mich schon in einer mittelamerikanischen Sammelzelle gemeinsam mit

Drogendealern, Bandenmitgliedern sowie anderen Verbrechern versauern und am nächsten Morgen mit Gangtattoos im Gesicht aufwachen. Einer der wenigen Nachteile, wenn man alleine reist, ist der, dass man niemanden hat, der einem im Notfall den Rücken deckt und sich um alles kümmert. Ricardo und die anderen beiden im Auto kannten noch nicht mal meinen Nachnamen. Wäre ich also wirklich von einem korrupten Bullen ins Gefängnis gesteckt worden, hätte durchaus einige Zeit ins Land gehen können, bis Hilfe durch die deutsche Botschaft oder meine Mutti gekommen wäre.

Doch so weit sollte es nicht kommen.

»Überall der gleiche Scheiß«, regte sich Ricardo an mich gewandt auf. »Der will nur Kohle von dir haben, der korrupte Wichser.« Der Polizist wurde lauter, aber auch Ricardo war plötzlich wütend. Ich wusste nicht, ob es so eine gute Idee war, mit einem Polizisten zu streiten, und blickte besorgt auf die Waffe an seinem Gürtel. Doch gerade, als der Streit zu eskalieren drohte, drehte sich der Polizist zu mir um, warf mir meinen Pass ins Gesicht, stapfte gemeinsam mit seinem Kollegen zum Polizeiwagen und fuhr davon.

»Was zur Hölle ist gerade passiert? Was hast du ihm gesagt?«, fragte ich verwirrt.

»Ich habe ihm gesagt, dass ich Jura studiere und mein Vater Richter in Buenos Aires sei und habe mir ein paar Paragrafen ausgedacht, in denen angeblich steht, dass das, was er gerade macht, nicht rechtens sei. Das fand er nicht so witzig, aber ich hab's anscheinend ganz glaubhaft verkauft«, sagte Ricardo lachend.

Ich konnte noch nicht wirklich lachen, stand immer noch leicht unter Schock, und es dauerte einige Momente, bis ich realisierte, dass ich die Nacht doch nicht im Gefängnis verbringen musste.

Das alles schwirrt mir im Kopf herum, während ich den Liedern der beiden Musiker lausche, die sich gegenüber der Bar auf eine Bank gesetzt haben, die Sängerin an der Gitarre, ihr Partner an der Querflöte. Die Krone eines Kirschbaumes bildet ein natürliches Dach über ihren Köpfen, rosafarbene und weiße Blütenblätter bedecken den Weg vor ihnen. Ein idyllisches Bild. Die historischen Gebäude ringsum sind bunt beleuchtet und lassen den Glanz und Reichtum erahnen, den die Spanier hier auf Kosten anderer während der Kolonialzeit angehäuft haben. Von der ursprünglichen, 1519 gegründeten Stadt sind nur Ruinen übrig geblieben, nachdem der englische Pirat Henry Morgan (Ja, kein geringerer als der echte Captain Morgan!) sie im Jahr 1671 überfallen und die damalige Siedlung dem Erdboden gleichgemacht hatte. Man entschied sich, die neue Panama-Stadt fünf Kilometer weiter südwestlich zu erbauen, an ihrer heutigen Stelle.

Die Musik ist großartig und die Sängerin hat eine Stimme, die mir direkt ins Herz geht, ohne dass ich auch nur ein Wort von dem verstehe, was sie singt. Ein bisschen Chanson, ein bisschen Jazz mit lateinamerikanischen Rhythmen. Das Wechselspiel aus Gesang und Querflöte ist so hypnotisierend, dass ich mit meinen Gedanken abdrifte. Der korrupte Bulle, die Schlägerei, all das scheint Ewigkeiten her zu sein. Sogar mein schmerzender Unterleib gerät im Dreiklang aus Musik, einem Drink und Aspirin in Vergessenheit.

Meine Stimmung bessert sich mit jedem Lied, während der Abend dahinzieht. Die schlechten Erlebnisse werden von den guten verdrängt: Vom Faultier, das im Zeitlupentempo die Straße vor mir überquerte und damit einen kilometerlangen Stau herbeiführte. Ich bin mir immer noch sicher, ein zufriedenes Lächeln auf dem Faultiergesicht gesehen zu haben, angesichts des Verkehrschaos, das es verursachte. Weder vom Gehupe der Autos noch von den ausgestiegenen Autofahrern ließ es sich hetzen.

Vom Blick auf den Panamakanal, den ich aufgrund der vorangegangenen Ereignisse zwar nicht richtig genießen konnte, der retrospektiv allerdings wirklich beeindruckend war. Oder vom kleinen Gemüsemarkt, den ich nur entdeckte, weil ich mich verlaufen hatte. Dort verkaufen Frauen und Männer in bunten Trachten ihre Waren, die sie in den Bergen anbauen und die sie jeden Tag kilometerweit in großen Strohkörben in die Stadt schleppen. Vom Duft von getrockneten Kräutern, dem Geschmack der frischen Guaven und Mangos.

Die Musiker vor mir schreiben gerade live den Soundtrack für all diese schönen Erinnerungen. Ich gehe nach dem Konzert zur Sängerin und wechsle ein paar Worte mit ihr. Sie heißt Gaby, Gaby Cotter. Ob sie eine CD hätte, frage ich sie.

»Nein, eine CD habe ich nicht«, antwortet sie kopfschüttelnd, wobei sie sich trotzdem sichtlich freut, dass ich sie danach frage. Vielleicht auch besser so. Die meisten Dinge verlieren ihre Wirkung, wenn man sie ihrer Umgebung entreißt.

»War das Henna-Tattoo wirklich eine gute Idee?«, ist ein Gedanke, den wahrscheinlich schon einige Menschen an ihrem ersten Arbeitstag nach dem Ägyptenurlaub hatten. Und auch der indische Wandbehang von dem Craft Market in Sri Lanka wirkt in der eigenen Altbauwohnung recht deplatziert. Bei Musik ist es ähnlich. Wie viele CDs verstauben bei mir im Regal, weil sie einfach nicht an den Livemoment rankommen, in dessen Nachwirken ich sie mir gekauft habe? Reggaeton etwa würde ich mir zu Hause niemals anhören. Der Beat kommt einfach nicht so gut, wenn ich aus meinem Fenster auf die dürre Tanne im Hinterhof blicke, an deren Stelle für meinen Geschmack lieber Palmen stehen sollten.

Sie seien morgen wieder da, erzählt Gaby mir, falls ich nochmal vorbeikommen wolle.

»Da bin ich leider schon weg«, antworte ich, lege ihr einen Schein in den Gitarrenkoffer, verabschiede mich und gehe.

In Gedanken versunken spaziere ich noch etwas durch die Gassen der Altstadt. Wieder einer der Abende, an denen eigentlich nicht viel passiert ist. Keine Exzesse, keine dramatischen Ereignisse oder aufregenden Bekanntschaften und tiefgründigen Gespräche. Stattdessen war es einfach nur ein Abend, an dem ich den Großteil der Zeit schweigend vor meinem Glas Bier saß und der sich trotzdem in mein Gedächtnis einbrennen wird. Denke ich an Panama, werde ich fortan an diesen Abend denken. Und an die Tigerente. Aber vor allem an den Abend, wenn die Musik in meinem Kopf beginnt, von vorne zu spielen.

benken will. Ist mir der Gründe allerdings
ziemlich egal. Über Couchsurfing habe ich
Hadicus Tripoli kennen gelernt und wir haben
uns um 15 Uhr bei ihm bei der Arbeit verbracht
Diese war leider am Hafen, was weiter weg
war, als der Block auf ~~Google~~ Maps, bzw.
Maps.me zunächst vermuten ließ. Nach etwa
laufen durch die Suburbs der Stadt nahmen
wir ein Taxi, bis aus Wasser und ...
Rest des Wegs an Schrottplätzen und verfallenen
Bahn anlagen (ewig bis zum Berg Bergbej,
eine alte Brücke.

faßer fahrung
immitten von
Schrott. Es ist
faszinierend, dass
die Lokalehs
der Bahn nicht
nur weiter beschäftigt
sind und ihre
... an ihre
Kinder werden,
sondern jüngst
auch eine
Gehaltserhöhung
bekommen haben.
Wie es in den

Tripoly:	
	‏ج لس‎
	Knafeh
	‏ج و ث حلوَ‎
	Halawat al Jeben
	‏ج و ث حلوَ‎
	Halawat al Rez

...banesischen Baden wie ich stehe, konnte ich
...ie vor mir sehen. Seit über 40 Jahren ist
...ein Zug mehr auf irgendwelchen Schiene gerollt.
...been ist jetzt eine Bahnverbindung von Tripoli
...ch Damaskus
...plant. Sollte es
...weit sein, kann
...n die erste, oder
...e Strecke fahren
...ll. Das wird
...n Traum sein.

Lebanon

Tripoli

Carl

Kachouh

+961 718430
31

Beirut, 2018. Falafel und Cheeseburger, Technoclubs und Tee-häuser, Hotpants und Burkas – es gibt keine Schublade, die groß genug ist, um die Stadt hineinzupacken. Christliche und muslimische Kultur haben die libanesische Hauptstadt über Jahrhunderte hinweg gleichermaßen geprägt. Die Rolle der Mittelmeermetropole als wichtiges Handelszentrum der Neuen Seidenstraße, die Europa mit Asien verbindet, hat ihr einen unverwechselbaren, kosmopolitischen Stempel aufge-drückt. Orient und Oxident liegen hier so dicht beieinander, dass man den Gewürzstand noch in der Umkleide von H&M riechen kann.

Eigentlich hatte ich geplant, im Libanon von Ort zu Ort zu reisen. Stattdessen bin ich jetzt seit zehn Tagen in Beirut und habe mir die Stadt als Basis genommen, um von hier aus das Land auf Tagestrips zu erkunden. Denn der Libanon ist so klein, dass man eigentlich jeden Ort, vom Norden bis zum Süden, von den Bergen im Osten bis zum Mittelmeer im Wes-ten, entspannt an einem Tag bereisen kann. Ich setze mich morgens in einen Bus und bin abends pünktlich zur Happy Hour wieder bei Ramona und seiner kleinen Bar im hippen Stadtteil Mar Mikhael.

Gestern habe ich einen Bus Richtung Süden genommen und in Tyros, 20 Kilometer nördlich der israelischen Grenze, Kaffee getrunken – umgeben von antiken phönizischen Ru-inen. Heute war ich den Tag über in Tripoli im Norden des Landes, 30 Kilometer südlich von Syrien. Das Auswärtige Amt meint: »Von Reisen in die Stadt wird dringend abgera-ten.« Ramona meinte: »Ach, alles halb so schlimm. Solange du einen Bogen um gewisse Straßenzüge machst, ist alles sicher.« Welche Straßenzüge dies waren, konnte er mir allerdings nicht sagen. Wie es das Glück wollte, musste ich das auch nicht herausfinden und kam heil wieder in Beirut an.

Ramona heißt eigentlich Mohammed, hat lange Haare, zwei Black-Sabbath-Tattoos und scheißt nach eigener Aussage auf Konventionen. Und wenn ich wieder nach Deutschland gefahren wäre, ohne die Knafeh in Tripoli zu probieren, wäre er richtig sauer, hat er mir mitgeteilt. Knafeh ist der Traum eines jeden Süßspeisen-Junkies und der Albtraum jedes Menschen, der auch nur ansatzweise auf Kalorien achtet.

Tripoli ist zwar um einiges kantiger als Beirut, machte auf mich allerdings keinen besonders gefährlichen Eindruck. Die Stadt ist etwas heruntergekommen. Genau wie die Autos, die meist nur von Spachtelmasse und Gaffer-Tape zusammengehalten werden. In Deutschland hätte man sie wahrscheinlich eher eingestampft als sie auf die Straße zu lassen. Ich wusste bei Taxifahrten durch die Stadt nie, ob ich mich anschnallen soll, um im Falle eines Aufpralls nicht durch die Windschutzscheibe geschleudert zu werden, oder nicht, um schnell aus dem Wagen zu springen, falls sich dieser spontan selbst entzünden sollte.

»Aber das Essen? Weltklasse«, berichte ich Ramona. Auch an diesem Abend sitze ich wieder an seiner kleinen Bar.

»Habe ich dir ja gesagt, Mann! Hast du Knafeh gegessen?«

»Klar«, sage ich, und er nickt zufrieden. Die Köstlichkeit aus gebackenem Weichkäse und Sirup ist tatsächlich unwiderstehlich.

Die libanesische Küche zählt zu den besten der Welt und Beirut wurde unlängst zum *Food Capital of the World* gewählt. Doch während ich seit eineinhalb Wochen im siebten Himmel schwebe, schon ein paar Pfunde zugelegt habe und mir sicher bin, ein hedonistisches Traumland entdeckt zu haben, vertritt Ramona diesbezüglich eine etwas andere Meinung.

»Das Land ist am Abgrund, Mann. Die Wirtschaft ist im Arsch, die Politiker sind korrupt und die Konservativen und Liberalen stehen kurz vor einem Supergau. Alles, was du hier siehst, ist auf einer Blase gebaut, die irgendwann platzt. Was gut ist, denn dann gehen auch die ganzen Arschlöcher mit unter«, schimpft er.

Ramona führt die wahrscheinlich kleinste Bar Beiruts, wenn nicht gar des gesamten Nahen Ostens. Der Raum ist etwa 2,5 Meter breit, zwei Meter tief und bietet Platz für ihn und seinen Kollegen, der meist in einer Ecke sitzt und raucht. Die Kundschaft muss draußen stehen. Die Regale an den Seitenwänden sind bis zur Decke mit Zigaretten und Schnaps gefüllt, an der Rückwand stehen Kühlschränke voller Bier und Softdrinks. Es ist optisch eher Kiosk als Bar. Nur mit Theke. Über den Kühlschränken hängt ein Flachbildschirm, auf dem ohne Pause Fail-Videos laufen. Katzen, die von Schränken hinunterfallen, Skiunfälle, pseudowitzige Pranks, kurz: alles, was das Internet an kurzweiliger Schadenfreude für den unterdurchschnittlich anspruchsvollen Zuschauer zu bieten hat. Die rechte Ecke der Theke ist reserviert für Danyo, der an seinem Laptop sitzt und den DJ macht. Bei jedem zweiten oder dritten Lied blickt er erwartungsvoll zu mir herüber.

»Geiles Lied«, sage ich dann meist.

»Warte, bis der Bass kickt«, ist seine Antwort.

Ramona regt sich unterdessen weiter über die Verhältnisse in seinem Heimatland auf. »Du glaubst nicht, wie viel
Scheiße hier passiert. Dauernd kommen Leute auf mich zu
und machen sich lustig über mein Aussehen. Ein Mann mit
langen Haaren? Gottlos!«, äfft er die Leute nach. »Weißt du,
wenn sie mich aus religiösen Gründen kritisieren, warum kritisieren sie dann nicht Gott, dass er mein Haar überhaupt so
lang hat wachsen lassen? Verdammte Heuchler. Welche Gesellschaft hat es nötig, von einer Sekte beherrscht zu werden?
Es glaubt sowieso jeder, dass seine Version der Wahrheit die
einzige Wahrheit ist«, regt sich Ramona auf.

»Ach komm, so schlimm kann es gar nicht sein. Auf mich
macht Beirut eigentlich einen echt offenen Eindruck. Du
läufst doch trotzdem rum, wie du willst, und sagst, was du
willst«, antworte ich.

»Ja, klar, es wird besser, aber ich habe keine Lust, die Situation hier nur mit Ländern wie Afghanistan oder Pakistan
zu vergleichen, sondern lieber mit solchen wie Kanada oder
Frankreich. Und selbst da ist nicht alles rosig.«

»Ja, das stimmt. Aber die Frage ist doch, ob du dich hier
wohlfühlst und hier leben willst oder nicht«, sage ich.

»Ob ich mich hier wohlfühle? Keine Ahnung, ich war noch
nie woanders. Ich hab dieses Drecksloch nie verlassen«, lacht
Ramona und redet weiter: »Beirut ist schon die offenste Stadt,
die wir haben, hier treffen sich alle Nonkonformisten. Aber
eben auch die Philister. Und die sind nun mal an der Macht.«

»Und meinst du nicht, dass sich das ändern kann? Wir leben im 21. Jahrhundert, davor kann man sich doch nicht ewig verschließen«, sage ich.

»Na ja, Veränderung war hier bisher immer mit einem bestimmten Ereignis verknüpft, dem Bürgerkrieg, der Ermordung des Premierministers, irgendeinem anderen Krieg. Aber die daraus resultierten Veränderungen betrafen nicht die Kultur, sondern nur die Politik, denn kultureller Wechsel ist verdammt langsam. Ich glaube, wir müssen einfach warten, bis diese alten Ficker sterben.«

»Amen«, antworte ich. »Das Problem ist aber, dass wir selbst alte Ficker sind, bis es soweit ist.«

Ramona schüttelt den Kopf. »Ich glaube nicht, dass wir es so verkacken werden wie unsere Eltern und Großeltern. Andererseits gibt es echt Spinner in unserer Generation. Wie alt bist du eigentlich?«, fragt er.

»31«, antworte ich, und Ramona nickt betroffen. »Aber weißt du«, füge ich hinzu, »ich glaube letzten Endes ist es scheißegal, wie alt man ist. Nur der Kater am nächsten Morgen wird schlimmer«.

»Tja, man kann nicht alles haben«, seufzt Ramona und zuckt mit den Schultern. »Willst du noch einen Drink?«

Ich nicke, und er taucht ein Bierglas in Salz, sodass eine Kruste am Rand entsteht, kippt einen doppelten Tequila hinein, füllt ihn mit Bier auf und presst zum Schluss eine halbe Limette darüber aus. Ich bin skeptisch (wie vor jedem Drink, den Ramona mir in den letzten Tagen gemixt hat), aber er soll mich abermals eines Besseren belehren.

»Macht das Alter, damit kommt die Erfahrung«, sagt er nur und zwinkert mir zu.

Ramona fährt fort, über die Situation im Libanon zu philosophieren. Darüber, dass es eigentlich nur der Willkür der französischen Kolonialisten zu verdanken sei, dass die Region heute so aufgeteilt ist, wie sie ist. Und dass genau diese Aufteilung zu den vielen Konflikten zwischen religiösen und ethnischen Minderheiten geführt habe. In den nächsten 30 Minuten gibt er mir eine kleine Lehrstunde der libanesischen Geschichte. Er erzählt von der Zeit des französischen Mandats, vom großsyrischen Reich, den ersten Unabhängigkeitsversuchen und dem Bürgerkrieg. Ramona ist gerade bei der Debatte um den Marihuana-Anbau im Land angekommen, als Carl mit seinem alten Lada auf den Bürgersteig holpert und uns aus dem Auto zuwinkt.

Carl ist ausgebildeter Opernsänger. Da es im gesamten Libanon allerdings kein Opernhaus gibt, verdient er seinen Lebensunterhalt als Sänger in einem Varieté-Restaurant am Rande der Stadt und singt Businessleuten Arien vor, während diese sich den Bauch vollschlagen.

»Und, wie war Tripoli? Hast du Knafeh gegessen?«, fragt er mich als erstes.

»Klar«, antworte ich, und Carl nickt zufrieden.

Er ist, ohne zu übertreiben, eine Art Anti-Ramona. Während Ramona beim Übertreten einer Kirchen- oder Moscheenschwelle wahrscheinlich in Flammen aufgehen würde, ist bei Carl, wenn das Licht richtig fällt, ein kleiner Heiligenschein über dem Kopf zu sehen.

Erst vor zwei Tagen bin ich mit ihm und seiner Freundin in seinem Lada auf einen, zumindest für die beiden, spirituellen Trip zum Grab des heiligen St. Charbel gefahren. Der syrisch-maronitische Mönch Charbel Machluf starb Ende des 19. Jahrhunderts in den libanesischen Bergen, nachdem er über 20 Jahre als Eremit in einer Höhle nahe des Klosters St. Maroun in Annaya gelebt hatte. Mit ihm werden allerlei Wunder in Verbindung gebracht. Und auch Carl ist der festen Überzeugung, dass Charbel ihm bereits im Traum erschienen sei. Sowohl ihm, als auch seiner Oma. Ihr habe der Mönch gesagt, dass sie ihren krebskranken Enkel zu ihm bringen solle, damit er geheilt werde. Carl beteuert, dass seine Großmutter bis dato nichts von der Krankheit seines Bruders gewusst habe und dass dessen Medikamente erst an dem Tag angeschlagen hätten, als dieser eine Nacht am Grab des Heiligen verbracht hatte.

Ich selbst habe mit der Kirche nie viel zu tun gehabt. Als ich mit 13 vor der Frage stand, ob ich zum Konfirmandenunterricht gehen soll, hab ich mich, wie so oft in solchen Situationen, an meinen Opa gewandt, um ihn um Rat zu fragen.

»Weißt du, mien Jung, damals herrschte Krieg. Wir hatten nichts, nicht mal Konfirmandenunterricht. Das war schlimm«, hat er nur geantwortet und mich dabei bedächtig angeschaut. Meine Oma, die in dem Moment in die Stube kam, um uns Tee zu bringen, und die Geschichte mitbekam, hat ihm kurz auf seine Elbsegler-Mütze gehauen und meinte nur: »Erzähl dem Jungen nicht so'n Quatsch! Du hast direkt die erste Stunde geschwänzt - und als der Pastor gefragt hat, wo du bist, und deine Mitschüler erzählt haben ›Karl het secht, ji können hum an't mors licken‹, ›Karl hat gesagt, Sie können ihn am Arsch lecken‹, bist du hochkant rausgeflogen.«

»Ach so, stimmt«, gab Opa daraufhin mit leicht schelmischem Grinsen zu. »Mach dat man, gibt ordentlich Geld«, hat er mir anschließend geraten, und ich hab tatsächlich auf ihn gehört. Es gab zwar wirklich ordentlich Geld und dazu meinen ersten Computer, danach habe ich aber einen großen Bogen um alles gemacht, was nach Kirche aussah. Mir erscheinen bis heute keine Heiligen im Schlaf, dafür gelegentlich meine Pastorin, die mich anschreit, weil ich das Vaterunser nicht auswendig kann.

Als wir beim Kloster in den Bergen der Bekaa-Ebene im Osten des Landes ankamen, waren wir nicht die einzigen. Rund 5000 Gläubige wälzten sich in einer langen, schwankenden und singenden Masse die knapp zwei Kilometer bis zum Kloster hinunter. Einige von ihnen begannen zu weinen, als sie sich der Grabstätte näherten, warfen sich auf die Knie und schickten Stoßgebete gen Himmel. Andere liefen barfuß oder schlugen sich mit zusammengeknoteten Seilen auf den Rücken, um sich selbst zu geißeln. Für mich war das eine ebenso faszinierende wie beängstigende Erfahrung, und wenn Ramona davon wüsste, dass ich mit einem Haufen Pilgern zur Leiche eines vor 100 Jahren verstorbenen Sonderlings gelaufen bin, würde er wohl nicht mehr mit mir reden.

Ohnehin finde ich, dass die religiöse Zugehörigkeit herzlich unwichtig ist. Es gibt Fragen, die weitaus mehr über

einen Menschen aussagen als die seiner Religion oder gar seiner Herkunft. Wie rum hängt man beispielsweise eine Klopa-
pierrolle auf? Mit dem Abriss zu sich oder zur Wand zeigend?
(Zu sich natürlich. Alles andere wäre barbarisch.) Wie steht
jemand zu Pizza Hawaii oder Brot mit Käse und Marmelade? (Wahre Hedonisten wissen diese beiden Gourmet-Krea-
tionen natürlich zu schätzen.)

Eine Frage, die mir seit Tagen auf der Seele brennt, hat
glücklicherweise nichts mit alledem zu tun. »Warum habt
ihr überhaupt Ampeln hier? Es hält doch eh keiner«, frage
ich in die Runde, während unsere Gespräche abermals von
einem lauten Hupkonzert übertönt werden. An der Kreuzung steht, wie so oft, eine Handvoll Autos, deren Fahrer
alle der Meinung sind, Vorfahrt zu haben. Das führt dazu,
dass sich alle verkeilen und anfangen zu schreien, bis irgendwann einer von ihnen genervt den Rückwärtsgang ein-
legt, bemerkt, dass mittlerweile mehrere Autos hinter ihm
stehen und er deshalb weder vor noch zurück kann. Die
hinter ihm stehenden Fahrer fangen ebenfalls an zu hu-
pen, und es dauert ewig, bis sich die Autos aus der Blech-
traube herausmanövriert haben. Nur um an der nächsten Kreuzung wieder in derselben Situation zu landen.
Danyo guckt für einen Augenblick von seinem Bildschirm
hoch: »Es wäre noch schlimmer, wenn wir keine Ampeln
hätten. Ich würde sagen, die Hälfte hält, wenn es rot ist. Das
ist ein guter Schnitt«.

»Was hast du da eigentlich für ein Zeichen auf den Arm
tätowiert? Libanesische Armee?«, frage ich und zeige auf die

schwarze Silhouette einer Art Dreizack mit verschiedenen Strichen und Verzierungen.

Danyo schüttelt nur ungläubig den Kopf. »Nein, Mann, das ist die sayanische Flagge, guckst du nicht Dragon Ball Z?«, antwortet er und guckt mich an, als hätte ich soeben seine Mutter beleidigt. Die erfolgreiche Mangaserie gehört tatsächlich nicht zu meinem bevorzugten Unterhaltungsprogramm. Bevor die Situation eskaliert, stellt Ramona mir einen neuen Drink hin. »Libanesischer Arak«, erklärt er. »Keine Sorge, man gewöhnt sich dran.«

Carl bestellt einen Whisky, das sei besser für seine Stimme, behauptet er. Um es zu beweisen, nimmt er einen kräftigen Schluck und beginnt zu singen. Er entscheidet sich für »Stille Nacht«. Carl liebt deutsche Lieder, seine Liedwahl lässt die ganze Situation allerdings leicht surreal erscheinen. Es ist mittlerweile weit nach Mitternacht, es sind immer noch über 20 Grad und ich stehe mit einem radikalen Atheisten, mit Muslimen und Christen sowie einem alkoholischen Getränk mitten im Nahen Osten und höre zu, wie ein libanesischer Opernsänger ein deutsches Weihnachtslied singt.

er bs Bremen angeflogen nah, aber bd a
nach Gran!

→ House of Beer ✓   Tagestipps
→ Moabuger
→ CoCo Bar → polish cuisine

~~Das polnische~~ Kazimiers, Krakau   12.3.

Der Wodka gestern Abend hat wir ode
erworben das Genick gebrochen. Ich hab h
komm wie und wann ich nach Hause
gekommen bin, es ist mittlerweile 13³⁰, ich
sitze in einem jüdischen Café im jüdisch
Teil der Stadt und bin immer noch benebel
Der Abend war jedenfalls Bombe, die halbe
die halbe Wodka-Karte durch probieren u
mich sehr gut mit dem Barkeeper
und einem jungen namens Sebastian
unterhalten. Er hat eine
sehr coole Einstellung
gemütliger System und
die Flüchtlingskrise.
Hab dann auch noch
mit ihm über Deutschland

⑥⑥

gesprochen, was früher passiert ist und was
heute passiert. Er machte das Bild über die
... sei ... Polen nach ... so gut
... uns...

..., Restaurant Pod Baranem   12.3.16
... hat ungefähr bis 16 Uhr gedauert, bis ich wieder
einigermaßen klar im Kopf war. Ich bin zur

jüdische
...
geschlendert
und muss
sagen:
Ich ... die
Altstadt!!

Kazimierz
Schön ...
Das Viertel
nach Charme,
ist heute
und ...
Nicht so
überlaufen
wie das
Zentrum
und ist
voller schöner,
alternativer
Läden.
Ein bisschen
Hipster,
aber was
ich den Leut-
en ...
... ?

(164)

»Ich habe gehört, dass es in Polen den besten Wodka geben soll«, sage ich zu Marek, dem Barkeeper. »Das hast du richtig gehört«, antwortet er nur.

Die Kneipe, in der ich gerade sitze, habe ich durch Zufall gefunden. Ich war auf der Flucht vor Junggesellenabschieden und Rentnergruppen, die das Zentrum Krakaus für sich in Beschlag genommen hatten. Ich ließ die Innenstadt hinter mir und spazierte durch ein Wohnviertel, bis ich irgendwann vor einem Kellerloch stehen blieb, hinter dessen Tür dumpfe Musik zu hören war. Mareks Kneipe.

»Aber ich muss dich warnen. Wir haben nicht nur den besten Wodka, wir haben vor allem viel davon«, fügt er hinzu. *Bring it on*, signalisiere ich ihm mit einer auffordernden Geste, und er läuft grinsend zum Schnapsregal an der Wand, wägt einen Moment ab, greift sich eine Flasche und bringt mir ein Glas zum Tresen: »Hier, fangen wir mit etwas Leichtem an. Ein Haselnuss-Wodka, 30 Prozent, harmlos.«

Ich mache zuerst eine Geruchsprobe, bevor ich den Wodka schlückchenweise probiere. »Hm, schmeckt wie Nutella. Lecker!« sage ich und Marek lächelt zufrieden. Harmlos würde ich die bräunlich-durchsichtige Flüssigkeit allerdings nicht nennen, denn der Alkoholgehalt ist nicht zu schmecken, sodass ich Gefahr laufe, direkt noch einen zu bestellen. Doch ich beherrsche mich, bleibe beim Bier und begutachte die Bar.

Der vordere Bereich ist, bis auf ein paar Poster und Sprüche an den Wänden, eher schlicht gehalten. Der hintere Teil der Kneipe hingegen ist ein Gewölbe, das sich in mehrere

Gänge und Erker aufteilt. In dem freigelegten Mauerwerk scheint kein Stein gerade auf dem anderen zu liegen. Gepaart mit der schummrig-roten Beleuchtung verleiht das dem Ganzen das Ambiente eines mittelalterlichen Kerkers, macht es aber gleichzeitig auch gemütlich. In einem offenen Nebenraum wird Karaoke gesungen. Auf einer großen Leinwand laufen polnische Death-Metal-Videos mit Untertiteln. Davor stehen zwei Männer mit langen Haaren, geflochtenen Bärten und schwarzen Klamotten, die ins Mikrofon schreien und grunzen – artikulierte Wörter lassen sich nicht erkennen. Um sie herum stehen eine Handvoll Männer und Frauen, die headbangen.

Marek stupst mich an. »Bist du bereit für den nächsten?« Er zeigt mir eine Flasche und schenkt ein Glas ein. »Fruchtiges Bouquet, schmeckt allerdings schon etwas mehr nach klassischem Wodka als der erste. Trotzdem sanft im Abgang. *Nastrowje*«, fügt er hinzu.

»*Nastrowje*«, erwidere ich und trinke Wodka Nummer zwei. Ich muss husten. Von wegen sanfter Abgang.

Während Marek dabei ist, Biergläser zu polieren und hinter sich ins Regal zu stellen, kommen wir auf die Beziehung zwischen Polen und Deutschland zu sprechen. Als jemand, der von der holländischen Grenze an die dänische gezogen ist, wurde mir bereits mehrmals deutlich gemacht, dass wir von unseren Nachbarn meist nicht ganz so herzlich geliebt werden, wie wir es uns vielleicht erhoffen.

»Was meinst du? Wie ist das Verhältnis von euch Polen zu uns Deutschen heutzutage?«, frage ich Marek.

»Ziemlich gut. So gut wie nie zuvor, würde ich sagen. Ich denke fifty-fifty«, antwortet er und poliert weiter seine Gläser.

Ich bin etwas verwirrt. »Wie fifty-fifty?«, hake ich nach.

»Na ja, die Hälfte der Leute hasst euch immer noch wie die Pest, aber die andere Hälfte nicht. Denke ich«, sagt er trocken.

»Denkst du... Das heißt, mindestens jeder Zweite, den ich hier treffe, auf der Straße oder sonst wo, hasst mich?«

»So ungefähr.«

»Sogar hier in der Bar?«

»Nein, ich denke, hier hasst dich jeder.«

Ich sage erst mal gar nichts, sondern blicke ihn nur an, in der Hoffnung, dass er einen Witz gemacht hat, aber er geht weiter seiner Arbeit nach, ohne eine Miene zu verziehen.

»Marek, ich glaube, ich brauche noch einen Wodka«, bemerke ich etwas niedergeschlagen. Marek lacht nur.

»Aber die kennen mich doch alle gar nicht. Vielleicht muss ich einfach nur einen mit denen trinken«, schlage ich vor.

»Vielleicht«, antwortet Marek schulterzuckend und widmet sich wieder seinen Gläsern. Ein Typ stellt sich neben mich, um zu bestellen, grinst mich an und sagt irgendetwas auf Polnisch.

»Sorry, ich spreche kein Polnisch«, entgegne ich auf Englisch, worauf er mich auf Englisch fragt, wo ich herkomme.

»Deutschland.«

»Deutschland, cool! Ich liebe Rammstein.«

Rammstein und Hitler sind oft die ersten (und einzigen) Assoziationen, die Fremden einfallen, wenn sie herausfinden, dass ich aus Deutschland bin. Beides keine idealen Eisbrecher oder Konversationsstarter. In einer Metal-Bar in Polen hätte ich aber wahrscheinlich damit rechnen müssen. Und in diesem Zusammenhang ist mir Rammstein doch lieber als Hitler.

»Ja, Rammstein. Nicht so meins. Aber sollen live ganz gut sein«, entgegne ich.

»Auf jeden Fall, ich würde die so gerne mal live sehen. Was trinkst du?«, fragt er und zeigt auf das leere Glas vor mir.

»Wodka, aber frag mich nicht welchen. Irgendwas mit fruchtigem Bouquet und semi-sanftem Abgang.«

»Ah, gute Entscheidung. Wir haben den besten Wodka hier in Polen.«

»Hab ich auch gehört«, antworte ich kopfnickend.

Er stellt sich als Janek vor, bestellt drei Bier für sich und seine Freunde, die mich misstrauisch begutachten, das Bier nehmen und zur Karaoke-Bühne gehen, während Janek bei mir stehenbleibt.

Der Barkeeper meines Vertrauens hat mir mittlerweile ein neues Glas Wodka auf den Tresen gestellt: »Debowa, was sehr Edles. Ist mit Eichenholz verfeinert. Du wirst schmecken, wie seidig er auf der Zunge liegt.«

Ich frage Janek, ob er auch einen will.

»Klar, warum nicht«, antwortet er, und wir stoßen wenig später an. Janek verzieht keine Miene, als er den Wodka probiert, während ich mich sehr konzentrieren muss. Als der erste Würgreflex überwunden ist, kommt das Eichenaroma tatsächlich durch. Ich merke bereits, wie der Wodka beginnt, nicht nur sein Aroma, sondern auch seine Wirkung zu entfalten. Wodka ist im Spirituosenspektrum so etwas wie mein Kryptonit. Ich werde furchtbar schnell betrunken davon, bekomme einen roten Kopf, meine Physiognomie erschlafft und ich habe am nächsten Tag Filmrisse. Außerdem tendiere ich dazu, zu viel zu reden. Aber wenn ich schon mal einen augenscheinlich so fachkundigen Wodka-Connaisseur wie Marek an meiner Seite habe, komme ich nicht umhin, gegen meine Vernunft in die polnische Wodkawelt einzutauchen. Ist das etwa schon der Alkohol, der aus mir spricht? Ich kann es nicht ausschließen.

Janek jedenfalls ist trotz seines Musikgeschmacks sehr unterhaltsam, und wir verstehen uns auf Anhieb super. Ich erzähle ein bisschen von mir. Er kann nicht nachvollziehen, warum ich in Deutschland für eine dänische Zeitung arbeite. Ich erkläre ihm, dass die Stadt über Jahrhunderte Teil des dänischen Königreichs war, dann deutsch und streng genommen nach dem Zweiten Weltkrieg sogar britisch. In Ostfriesland waren die Machtverhältnisse sogar noch verwirrender: Erst war die kleine Region zwischen Ems und Jade friesischer Freistaat, dann preußisch, dann niederländisch, dann französisch, dann wieder preußisch, dann deutsch, dann britisch, dann wieder deutsch.

»Und genau darum glaube ich auch nicht an Grenzen.«

»Wie, du glaubst nicht an Grenzen?«

»Ich glaube nicht an Grenzen«, wiederhole ich.

»Aber es gibt ja nun mal Grenzen. Das wäre, als ob du sagen würdest, du glaubst nicht an die Schwerkraft.«

Ich merke, wie der Wodka sich durch meine Gehirnwindungen frisst und es mir schwerfällt, mich zu artikulieren.

»Nein, Mann. Das ist was anderes. Mein Opa, den hab ich nicht mehr kennengelernt, wahrscheinlich auch besser so, wenn ich bedenke, was meine Eltern so über ihn erzählt haben. Wir wären uns wahrscheinlich an die Gurgel gegangen. Aber er kam aus Schlesien, ist dann im Krieg geflohen und hat seine Familie zurückgelassen. Schlesien gehört heute zu Polen, damals zum Deutschen Reich.«

»Ich weiß, meine Eltern kommen aus Breslau.«

»Na also, bitte! Da haben wir's doch. Ich hab' keine Ahnung, wo mein Opa genau herkam. Vielleicht aus Breslau. Ist auch egal, aber wäre er 20 Jahre später geboren, dann wäre ich jetzt zu einem Viertel Pole. So bin ich leider zu einem Viertel Nazi. Kann sich niemand aussuchen«, sage ich.

Marek unterbricht uns.

»Darf ich kurz stören? Das hier ist ein Bisongras-Wodka. Wenn ihr drauf achtet, schmeckt ihr eine leichte Zimtnote.«

»Zimt, cool«, antworte ich, strecke Marek den Daumen entgegen und kippe den Inhalt des Glases hinunter. Kein Zimt. Meine Geschmacksnerven scheinen abgestorben zu sein, denn ich schmecke schon seit einer Weile keine der Nuancen mehr, die Marek uns beschreibt.

Auch Janeks Augen werden langsam glasig. Ich fühle kurz meine Stirn. Mein Kopf glüht, als hätte ich 40 Grad Fieber.

»Puh«, ich blicke in mein leeres Glas. »Da muss irgendwas drin sein, das ich nicht vertrage.«

»Vielleicht Wodka?«, fragt Marek.

»Vielleicht Wodka«, bestätige ich. »Macht das Sinn, was ich sage?«, frage ich Janek, woraufhin er kurz überlegt.

»Weiß ich nicht. Doch, irgendwie schon. Keine Ahnung, muss ich noch mal nüchtern drüber nachdenken. Warst du schon in Auschwitz?«, fragt er.

Für einen kurzen Moment werde ich wieder klar.

»Nein, noch nicht. Übermorgen will ich hinfahren. Ich muss auch gestehen, dass ich etwas Angst davor habe. Spätestens dort kann ich mich meiner Herkunft nicht mehr entziehen, egal, wie ich zu Grenzen stehe.«

»Nee, stimmt. Wahrscheinlich nicht«, fügt Janek hinzu.

Für ein oder zwei Minuten sagen wir nichts. Jeder ist in seine Gedanken vertieft.

Es ist für mich nur schwer zu ertragen, dass in einem Land, das so viel Leid gesehen hat wie Polen, mit der nationalkonservativen Partei *Recht und Gerechtigkeit* um Präsident Andrzej Duda eine Partei an der Macht ist, die sich nicht vor einem Schulterschluss mit rechtsextremen und neofaschistischen Organisationen scheut. Auschwitz steht hier als ewiges Mahnmal für eine der größten Schanden der Menschheit und trotzdem haben viele, auch junge Menschen bei den letzten Wahlen 2015 für rechte Parteien gestimmt.

Noch schlimmer zu ertragen ist allerdings, dass dies auch in Deutschland passiert, dem Land, das die Wurzel dieses Übels war. Hätte mir vor ein paar Jahren jemand gesagt, dass am Gedenktag der Reichspogromnacht Rechte durchs Land ziehen und Naziparolen brüllen, hätte ich ihm nicht geglaubt. Hätte mir jemand gesagt, dass wachsender Antisemitismus mehr als 70 Jahre nach Ende des Zweiten Weltkriegs der Grund für viele junge deutsche Juden ist, nach Israel auszuwandern, dann hätte ich wahrscheinlich sogar gelacht, so absurd wäre diese Vorstellung gewesen. »*Those who do not remember the past are condemned to repeat it.*« ›Wer die Vergangenheit vergisst, ist verurteilt, sie zu wiederholen.‹ Dieses Zitat von George Santayana steht sowohl in einem meiner alten Geschichtsbücher als auch auf der Wand einer Baracke in Auschwitz.

Führt man sich vor Augen wie vor 80 Jahren alles begann, ist es, als bekäme man einen Spiegel vor das gehalten, was zurzeit in Clausnitz, in Heidenau, in Dresden und in hundert anderen Orten passiert. Wenn Menschen sich zu Tausenden versammeln, um ihrem Hass durch menschenverachtende Parolen Ausdruck zu verleihen, wenn Politiker und andere Wortführer diesen Hass durch von Nazi-Rhetorik durchtränkten Tiraden so weit schüren, dass ihre Anhänger nicht davor zurückschrecken, ihre Mitmenschen aufgrund ihrer Herkunft einzuschüchtern, zu erniedrigen, zu verletzen und ihre Wohnungen und Unterkünfte anzuzünden, dann haben wir eben verdammt noch mal gar nichts aus der Geschichte gelernt.

Janek schüttelt sich kurz, als würde er sich aus seiner Starre befreien wollen. »Egal, scheiß Thema«, sagt er.

»Nee, scheiß Nazis«, entgegne ich und merke, wie meine Augen Janek kaum noch fokussieren können.

»Haha, ja, echt. Nieder mit dem Faschismus«, ruft Janek und hebt sein Glas.

»Nieder...«, ich muss kurz hicksen und nehme einen zweiten Anlauf: »... mit dem Faschismus!«

»Wartet, darauf trinke ich einen mit«, sagt Marek, und wir stoßen alle drei an.

»Lennart, du bist ein Guter«, bekräftigt Janek.

Sehr gut. Einen habe ich schon mal auf meiner Seite. Einer weniger, der mich hasst, fehlt nur noch der Rest der Bar.

»Hast du morgen schon was vor? Es gibt hier einen echt schönen Park, da hab ich mich um 11 mit ein paar Freunden verabredet. Wenn du willst, kannst du gerne mitkommen«, schlägt Janek vor.

»Perfekt«, sage ich.

Verschwommen sehe ich, wie zwei neue Gläser Wodka vor uns stehen. Was für einer es diesmal ist, habe ich nicht mitbekommen. Ich proste Janek und dem Barkeeper zu, dann fällt der Vorhang und es wird dunkel.

KINGDOM · SSAABASAJJA KABAKA AWANGAALE · BUGANDA

Kampala, Buganda 14.9

Wir entschieden uns d...
noch einen Tag in Kam...
zu bleiben und ... fuhr...
morgens mit einem
Boda zum Bulange
Royal Building, dem
Herz des Buganda
Königreichs. ... erneut
eine mehr als wilde
Fahrt. Wie ich gelesen ha...
haben sich ... in Durchs...
etwa fünf Minuten ...

Boda-Boda Unfälle. Doch wir überlebten. Erneut
Durch die schwere Masse der Bodas, sind fünf auf
dem ein ganz guter Schnitt, wie ich finde.
Das Königreich Buganda jedenfalls ist eins von
vier Königreichen ... Ugandas und mehrere
hundert Jahre alt. Es macht ungefähr ... Teile
des Landes aus und ... bis zur Unabhängigkeit Ugandas Anfang der 60er, als es von Obote
abgeschafft wurde. Ende 1993 wurde das Königreich
offiziell wiedergegründet. Mehrmals die Woche tagt
seitdem das ... Parlament, das sich im
Bulange Royal Building befindet. Wir waren die
einzigen Gäste und bekamen daher eine Privat-
führung durchs Parlament.
Das Parlament erinnert optisch an das britische,
allerdings stärker verschlossen. Alle ... und
Abgeordneten allerdings werden nicht gewähl...

RECEIPT

OBWAKABAKA BWA BUGANDA
(KINGDOM OF BUGANDA)

BBOODI Y'EBYENNONO N'OBULAMBUZI
(BUGANDA HERITAGE AND TOURISM BOARD)   Site: BULANGE

Bulange: Mmengo, P.O. Box 7451 Kampala, (U), Tel: +256 730 888 100, +256 777 253 155, E-mail: eraddebhtb@gmail.com

Serial №: 1170

ITEM: Jaw

Omuyizi Abayizi (Student(s)) ☐
Omukulu (Adult) ☐
Omwana/Abaana (Child/Children) ☐
Ow'ebunaayira (Non Ugandan) ☐
Eggwanga/Ensi (Country) ... GERMANY
Ennaku z'omwezi 14 ... 09 20 ...19 ...

Ssente zifunidwa okuva ewa: (Received with thanks from) ... kaderina

Endagiriro/Essimu: (Email/Contacts) ...

Omuwendo mu bigambo: (Amount in words) ... One hundred thousand

... shillings ...

Nga za (Being payment of) ... Touring A.e Buganda parliament

... and homid the palace ...

			Cash ☑
U.shs	☑	100,000	Cheque ☐
K.shs	☐		
Dollars	☐		

Omukono gw'azifunye (Signature)
KU LW'EKITONGOLE (BHTB)

KOPI ENERU: Y'ASASUDDE 2. KOPI PINK: YA MINISTRY 3. KOPI EYA KIRAGALA YAKUSIGALA MUKITABO

WEBALE NNYO (THANK YOU)

»Scheiß Moskitos!«, fluche ich und versuche die Blutsauger mit wedelnden Handbewegungen fortzuscheuchen. »Entschuldigung, Andrew, ich wollte dich nicht unterbrechen, aber die Mistviecher fressen mich noch auf.«

Andrew schüttelt nur den Kopf. »Alles gut. Ich wollte nur sagen, dass es früher mehr Nackte in den Dörfern gab. Die Schamgrenze hat sich irgendwie in den letzten Jahren verschoben«, erzählt er und nippt an seinem Bier.

Ich weiß nicht, wie wir auf dieses Thema gekommen sind. Wir sitzen im Garten einer kleinen Bar unweit des Victoriasees, knapp sieben Kilometer nördlich des Äquators, unter dem Dach eines weißen Pavillons. Es ist die einzige Bar in der Stadt, die an einem Mittwochabend um diese Zeit noch geöffnet ist. Und das auch nur, weil hier gerade ein Tanzkurs stattfindet. Eine Partymetropole scheint Entebbe nicht zu sein.

»Ich weiß, was du meinst. Bei uns sind die Leute zwar nie nackt im Dorf rumgelaufen, aber die Gesellschaft wird trotzdem immer prüder. Das fängt bei Facebook an und bei der Tatsache, dass Fotos von männlichen Nippeln erlaubt sind und die von weiblichen Nippeln zensiert werden. Das geht so weit, dass Frauen, die keinen BH tragen, komisch angeguckt werden, und gipfelt darin, dass stillende Mütter aus Restaurants verwiesen werden, weil sich Gäste davon gestört fühlen«, sage ich und beginne mich aufzuregen.

Andrew runzelt die Stirn. »Die Leute fühlen sich vom Stillen gestört?«

»Ja, es ist absoluter Wahnsinn. Ich bitte dich, das ist die natürlichste Sache der Welt! Vor ein paar Monaten wurde auf allen Kanälen von einer australischen Abgeordneten berichtet, die ihr Kind im Parlament gestillt hat.«

»Und was war die Story?«, fragt Andrew.

»Na ja, dass sie ihr Kind gestillt hat«, antworte ich.

Andrew muss lachen. »Dein Ernst?«, fragt er ungläubig.

»Ja, Mann. Das waren Top-News. Australien ist sonst nur bei uns Thema, wenn das Silvesterfeuerwerk aus Sydney übertragen wird oder *Crocodile Dundee* im Fernsehen läuft.«

»Okay, so schlimm ist es hier noch nicht. Aber wie gesagt, es ist noch nicht lange her, da sind die Leute noch nackt durch mein Dorf gerannt, und jetzt tragen sie gefakte Markenjeans«, erzählt Andrew. Er stockt kurz und überlegt: »Hm, jetzt wo ich drüber nachdenke, hat sich meine Wahrnehmung auch irgendwie etwas verändert. Früher waren Busen für mich ein ganz normaler Anblick. Wie gesagt, die meisten Frauen liefen obenrum nackt rum. Aber mittlerweile ist mir das auch etwas unangenehm, zumindest versuche ich wegzugucken. Keine Ahnung, warum. Komisch.«

Andrew kommt ursprünglich aus dem Osten Ugandas und lebt nun schon seit einigen Jahren in Entebbe, wo er für eine NGO arbeitet. Ich schätze ihn auf Mitte 20.

Wir schauen den tanzenden Pärchen zu, die sich gerade im Tango versuchen. Ich frage meine Freundin Cathi, ob sie auch tanzen will, ein paar Grundschritte könne ich sicherlich noch, aber sie blickt mich nur an, als hätte ich gerade ihre Mutter beleidigt.

Andrew erzählt etwas von seinem Heimatland, von der Armut auf dem Land, der Korruption in den Städten.

»Aber die Leute beschweren sich nicht, sind eigentlich ganz zufrieden.«

Ich nicke. »Und genau das verstehe ich nicht. Das ist einfach in so vielen Ländern der Fall. Obwohl es den Menschen objektiv scheiße geht, wird nicht so viel gemeckert wie beispielsweise in Deutschland.«

Ich sollte das Thema wechseln, sagt meine Vernunft, denn über Deutschland zu sprechen, hat selten zur Verbesserung meiner Stimmung beigetragen. Hinzu kommt, dass ich den Tag über leichtes Fieber hatte und der Alkohol in meiner Blutbahn gerade gemeinsam mit den Wirkstoffen der Aspirintablette Tango tanzt.

Ich muss an meine gut situierten Bekannten denken, die auf Kreuzfahrten ihre wenige Zeit an Land damit verschwenden, sich über Deutschland zu beschweren. Zum Beispiel darüber, wie sehr Deutschland doch unter den Flüchtlingen leide, als würde ihnen die eritreische Familie aus der Nachbarschaft das Brot vom Teller klauen. Haltet verdammt noch mal die Fresse, will ich ihnen sagen. Allein aufgrund der Tatsache, dass wir in diesem Land geboren wurden, geht es uns besser als dem Großteil der Weltbevölkerung – nicht, weil wir etwas Besonderes geleistet haben.

Mir fällt auf, wie oft ich darüber meckere, wie oft die Deutschen meckern und muss erkennen, wie absurd das ist. Ich hasse es auch, diese Diskussion zu führen und trotzdem kommt das Thema auf jeder Reise an irgendeinem Punkt wieder auf. Dann schwadroniere ich mit Wildfremden über westliche Dekadenz, Neid und Habgier und versaue mir dadurch den Abend. Das Problem ist, dass ich selbst immer stärker in diese Muster verfalle. Nicht in die rassistischen. Es ist eher das kleinkarierte Miesepetertum, das dazu führt, dass ich über Dinge wie Zugverspätungen, Schlangen beim Supermarkt oder, Schreck lass nach, das Wetter meckere. Denn ein guter Deutscher braucht konstante 22,7 Grad, der Norddeutsche ein Grad weniger, der Süddeutsche ein Grad mehr. Von Anfang Mai bis Ende September. Damit das kalte Bier schmeckt und er trotzdem beim Fußballgucken nicht ins Schwitzen gerät. Bei allem anderen geht er ein.

»Es ist ja nicht so, dass die Menschen hier nicht meckern. Ich glaube, das liegt in der menschlichen Natur«, sagt Andrew. »Hier sind es halt andere Dinge, über die wir uns aufregen, Dinge, die für euch unvorstellbar sind. Was die Menschen als Probleme ansehen, hängt wirklich von der Umgebung ab. Hier ist es zum Beispiel die Zeit, die einem durch den unzuverlässigen Transport verloren geht. Ich hatte nahezu keine Chance pünktlich hierherzukommen. Die Sache ist nur: Wir erwarten nichts anderes. Ihr kommt aus einem der reichsten Länder der Welt. Für euch sind viele Sachen selbstverständlich, und wenn sich diese Zustände einmal ändern, dann ist das ein Problem. Ihr geht in ein Krankenhaus, und wenn ihr mehr als 30 Minuten warten müsst, dann regt ihr euch darüber auf. Wenn hier jemand ins Krankenhaus kommt, ist dessen größte Angst, ob überhaupt genügend Medikamente vorhanden sind, um ihn zu behandeln. Und wenn ja, dann ist die nächste Sorge, ob man genug Geld hat, diese zu bezahlen. Hattest du schon mal solche Probleme?«, fragt Andrew.

»Nein, hatte ich nicht«, antworte ich. Seine Worte klingen wahrscheinlich härter, als sie gemeint sind, aber sie gehen mir trotzdem nah. Gleichzeitig bewundere ich seine Ehrlichkeit und bin sogar froh, dass er mir einen Spiegel vorhält.

»Genau das meine ich ja, es sind Nichtigkeiten, über die sich die Menschen aufregen. Und da schließe ich mich selbst gar nicht aus. Die ersten Tage in Uganda wäre ich fast verrückt geworden, als wir wieder stundenlang in einem Bus warten mussten, bis dieser endlich voll war und losfuhr. Mittlerweile genieße ich es sogar ein Stück weit. Die Leute im Bus sind nett, machen das beste aus der Wartezeit, essen, lachen, spielen mit ihren Kindern. Ich hab noch nie so viel Essen angeboten bekommen wie hier in den Bussen«, erzähle ich, und Andrew lacht zustimmend.

Dabei ist es nicht das erste Mal, dass ich mit der Hakuna-Matata-Mentalität anderer Länder kollidiert bin. Kein Wunder, da Pünktlichkeit in Deutschland bereits mit der Muttermilch aufgesogen wird. Und ich war eigentlich nie ein besonders pünktlicher Mensch. Unzählige Einträge in Klassenbüchern von der ersten bis zur 13. Klasse sind der schriftliche Beweis hierfür. Aber eben nur für deutsche Verhältnisse. In Kuba habe ich mitunter drei bis vier Stunden bei der Bank darauf gewartet, Geld zu wechseln. Ein Besuch beim Bäcker hat in Jamaika im Extremfall 30 Minuten gedauert. Das zerrt an den Nerven, wenn man es gewohnt ist, dass alles wie in einem perfekt geölten Uhrwerk läuft. Später habe ich einfach mein Tagebuch mitgenommen und die Erlebnisse der letzten Tage aufgeschrieben oder ich habe ein Buch gelesen, während ich gewartet habe. Aber es bedurfte trotzdem auch in Uganda wieder einige Tage der Akklimatisierung, bis ich mich an den Rhythmus des Landes gewöhnt hatte.

Eine Frau kommt von der Tanzfläche auf uns zugelaufen und redet mit Andrew kurz auf Luganda, der Sprache des Königreichs Buganda. Buganda, in dem Entebbe liegt, zieht sich entlang des westlichen Teils des Victoriasees und erstreckt sich bis ins Zentrum des Landes. Es war über Jahrhunderte ein eigenständiges Königreich und ist jetzt ein selbstverwalteter Teil des ugandischen Staates.

»Ich gehe kurz eine Runde tanzen«, sagt Andrew und folgt der Frau auf die Tanzfläche. Ich schaue fragend zu Cathi herüber, doch ihr Blick sagt nur: »Frag mich noch mal und du schläfst heute draußen«. Andrew fordert mich auf, trotzdem mitzukommen, redet kurz mit der Tanzlehrerin und schon liege ich in ihren Armen und schwebe übers Parkett wie Tanzlegende Fred Astaire. Mit gebrochenen Beinen.

Ein wummernder Merengue-Beat ballert durch die übersteuerten Boxen auf der Tanzfläche, während ich verzweifelt versuche, mich an den Salsa-Grundschritt zu erinnern, den ich vor Ewigkeiten in der Tanzschule gelernt habe. Es dauert nicht lange, bis mein Shirt vom Tanzen und vom Stress durchgeschwitzt ist.

Buganda ist politisch recht komplex aufgebaut. Es ist eins von vier Königreichen im Land, die mit der Unabhängigkeit Ugandas 1962 abgeschafft und erst 1993 neu gegründet wurden. Der König und das bugandische Parlament sitzen in Kampala, genau wie die Regierung Ugandas. Die Baganda, wie die Einwohner Bugandas heißen, zahlen ihre Steuern nicht an die ugandische Zentralregierung, sondern an den bugandischen König, der wiederum für die Infrastruktur in diesem Teil Ugandas sorgt. Die Bevölkerung des Königreichs teilt sich auf in 52 Clans, die jeweils nach verschiedenen Pflanzen und Tieren benannt sind. Es gibt den Leoparden-Clan, den Grashüpfer-Clan, den Sprotten-Clan und den Augenbohnen-Clan. Sie alle werden im Parlament durch die entsprechenden Clan-Oberhäupter repräsentiert. Da die übrigen Mitglieder des Clans allesamt als Tanten, Onkel, Brüder und Schwestern angesehen werden, ist es verboten, innerhalb des Clans zu heiraten. Kinder bekommen automatisch den Clan-Namen des Vaters, die Mutter behält ihren. Außerdem ist es den Clan-Mitgliedern verboten, das Tier oder die Pflanze zu essen, dem oder der sie ihren Namen verdanken, was beim Nashorn sicherlich einfacher einzuhalten ist als bei Getreide.

Noch komplizierter wird es bei der Zusammensetzung des Parlaments. Hinein kann jeder gewählt werden, der Luganda spricht, egal ob er in Buganda geboren wurde oder gerade am Flughafen in Entebbe gelandet ist. Die offizielle Begründung ist, dass jeder, der sich in Buganda aufhält, ein Teil des Ganzen ist, unabhängig davon, woher er oder sie stammt.

Wenn die Clan-Zugehörigkeit irgendetwas über die individuellen Fähigkeiten der Mitglieder aussagt, wäre mein Clan-Totem irgendetwas, das nicht unbedingt für seine Grazie bekannt ist. Ein Tapir vielleicht. Oder ein Brokkoli. Irgendwann tun mir die Füße meiner Tanzpartnerin leid, auf die ich nun bereits zum wiederholten Male getreten bin, worauf sie immer mit einem etwas verkrampften Lächeln und einem »Kein Problem« reagiert. Ich entlasse sie wieder in ihre Pflicht als Lehrerin und verschwinde von der Tanzfläche.

Auch Andrew kommt zum Tisch und zu seinem Bier zurück. »Wo waren wir?«, fragt er. Wechsel das Thema, Lennart, schießt es mir durch den Kopf.

»Leistungsgesellschaft«, sage ich. Scheiße.

Andrew war für seine Organisation bereits ein paar Mal in Europa, einmal sogar in Deutschland, kann sich also in etwa ein Bild davon machen, was ich meine.

»Du sagst das so negativ. Es hat schon einen Grund, warum ihr reich seid und wir nicht«, sagt er.

Ich glaube, das hat andere Gründe, will jetzt aber nicht das Postkolonialismus-Fass aufmachen.

»Ich weiß ja nicht. Die Art und Weise, mit der unser Reichtum generiert wird, ist jedenfalls auf Dauer nicht gesund für die Menschen. Weißt du, einer der deutschesten Sätze lautet: ›Ich darf nicht krank werden, ich muss zur Arbeit.‹ Das meinte Cathi erst vor ein paar Wochen zu mir, und sie hat sich dabei angehört, als ob sie bald stirbt, so schlecht ging es ihr«, erwidere ich an meine Freundin gewandt. Sie stimmt mir zu.

»Ja, ich fühle mich schon schlecht, wenn ich länger als fünf Minuten Pause mache«, gesteht sie. Nun arbeitet sie mit Geflüchteten und übernimmt für sie Verantwortung, es kommt also eine emotionale Komponente hinzu. Trotzdem.

»Das ist hier ähnlich. Die meisten Menschen arbeiten wie die Tiere. Wenn sie krank werden, bekommen sie nichts zu essen. Aber die Körper gewöhnen sich daran. Bevor meine Mutter um sieben Uhr morgens mal nicht im Garten steht, muss schon etwas Krasses passieren. Wenn ich ihr sage, bleib doch einfach mal sitzen, dann schüttelt sie nur den Kopf«, sagt Andrew.

Nope, nicht das gleiche, denke ich, doch Andrew erzählt bereits weiter: »Aber ich gebe dir Recht. Der Druck im Kopf ist bei euch schlimmer. Wenn man in Europa an einem Bahnhof steht, dann sieht man die meisten Menschen rennen. Hier sitzen die Leute und warten«, lacht Andrew. »Ich bin allerdings skeptisch, ob mein Land mit dieser Mentalität den Sprung aus der Armut schaffen wird. Status ist, wie überall, enorm wichtig, nur dass die Menschen sich hier ihre Statussymbole eigentlich nicht leisten können und sich dementsprechend verschulden. Viele Menschen hier leben, als wäre es ihr letzter Tag. Das kann gefährlich sein, denn stell dir vor, du wirst 100«, erzählt Andrew, schmunzelt, wird aber direkt wieder ernst: »Es hat mal jemand gesagt, Uganda sei wie ein armer Mann, der das Leben eines Reichen führt. Du siehst hier Menschen mit teuren Telefonen und teuren Schuhen, die sich kein Essen leisten können. Und auch hier gibt es Neid. Und der Hass auf Weiße ist in einigen Teilen der Bevölkerung stark gestiegen.«

»Das haben wir mitbekommen«, bestätige ich ihn und erzähle von einem Erlebnis, das Cathi und ich am Busbahnhof von Mbarara hatten. Wir waren auf dem Weg in den Bwindi Impenetrable National Park, um Gorillas zu sehen, als wir in der Großstadt im Südwesten des Landes strandeten, um auf den nächsten Bus zu warten. Ein relativ trostloser Ort. Der sandige Busparkplatz war umsäumt von einer Reihe Wellblechhütten. In einer von ihnen war ein kleines Restaurant, in dem wir Reis mit Hähnchen aßen, wobei das Hähnchen so dürr war, dass ich eigentlich nur Haut von ein paar Knochen abnagte. Marie, die Köchin, freute sich sichtlich über unseren Besuch in ihrer Küche, umarmte uns überschwänglich vor, während und nach dem Essen und zerquetschte Cathi dabei fast mit ihren Brüsten.

Aber wie auf so gut wie allen anderen Bus- und Bahnhofsvorplätzen dieser Welt, versammelten sich hier auch die üblichen verlorenen Seelen, die uns mit von Alkohol und Drogen glasig gewordenen Augen misstrauisch anstarrten, während wir über den Platz liefen, oder uns penetrant irgendwelche Sachen verkaufen wollten. Und sie wurden mit zunehmender Stunde und wachsendem Alkoholpegel nicht unbedingt angenehmer.

Es dämmerte schon, und die Stimmung auf dem Platz wurde immer angespannter. Als es zu einem Handgemenge auf der Straße kam, zogen wir uns in das kleine Bürozimmer der Busgesellschaft zurück.

»Weiß man schon, wann der Bus nach Kabale ankommt?«, fragte ich die Frau hinter dem Ticketschalter, bekam aber nur ein Kopfschütteln als Antwort. Zwei Jungs neben uns schauten Videos auf ihrem Handy. Auf dem kleinen Bildschirm war zu sehen, wie ein Weißer von mehreren Männern in einem afrikanischen Dorf verprügelt und anschließend durch die sandigen Straßen des Ortes geschleift wurde.

»Scheiße, Lennart, ich will hier weg«, sagte Cathi, und ich konnte die wachsende Panik in ihrer Stimme hören. Ich versuchte sie zu beruhigen, doch auch ich fühlte mich nicht wohl in meiner Haut. Später kamen weitere junge Männer hinzu, die sich über die beiden beugten, lachend auf das Handy sahen, während sie das Video wieder und wieder abspielten und häufig zu uns blickten.

Es war eine harmlose Provokation einiger Halbstarker, aber gepaart mit der gereizten Stimmung vor der Tür und unserer Übermüdung führte es zu einem sehr schlechten Gefühl im Magen. Ein falscher Blick, ein paar unüberlegte Worte und die Scheiße würde uns um die Ohren fliegen, da waren wir uns sicher. Dann, nach einer gefühlten Ewigkeit, das Flackern von Scheinwerfern in der Ferne und wenig später der Bus, der über den mit Schlaglöchern übersäten Platz auf uns zu holperte. Wir schnappten unsere Sachen und wollten einfach nur noch weg. Ein Typ rief mir etwas hinterher. Ich ignorierte den Drang mich umzudrehen, schob Cathi vor mir in den Bus, warf unsere Rucksäcke in die offene Luke hinter der Fahrertür und stieg hinterher.

»Fuck, und da wolltet ihr nicht direkt nach Hause fahren?«, fragt Andrew mich, als ich zu Ende erzählt habe.

Ich schüttle den Kopf. »Erstens ist ja nichts passiert. Und zweitens lasse ich mir doch von einer schlechten Erfahrung nicht die Möglichkeit kaputtmachen, 1000 gute Dinge zu erleben.«

Andrew lächelt. »Der Spruch ist gut«, sagt er.

»Ist nicht von mir.«

Andrew zuckt mit den Schultern. »Ist trotzdem gut.« Er zeigt auf unsere leeren Gläser. »Wollt ihr noch eins?«

Ich bin unschlüssig. Ein leichter Wind ist aufgezogen, was die laue Nachtluft etwas auffrischt und die Moskitos verscheucht. Der Mond blitzt durch die Blätter der Palmen, die Pärchen auf der Tanzfläche sind mittlerweile zum langsamen Walzer gewechselt und schwofen durch die Nacht. Eigentlich ganz entspannt hier.

»Ich glaube, ein Bier können wir noch«, übernimmt Cathi diesmal die Entscheidung.

Super Tour, gefällt, jede...
diese stehe wie lange zuvor...
viel Wind...
wie...
...unruhe...
dem Boden...
über das und...
...hinsgebend...

war es tatsächlich besser ...
...uns...das un...
an irgendetwas...dafür...
...

...
...
...
Das schöne allweil...wir ...
sehr oft...alle der Reise...
des ...
...
...Fracht...
...

aber...wir es...

...

FLENSBORG

Flensburg

Sønderborg

Ich habe ein mulmiges Gefühl im Bauch, als ich zum ersten Mal seit knapp zwei Jahren über die Kong-Christian-X.-Brücke fahre und die Ortseinfahrt von Sønderborg passiere. Und nein, Kong Christian ist kein gigantischer Menschenaffe gewesen, sondern der ehemalige König von Dänemark, Großvater der heutigen Königin Margrethe.

Vier Jahre habe ich hier studiert. Untalentierte Dozenten, die sich mit einem völlig inkompetenten Studenten wie mir herumschlagen mussten, der sich den Bologna-Prozess zum ultimativen Feindbild auserkoren hatte und versuchte, Regelungen wie die Anwesenheitspflicht durch Totalverweigerung im Unterricht zu kompensieren, haben dazu geführt, dass ich nie einen wirklichen Zugang zu der kleinen Stadt im Süden Dänemarks gefunden habe. Hinzu kamen Kommilitonen, die lieber stricken als feiern wollten. Studentenleben hatte ich mir damals anders vorgestellt. Nach einem Jahr in einer WG auf der Insel Als, auf der sich der Großteil der Stadt befindet, zog ich Richtung Süden und pendelte den Rest meiner Studienzeit von Flensburg nach Dänemark. Hier lebe ich seitdem, glücklich und zufrieden. Meine Sønderborger Jahre hatten also auch ihre guten Seiten. Außerdem habe ich während des Studiums meine damalige Freundin kennengelernt. Damit hören die schönen Aspekte jedoch auch schon auf.

Aber hat nicht alles eine zweite Chance verdient?

Sønderborgs zweite Chance kommt in Form von Birte. Es gibt Menschen, mit denen man sich sofort verbunden fühlt, ohne sie wirklich zu kennen. Die Zeit verfliegt, und ehe man sich versieht, sind drei, vier Stunden vorbei. Weil die

Geschichten, die solche Menschen zu erzählen haben, nicht
alltäglich sind, und weil diese Personen es ebenso wenig
sind. Birte ist so jemand. Sie ist Couchsurferin.

Seit zwei Wochen bin ich nun schon auf meiner Vespa
durch die Region nördlich und südlich der deutsch-däni-
schen Grenze unterwegs, habe auf fremden Sofas geschlafen
und mir die Städte und Dörfer der Gegend aus der Sicht eines Einheimischen angeguckt. Couchsurfing vor der Haustür,
da durfte auch meine dänische Kurzzeitheimat nicht fehlen,
und Birte war tatsächlich die Einzige aus der Stadt, die auf
meine Anfrage geantwortet hat.

Die Dänin aus Sønderborg ist allerdings nicht die typische Couchsurferin. Während die meisten nach der Schule
oder in den Semesterferien damit beginnen, startete sie ihr
Couchsurfing-Abenteuer, als sie in Rente ging. Seitdem allerdings hat die inzwischen 70-jährige den Geist der Commu-
nity mehr verinnerlicht als viele andere. Ihre Beweggründe
sind simpel: »Man trifft Menschen, und genau das mag ich
beim Reisen. Klar, die Sehenswürdigkeiten sehe ich mir auch
an. Aber es gibt mir die Möglichkeit, die Orte aus einer anderen Perspektive zu sehen.«

Wir sitzen in einem kleinen Café in der Sønderborger Fußgängerzone. Nicht einmal 200 Meter weiter habe ich gewohnt. Umgeben von malerischen Fischerhäuschen, die sich
mit modernen Designervillen abwechseln. Kein Geringerer
als Frank Gehry, der schon das Guggenheim-Museum in Bil-
bao und die Walt Disney Concert Hall in Los Angeles entwarf,
war für die Neukonzeption der Hafenpromenade vor ein paar

Jahren verantwortlich. Auf den ersten Blick wirkt die Stadt idyllisch und gleichzeitig modern. Doch das jugendliche Äußere täuscht darüber hinweg, wie bieder und angestaubt es im Innern aussieht.

Ich versuche diese Gedanken beiseite zu schieben. Rein objektiv betrachtet ist Sønderborg schön. Und Birte hilft mir gerade dabei, Sympathie für die kleine Stadt an der Ostsee zu entwickeln. Sie lächelt mich an, während ich ihr etwas über meine Couchsurfing-Tour und mich erzähle.

Mich interessiert, wie sie zum Couchsurfen kam. Kurz bevor Birte in den Ruhestand ging, fing sie an, Pläne zu schmieden. Sie wollte nach Nicaragua gehen, wo sie bereits seit Jahren ein SOS-Kinderdorf unterstützt. Über einen Artikel in der Zeitung wurde sie auf eine junge Frau aus der Gegend aufmerksam, die couchsurfte. Birte schrieb sie an und bekam von ihr alles Wissenswerte über Couchsurfing gezeigt. Sechs Wochen lang reiste sie anschließend durch das Land in Mittelamerika, machte Sprachkurse und schlief bei fremden Menschen auf dem Sofa.

»Nicaragua war ein Abenteuer«, erzählt sie mir. Ohne Frage. Couchsurfing zeigt einem das Leben abseits der Reiseprospekte und gewährt Blicke hinter Türen, die normalerweise verschlossen sind. Wenn Birte auf ihren Reisen mal keine Couch findet, geht sie in ein einfaches Hostel, denn auch hier geht es ihr um die Menschen: »Schöne Hotels brauche ich nicht mehr. Das habe ich gehabt.«

Ihre Enkel kommen langsam in das Alter, in dem sie zu reisen beginnen. »Sie couchsurfen nicht, aber sie respektieren meine Art zu leben und zu reisen. Sie finden es tatsächlich ziemlich cool.«

»Es ist auch ziemlich cool«, sage ich.

Zumal diese Weltoffenheit in Sønderjylland, wo auch Sønderborg liegt, ein rares Gut ist. Der Rechtsruck der Gesellschaft ist zwar in ganz Dänemark seit Jahren zu spüren, nirgendwo bekommen rechte Parteien wie die dänische Volkspartei *Dansk Folkeparti* allerdings so viel Zuspruch wie in der Region nördlich der deutschen Grenze. Bei der letzten *Folketingswahl*, der Wahl des dänischen Parlaments, bekamen sie im Süden Dänemarks rund 30 Prozent der Stimmen. Auch wenn ich auf die Frage verzichte, gehe ich davon aus, dass Birte ihr Kreuz an anderer Stelle gesetzt hat.

Ich nippe an meinem Kaffee. 6,50 Euro, verdammter Wucher. Das ist kein Kaffee wert, egal wie gut er ist. Und dieser hier ist nicht mal gut. Aber egal, ich genieße das Gespräch mit Birte, das ist mehr wert als die paar Euro. »Wenn du reist oder jemanden bei dir aufnimmst – wie entscheidest du, ob es passt oder nicht?«, frage ich.

»Man weiß natürlich nie, wie die Menschen wirklich sind, aber ich habe mit der Zeit gelernt, Profile richtig zu lesen und so herauszufinden, wen ich gerne treffen möchte. Was sagen sie über sich selbst? Was für Fotos haben sie hochgeladen?«

»Was hältst du denn von meinem Profil?«, frage ich sie und schiebe ihr mein Handy herüber. Birte schiebt ihre Brille zurecht und begutachtet mein Couchsurfing-Profil eine Weile.

»Sagen wir so, es gibt nichts, was ich nicht mag. Du bist nicht komischer als andere«, antwortet sie und zwinkert mir verschmitzt zu. Damit kann ich zwar leben, aber vielleicht sollte ich es trotzdem mal überarbeiten.

»Und dann gucke ich mir natürlich an, was für Referenzen der Couchsurfer schon hat«, erklärt Birte. Birtes Referenzen jedenfalls lesen sich wie eine Liebeserklärung. Und es sind nicht gerade wenige: »Birte is a wonderful and inspiring person. Definitely 100% Couchsurfing soul«, schreibt beispielsweise Karolina aus Krakau. »Only one night is enough to make me love this woman«, schreibt Lu aus Kiel. »Such a great woman, young at heart, generous and full of positive energy. Gives a whole new meaning of the word retired«, schreibt Nikola aus Leipzig. Und so weiter.

»Die Menschen sagen, dass ich jung im Herzen bin. Ich finde, ich bin ganz normal. Aber wahrscheinlich ist mein Lebensstil tatsächlich nicht so alltäglich«, überlegt Birte.

»Hm. Ich persönlich finde ja, älter werden ist eine nicht mehr zeitgemäße Erfindung«, sage ich.

Birte lacht. »Einige sagen, das Alter sei nur eine Zahl. Aber das ist nur die halbe Wahrheit. Natürlich wird man älter. Ich würde nirgends mehr couchsurfen, wo ich auf dem Fußboden schlafen muss. Es gibt einfach Unterschiede, wie man auf das Leben blickt. Auch junge Leute sind nicht alle gleich. Genau wie alte Menschen.«

Wem sagt sie das. Ich habe Freunde, die alt geworden sind, als sie 25 waren. Sie gehen nicht mehr raus, legen sich um Punkt zehn ins Bett, müde oder nicht. Dann hab ich Freunde, die mit 50 ihr Leben umkrempeln, backpacken gehen oder anfangen zu studieren.

Diese Spontaneität und Offenheit, sich dem Moment einfach hinzugeben, wird leider ein immer selteneres Gut in meinem Freundeskreis. Treffen müssen mittlerweile Wochen im Voraus geplant werden und Partys zu organisieren, erweist sich als zunehmend kompliziert. Früher hat man im Supermarkt einmal ins Schnapsregal gegriffen, um getränketechnisch abgedeckt zu sein, und im Laufe des Abends wurde Pizza bestellt. Heute wird im Vorfeld in einer Whatsapp-Party-Gruppe geklärt, wer welchen Salat mitbringt und wer Dips macht. Vegan und glutenfrei, versteht sich. Und auch die Partys selbst sind anders geworden. Weniger nackte Menschen, weniger knutschen, andere Gesprächsthemen. Ich habe keine Lust, mich mit meinen Freunden darüber zu unterhalten, welcher Chiropraktiker der beste in der Stadt ist. Da durchstehe ich mein Rückenleiden lieber wie ein Mann: indem ich in regelmäßigen Abständen darüber jammere.

Ehemalige Königinnen und Könige der Nacht scheinen plötzlich um Jahrzehnte gealtert zu sein. »Wir sind müde«, ist einer der schlimmsten Sätze, die ich kenne. So ein plötzlich auftretendes, kollektives Müdigkeitsgefühl tritt komischerweise bei immer mehr Pärchen in meinem Freundeskreis auf. Ab einer gewissen Uhrzeit fangen sie synchron an zu gähnen, um zu signalisieren, dass man doch jetzt bitte nach Hause gehen soll, oder dass sie selbst bald die Biege machen. Genug Spaß für einen Abend.

Das schlimmste allerdings ist, dass ich bei mir zunehmend ähnliche Verhaltensmuster entdecke. Ich werde bequem, verfalle in einen stetigen Rhythmus aus Arbeit und daran angepasster Freizeit. Alles, was davon abweicht, ist ein Störfaktor, ein Grund zu meckern. Tagsüber arbeiten und sich über die Firma aufregen, abends ein Gläschen Wein trinken zum Runterkommen, Netflix gucken, Schallplatten hören oder zu Freunden zum Essen gehen, die Katzen füttern und sich ins Bettchen legen. Am nächsten Morgen aufstehen und Repeat. So werde ich Stück für Stück zu meinem eigenen Feindbild, denn der Prozess, von einem progressiv denkenden Menschen zum Spießer zu werden, ist ein schleichender. Es beginnt, wie so vieles, mit dem Geld. Angefangen damit, dass ich mir Wein nicht mehr in Tüten gekauft habe, um am nächsten Morgen den Kopfschmerzen zumindest etwas vorzubeugen. Irgendwann hab ich dann auf Festivals auf Dosenravioli verzichtet und mir stattdessen gelegentlich einen überteuerten Hot Dog von der Bude auf dem Festivalgelände gegönnt, mein Geld in Schallplatten und guten Rum investiert, mich heimelig eingerichtet, die verschlissene Couch aus Studentenjahren entsorgt. Und ehe ich mich versah, lebte ich das Leben, das ich nie leben wollte. Und: Ich fühle mich auch noch wohl dabei. Wohl, aber nicht frei.

Reisen ist daher wie eine Frischzellenkur für mich. Ich will raus aus dem Komfort und den stetigen Trott, die zunehmende Lethargie aufbrechen. Deswegen plane ich auf Reisen grundsätzlich nichts, lasse mich vom Zufall leiten und höre mehr auf mein Bauchgefühl als auf meinen Reiseführer. Morgens nicht zu wissen, an welchem Ort man abends ist, was für Menschen man trifft und wo man schläft, ist eins der belebendsten Gefühle, die ich kenne. Reisen wird für mich besonders dann zum Abenteuer, wenn Unvorhergesehenes passiert. Ich liebe es, mich zu verlaufen. So habe ich nicht nur wunderbare, versteckte Orte entdeckt, sondern auch unzählige hilfsbereite Menschen getroffen, die mir den richtigen Weg aufzeigten. Oder sie haben mich an noch versteckere Orte geführt. Es gibt nichts Bereichernderes, als einem Fremden Vertrauen zu schenken und zu erfahren, dass dies in der Regel nicht missbraucht wird.

Wenn ich dann wieder nach Hause komme, mit Blasen an den Füßen, Dreck unter den Fingernägeln und den Taschen voller Geschichten, dann ist mein Abenteuertank wieder aufgefüllt, und ich kann mich ohne schlechtes Gewissen für einige Zeit in meinem kleinen Spießerleben wohlfühlen. Zumindest, bis das Fernweh wieder überhand nimmt.

Mein Glück ist, dass ich gerne nach Hause komme. Während ich früher nach einer Reise oft in ein dunkles Loch gefallen bin, reicht mir in Flensburg meist schon ein Spaziergang zum Hafen und zur Fischbrötchenbude, um das Urlaubsfeeling ein kleines bisschen aufrechtzuerhalten.

Auch das teile ich mit Birte. »Jedes Mal, wenn ich von einer Reise zurückkomme und über die neue Brücke in Sønderborg fahre, die Universität auf der einen Seite sehe, das Wasser auf der anderen und das Schloss in der Ferne, dann verschlägt es mir den Atem«, sagt sie begeistert.

Ich verspreche mir selbst, bei meiner nächsten Fahrt nach Sønderborg darauf genau zu achten.

»Es ist schön, durch das Couchsurfing Freunde auf der ganzen Welt zu haben. Die an Orten leben, die ich eines Tages besuchen werde. Ich habe Menschen kennengelernt, die ich ohne Couchsurfing nie getroffen hätte, allein deshalb bedeutet es mir sehr viel. Und ich habe Dinge gemacht, die ich noch nie in meinem Leben vorher gemacht habe: Graffiti gesprüht in Holland, das erste Mal gekifft, in Rumänien Bergwerke besucht. Das sind unvergessliche Momente«, erzählt Birte.

Auch mit 70 Jahren gibt es viele Dinge, die man zum ersten Mal machen kann. Wenn man den Mut dazu hat.

Und dabei war die Fahrt ...
schon anstrengend genug. ...
...
... Bus ...
... Jedes Mal ...
und belästigt werden von ...
Typen, die irgendetwas ...
wollen. ... Gras och
die egne
Tochter.
Sehr

... während ...
... Wenn der ...
... das Wetter ... Und ...
... noch Casablanca ...
... Ganz ... als ...
oder tes. Kosmopol..., und das
schon seit sehr vielen Jahren.
Das zeigen auch die ...
... und die Tatsache
dass die meisten

الدار البيضاء
↓ CASABLANCA ↓

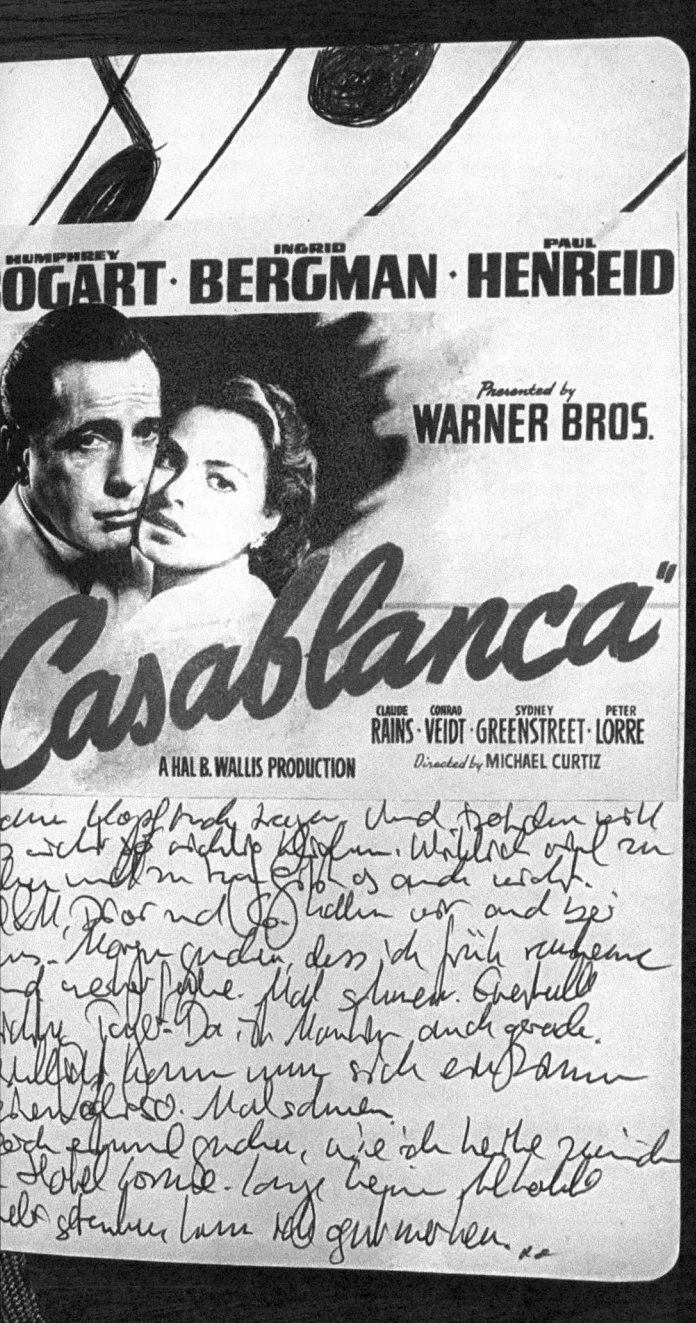

»Da bring ich dich nicht hin, da kommst du nicht mehr raus.«
Ich habe zwar gehört, dass einige Ecken Casablancas ein härteres Pflaster als der Rest Marokkos sein sollen, aber diese Aussage des Taxifahrers überrascht mich nun doch.

»Meinst du das ernst?«, frage ich ihn, und er guckt mich mit einem Blick an, der sagt: Ja, das meine ich verdammt noch mal ernst.

»Hör zu, es ist mir im Grunde genommen egal, was mit dir passiert. Ich sag' nur, wenn ich dich in diese Gegend bringe, kannst du glücklich sein, wenn du nur dein Geld verlierst.«
Klingt ziemlich melodramatisch.

Ich bin kurz ratlos. Ich hatte dem Taxifahrer am Bahnhof von Casablanca einfach nur die günstigste Adresse genannt, die im Reiseführer steht. Immerhin steht sie da drin. Aber wenn ich eins in meinem bisherigen Leben gelernt habe, dann, dass es keine Berufsgruppe gibt, die mehr über eine Stadt und deren Menschen weiß, als Taxifahrer. Abgesehen von Friseuren vielleicht.

Ich zeige ihm die Liste der Hotels, die in der Casablanca-Sektion meines Reiseführers unter der Kategorie *Budget* abgebildet sind, und er beginnt sie zu studieren.

»Das ist okay, die haben gute Wachleute«, sagt er, zeigt auf eins der Hotels und setzt das Taxi in Bewegung.

Verdammt, wo bin ich hier gelandet?

Er erklärt mir während der Fahrt, dass die Kriminalitätsrate in den letzten Jahren durch die Decke gegangen sei. Einerseits hätten sich in letzter Zeit immer mehr internationale Firmen angesiedelt und das Zentrum der Stadt boome.

Andererseits habe dieses Wachstum aber auch immer mehr Menschen aus dem ganzen Land angelockt, die hier ihr Glück suchten und gescheitert seien.

»Hier prallen Armut und Reichtum auf krasseste Weise aufeinander. Dreiviertel der Leute wohnen mittlerweile in den Slums vor der Stadt. Die Menschen haben keine Hoffnung mehr. Erst letzten Monat hat sich wieder einer in die Luft gesprengt«, erzählt er.

Die Slums habe ich auf der Fahrt vom Norden aus in die Stadt gesehen. Selbstgebaute Hütten, löchrige Wellblechdächer, notdürftig mit Plastiktüten geflickt, keine Türen, keine Fensterscheiben. Jugendliche auf der Straße, die sich Tüten mit Klebstoff oder anderen Dingen ins Gesicht halten und anschließend mit glasigen Augen zusammensacken. Ein erschreckendes Bild. Doch je weiter wir ins Zentrum kommen, desto mehr rücken diese Bilder in die Ferne, auch wenn die Erinnerung wie ein schaler Nachgeschmack bleibt. Jetzt fahren wir vorbei an prachtvollen Art-déco-Gebäuden, die Casablancas Glanz der 1920er Jahre erahnen lassen.

Davon solle ich mich nicht täuschen lassen, warnt mich der Taxifahrer. Immer wieder würden Touristen auch im Zentrum und am helllichten Tag überfallen.

Leicht paranoid der Mann, denke ich.

Wir stehen an einer Ampel am falschen Ende einer Einbahnstraße, in der mein Hotel ist. Es sind nicht einmal 50 Meter, aber mein Taxifahrer beharrt darauf, einmal um den Block zu fahren, um mich direkt vor der Tür abzusetzen.

»Das Stück kann ich doch laufen«, schlage ich vor.

»Nein, kannst du nicht«, entgegnet er. Die Ampel schaltet auf Grün, er dreht wie geplant seine Runde um den Block und bleibt vor der Tür des Hotels stehen. Schnell raus hier, denke ich mir und greife zum Türgriff.

»Halt! Warte, bis sie dich abholen«, hält mich der Fahrer zurück. Das ist jetzt wirklich übertrieben, ich bin doch nicht Madonna?! Ich lasse mich trotzdem wieder in den Sitz des alten Mercedes-Taxis zurückfallen und sehe aus den Augenwinkeln, wie zwei Security-Männer aus dem Hotel auf uns zukommen. Sie öffnen meine Autotür und begleiten mich, einer an meiner linken, einer an meiner rechten Seite, ins Hotel.

SPÄTER

Wenn ich schon einmal in Casablanca bin, muss ich natürlich auch einen Abstecher in Rick's Café machen, die Bar aus dem nach der Stadt benannten Kultfilm von 1942. So viel Klischee muss sein. Oder zumindest der originalgetreue Nachbau. Der Film wurde nämlich in Paris gedreht. Ich beschließe, vorher noch einen kleinen Umweg zu gehen und mir den Hafen von Casablanca anzugucken. Ich liebe Häfen. Der Geruch von Fisch und Schiffsdiesel, alter Farbe, Rost und Salzwasser. Was andere als unangenehm empfinden, weckt bei mir das Gefühl von Heim- und Fernweh zugleich.

Ich schlendere an der menschenleeren Kaimauer entlang, genieße die Ruhe um mich herum. Das Rauschen des Meeres, das Knarren und Quietschen der Schiffe, die sich sanft im

Takt der Wellen bewegen. Ich vergesse die Zeit und laufe einfach immer weiter am Wasser entlang.

Ich komme an einer Gruppe von etwa 15 Typen vorbei, die
auf einem Mauervorsprung sitzen und mich misstrauisch begutachten. Ich nicke ihnen freundlich zu und sehe, wie sie
miteinander tuscheln. Ich bekomme ein unwohles Gefühl in
der Magengrube, blicke mich um und bemerke, dass ich weiter gelaufen bin als ich dachte. Ich bin mitten im Industrie-
hafen, und kein Mensch außer der Gruppe junger Männer ist
zu sehen. Sie setzen sich in Bewegung und fangen an, mir
hinterher zu laufen.

Ich werde schneller und sehe aus den Augenwinkeln, dass
auch die Gruppe ihren Gang beschleunigt.

Fuck.

Ich werde noch schneller, drehe mich noch einmal um und
fange an zu rennen. Wohin ich renne, weiß ich nicht, denn im
gesamten Hafengelände ist weit und breit immer noch kein
Mensch zu sehen. Weder auf der Straße, noch auf den zwei
oder drei einsam vor sich hin dümpelnden Schiffen im Hafen.
Ich höre hinter mir die schnellen Schritte meiner Verfolger.

Ich war noch nie der beste Läufer, aber die schiere Panik
scheint mir ungeahnte Kräfte zu verleihen. Ich schlage einen
Haken in die nächste Seitenstraße, in der Hoffnung, hier auf
Leute zu treffen, doch statt Menschen und Geschäften nur
leerstehende Lagerhallen. Ich drehe mich beim Rennen um.
Meine Angst schlägt um in Hysterie. Sie holen langsam auf,
während die Luft in meinen Lungen anfängt zu brennen. Die
Panik macht sich immer weiter in mir breit, da ich weder

weiß, wo ich hinrennen soll, noch, wie lange ich noch durchhalte. Ich laufe einen Bogen, renne aus der nächsten Gasse hinaus und sehe, dass ich wieder am Hafen herausgekommen bin.

Plötzlich vor mir: Menschen! Und zwar nicht irgendwelche Menschen, sondern bewaffnete. Eine Gruppe von 50 Soldaten mit geschulterten Maschinengewehren marschiert etwa 200 Meter vor mir den Kai entlang. Auch die Typen haben die Soldaten gesehen und bleiben abrupt stehen. Sie rufen mir noch irgendetwas hinterher und rennen zurück in die Gasse, während ich weiter zu den Soldaten laufe.

Jetzt erst erkenne ich, dass es sich nicht um die Armee, sondern die marokkanische Staatspolizei handelt, die Sûreté Nationale. Ich würde sie in diesem Moment am liebsten umarmen. Mein Herz schlägt mir immer noch bis zum Hals, aber die Angst weicht einem Gefühl unglaublicher Erleichterung.

Ich bleibe stehen und muss mich fast übergeben. Ich reiße mich schnell wieder zusammen, um dem Trupp zu folgen, da ich befürchte, dass die Gang mich noch aus der Ferne beobachten könnte. Ich mag mir gar nicht vorstellen, was passiert wäre, wenn die Polizei nicht in genau diesem Moment vorbeimarschiert wäre, denn außer den Uniformierten ist hier immer noch weit und breit kein Mensch zu sehen. Ich laufe in einigen Metern Abstand hinter der Truppe her, bis es nach und nach belebter wird.

Ich brauche dringend einen Drink. Das erste Taxi, das ich sehe, nehme ich und sage in Gedanken meinen Rettern Lebewohl, die sich im Gleichschritt entfernen, ohne mich überhaupt beachtet zu haben. »Einmal zu Rick's Café bitte«, sage ich zum Taxifahrer, lehne mich zurück und kann zum ersten Mal seit einer gefühlten Ewigkeit in Ruhe durchatmen.

RICK'S CAFÉ

Als ich in Rick's Café ankomme, bin ich immer noch völlig verschwitzt. Der Kellner mustert mich genauso skeptisch wie einige der Gäste. Ich hab mich seit drei Wochen nicht rasiert, an meinen Schuhen klebt immer noch Wüstensand und Kamelkacke aus der Sahara und mein Hemd hat auch schon bessere Zeiten erlebt.

Es ist kein gutes Zeichen, wenn man sich selber riechen kann. Über dieses Stadium bin ich allerdings schon hinaus. Mittlerweile scheine ich mich an meinen eigenen Körpergeruch gewöhnt zu haben, der sich als eine Mischung aus Kamel-Odeur, Großstadtsmog und Mief aus unzähligen abgerockten Bus-, Bahn und Taxisitzen in meiner Haut festgesetzt hat. Da hilft auch keine Dusche. Ich sehne mich schon nach der Badewanne zu Hause, aber jetzt muss ich es erst einmal aushalten. Und die übrigen Gäste auch. Sie sitzen in schweren, schwarzen Holzsesseln, umgeben von schneeweißen Säulen und lassen sich ihren Wein und feine Speisen schmecken. Mein Besuch in dieser Bar wird mit ziemlicher Sicherheit ein großes Loch in meine Reisekasse reißen, aber das ist mir in diesem Augenblick herzlich egal.

»Ähm... bist du allein?«, fragt mich der Kellner dezent, was ich bejahe. »Pass auf, dein... ähm... Kleidungsstil entspricht nicht ganz dem Dresscode«, formuliert er immer noch ausgesprochen höflich. Auch ihm scheint die Konversation unangenehm zu sein. »Willst du denn etwas essen?«, fragt er mich.

»Nein, nein. Nur trinken. Viel trinken.«

»Alles klar, da können wir vielleicht etwas machen«, sagt er lachend und führt mich an den Gästen vorbei eine Treppe hinauf in einen kleinen, leeren Raum, in dem außer einer massiven Ledercouch, einem kleinen Couchtisch und einem Fernseher nichts weiter steht und in dem ich außer Riechweite der übrigen Gäste bin. Damit kann ich leben.

»Soll ich dir den Fernseher anmachen?«, fragt der Kellner.

Warum nicht, mit mir reden tut hier eh keiner, und bevor ich mich in Selbstgespräche verwickle, kann ich genauso gut einen Film schauen. »Was habt ihr denn für Filme?«

»*Casablanca.*« Natürlich.

»Sonst noch was?«

»Wir haben den Film auf Englisch und auf Französisch.«

Ich entscheide mich für die englische Fassung. Als der Film losgeht, halte ich endlich meinen ersten Drink in der Hand. Ich stoße innerlich mit mir selber auf das Leben an. »*Keep them coming*«, rufe ich dem Kellner hinterher und höre ihn lachend verschwinden. Nach Mojito Nr. 3 bin ich voll im Film. Irgendwann kommt die Szene, in der Elsa Sam ins Ohr säuselt, er solle doch noch einmal *As Time Goes By* spielen.

»*Play it once, Sam. For old times' sake.*«

Fünf Minuten später spielt auch der Klavierspieler im Restaurant, der Sam aus dem Film verblüffend ähnlich sieht, den Song. Zum wahrscheinlich tausendsten Mal.

»*Louie, I think this is the beginning of a beautiful friendship.*« Der Film ist aus und ich bin mittlerweile ziemlich angetrunken. Der Kellner hat inzwischen Feierabend und sich zu mir gesellt, um sich einen Drink zu gönnen. »Scheiß Film«, sagt er.

»Och...«

»Na ja, die ersten zehn Male fand ich ihn auch noch okay«, fügt er hinzu. Er fragt mich, was ich in Casablanca mache und erzählt mir anschließend ein wenig über seine Heimatstadt.

»Lass dich bloß nicht verrückt machen, solange du einen Bogen um gewisse Gegenden machst, ist alles sicher. In die Vororte solltest du natürlich auf keinen Fall gehen und den Hafen würde ich auch meiden.«

Hab ich gemerkt.

»So, ich muss. Morgen Frühschicht«, verabschiedet er sich.

Ich beschließe, mich ebenfalls auf den Weg zu machen und versuche aus der Kuhle im Sofa aufzustehen, die mein Arsch in den letzten eineinhalb Stunden geformt hat, nur um sofort wieder in diese zurückzusacken. Beim zweiten Anlauf und mit etwas mehr Schwung klappt es. Ich laufe am Geländer entlang nach unten und dann nach draußen. Frischluft. Der größte Feind des Trinkers. Bevor der berüchtigte Mann mit der Bratpfanne kommt und sie mir vor den Kopf haut, gehe ich zügig in Richtung Taxi.

Ein Ehepaar schiebt sich an mir vorbei. Die beiden öffnen die Tür zur Bar und geben noch einmal die Geräuschkulisse frei, die sich dahinter abspielt. Ich habe die Tür des Taxis schon in der Hand. Von drinnen höre ich, wie Sam es spielt, noch einmal.

auf dem Balkon, trank Bier, sah dem Treiben
auf der Straße zu und versuchte mich zu
akklimatisieren und an Hitze und Luftfeuchtigkeit
zu gewöhnen, bevor ich ins Bett ging und in
einen unruhigen Jet Lag - Schlaf fiel

Bangkok
8. Jun 2019

Hier habe ich tatsächlich ein paar von
Timos Tipps zu Hosen genommen,
da er ausgerechnet schon ein
Mal in Bangkok war, und
habe mir ein paar Märkte angeschaut. Als erstes bin ich zum
Klong Toei Market gefahren, einen lokalen
Wochenmarkt, auf dem es ALLES(!) zu kaufen
gab. Ich hatte mir natürlich direkt meine
Sandalen angezogen im Hostel. Ein
Fehler, denn der Markt war überschwemmt
von Fischwasser und Blut von geschlachteten
Tieren, sodass
meine Sandalen
schnell komplett
voll gesogen
waren von
stinkenden
Flüssigkeiten.

DAY

N 13 Phra Arthit / 帕拉阿提

Khao San Road / 考山路

N 11

Museum / 博物館

⭐ 🛍 Shopping Mall

**Tha Maharaj /
玛哈腊**
(N9 - Tha Chang / 塔昌)

**Grand Palace / 大皇宫
Wat Pra Kaew / 玉佛寺**

⭐ Wat Pho / 卧佛寺

N 6/1 Pak Klong Taladd / 芭空达拉
(Yodpiman / 育匹曼 , Flower Market / 花布)
🛍 Shopping Mall

N 5 Ratchawongse / 拉查翁
China Town / 唐人街

**Lhong1919 /
廊 1919** ⭐

From Sathorn

ber I know hate
bht, denn ich war der einzige Tourist auf
im gesamten Markt. Aber nur als etwad
berlaufen und dabei zwischen all Röhren
lebendigem Leibe die Haut vom Leibe
ziegen werde war es nicht dran.
rum außer Rohwaren gabe es nichts, was

25

»Moin.«

Ich drehe mich zur Seite. Neben mir auf der Veranda sitzt ein Mann – Anfang 60, Bierbauch, Säuferzinken im Gesicht – und grinst mich an. Die junge Thailänderin neben ihm lächelt ebenfalls.

»Hm?«, frage ich verwirrt und blicke etwas ungläubig zurück. Hat er gerade ernsthaft Moin gesagt? Ich sehe mich um, nein, ich bin immer noch in Bangkok und wurde nicht durch ein Wurmloch zurück nach Norddeutschland gebeamt.

»Moin«, wiederholt er nur und grinst mich weiter an.

Ich bin immer noch verwirrt. Kenne ich den Typen oder woher weiß er, wo ich herkomme?

»Dein Shirt«, sagt er und zeigt auf mein Oberteil. Ich blicke an mir herunter. MOIN steht in weißen Großbuchstaben auf meiner Brust und darunter *Refugees Welcome* und der Hashtag *#wirsagenMOIN*, das ist eine kleine Flüchtlingsinitiative aus Flensburg. Jetzt fällt der Groschen.

»Ah, haha, richtig«, sage ich.

»Rainer«, stellt er sich vor und schaut mich mit glasigem Blick an. Das Chang-Bier in seiner Hand ist definitiv nicht sein erstes heute. »Kommst du aus Deutschland?«, fragt er. Rainer riecht nach Schweiß, Nikotin und ungeputzten Zähnen.

»Jap«, sage ich und versuche durch meine Intonation zu signalisieren, dass ich nicht darauf erpicht bin, mit ihm eine Konversation zu beginnen. Es ist ein Vorurteil, doch ich habe eine Ahnung, worauf dieses Gespräch hinauslaufen wird. An diesen Punkt möchte ich ungern gelangen.

Rainer allerdings übergeht mein eindeutiges Desinteresse. »Ich auch, obwohl ich mittlerweile halber Thai bin, so oft, wie ich hier bin«, erzählt er lachend und seine Begleitung stimmt mit ein, obwohl ich bezweifle, dass sie weiß, worüber sie lacht. Ich wusste, es war ein Fehler hierherzukommen.

Normalerweise markiere ich Orte und Dinge, die von irgendwelchen Blogs und Reiseführern als Top-Sehenswürdigkeiten angepriesen werden, mit einem großen X auf der Karte und versuche, während meiner Reise einen möglichst großen Bogen um sie zu machen. Der Grund ist, dass ich keine Menschenmassen mag. Und die sind an beliebten Orten leider nicht zu umgehen. Außerdem versuche ich auf Reisen bewusst aus meiner Komfortzone herauszukommen, und touristische Orte sind nun einmal extra dafür ausgelegt, dass es dem Urlauber an nichts mangelt. Ich brauche kein deutsches Bier, wenn ich im Ausland unterwegs bin, kein *Continental Breakfast* und keine deutschen Urlaubsbekanntschaften, mit denen ich mich darüber austausche, wie »locker und freundlich« doch die Einheimischen im Vergleich zu den Deutschen seien und dass wir uns doch gerne mal eine Scheibe davon abschneiden könnten. Selbst wenn sie damit recht hätten. Auch in Thailand machte ich daher einen großen Bogen um einschlägige Orte wie Pattaya oder Phuket.

In Bangkok allerdings ließ ich mich doch dazu verführen, der mehr berüchtigten als berühmten Khao San Road einen Besuch abzustatten. Die Straße im Nordosten des Stadtzentrums lässt sich etwa so beschreiben: komplette

Reizüberflutung. Schon einige Seitenstraßen vorher beginnt der Trubel: Souvenirs, Stadtrundfahrten, sogar kostengünstiger Zahnersatz werden angepriesen. Mit zunehmender Nähe zur Khao San Road steigt auch die Penetranz der Verkäufer. Dann liegt die Straße vor mir. Ein Lichtermeer aus Leuchtreklamen über den Köpfen der Menschen bewirbt alles, was sich zu Geld machen lässt. Darunter die konsumfreudige Kundschaft: Jungstruppen, die mit von Sonnenbrand und Alkohol knallrot gefärbten Köpfen, Tanktops mit Chang-Bier-Logo und Cocktails in der Hand grölend durch die Gegend laufen, Althippies mit Batikshirts und Pumphosen, die sich Perlen in ihre Haare flechten und Henna-Tattoos machen lassen, Hipster, Businessleute und Familien mit kleinen Kindern. Ein buntes Bild, alle scheinen gut drauf zu sein. Doch keine fünf Meter soll ich kommen, bevor der erste Verkäufer sich mir in den Weg stellt, um mir die besten, billigsten und auf jeden Fall authentischen Markenshirts anzupreisen. Ich lehne freundlich ab, drehe mich um, nur um in halber Drehung schon von der Nächsten angesprochen zu werden, die mich fragt, ob ich eine Massage möchte. Auch diesem Angebot widerstehe ich, sehe allerdings aus den Augenwinkeln bereits im Abstand von jeweils drei oder vier Metern die nächsten Verkäufer mit Dollarzeichen in den Augen stehen. Ich flüchte also in die nächstbeste Bar, absolut nichtssagend, irgendwas zwischen Tiki-Bar und Hofbräuhaus.

Wie es der Zufall will, lande ich direkt neben Rainer und seiner Angebeteten. Und jetzt sitze ich hier und frage mich, was denn vorhin an einer Massage auszusetzen war. Oder an einem Henna-Tattoo. Oder einer Wurzelbehandlung.

Ja, ich gebe zu, wenn ich einen älteren Mann mit einer wesentlich jüngeren thailändischen Frau sehe, kommen mir direkt einige Klischees in den Kopf. Dass dies nicht immer der Fall ist, ist klar. Aber eben immer öfter, um eine meiner liebsten Bierwerbungen aus den 1990ern zu zitieren. Sex für Touristen hat in Thailand im Regelfall nichts mit Liebe und Leidenschaft zu tun. Sex ist Entertainment, Sex ist Business. Auf welche Weise auch immer mit irgendwelchen Körperöffnungen Geld verdient werden kann, hier wird es getan und mit bunter Leuchtreklame angepriesen. Was traurig ist, denn dieser Tourismuszweig ist in Thailand zwar vertreten, aber keinesfalls sinnbildlich für das Land.

Rainer fackelt nicht lange, sondern kommt direkt zum Thema, das ihn am meisten umzutreiben scheint: die thailändische Schönheit neben ihm, die ungefähr ein Drittel seines Alters und ein Drittel seines Körpergewichts ausmacht.

»Die Kleine ist wie ein Jungbrunnen. Knick knack! Läuft auch noch alles, wenn du weißt, was ich meine«, prahlt Rainer und zwinkert mir zu. Ich weiß, was er meint, jeder Schwachkopf würde wissen, was er meint.

Ich wurde direkt in meiner ersten Nacht in Bangkok von Bettwanzen zerbissen und bin übersät mit roten Pusteln. Ich fühle mich eklig und unwohl. Obwohl ich mehrfach geduscht und meine Klamotten direkt zur Reinigung gebracht habe, habe ich das Gefühl, dass die verdammten Mistviecher immer noch irgendwo auf mir herumkrabbeln und versuchen, mich auszusaugen. Kurzum: Mir geht es ziemlich dreckig und die Begegnung mit Rainer rundet das Ganze gerade noch ab. Ich bin wirklich nicht in der Stimmung, mich mit einem Typen wie Rainer über dessen Sexleben zu unterhalten.

Dabei hatte ich am Vormittag ein so schönes, kleines Café entdeckt. Versteckt in einem Wohnviertel nahe des Si-Phraya-Bootspiers, überwuchert von den Zweigen eines nahen Baums und so unscheinbar, dass ich beim ersten Mal direkt dran vorbeigelaufen bin. Zwei Tische, an einem saß die Familie, die das Café führt, an dem anderen ich. Weil ich ihr erster Kunde an diesem Tag war, bekam ich einen Keks geschenkt. Ich hätte dort bleiben können: Kaffee trinken, Kekse essen, mich mit der netten Familie unterhalten. Aber nein, ich musste ja dem Ruf der Masse folgen.

Da Rainer nicht locker lässt und ich um ein Gespräch, zumindest für die Länge meines Bieres, nicht herumkomme, versuche ich mehrfach das Thema zu wechseln. Doch er kommt immer wieder auf seine Libido zurück. So, als könnte er selbst nicht glauben, was für ein ungeheuer toller Hecht er ist. Das hat nichts mit dir zu tun, will ich ihm sagen, nur mit deinem Geldbeutel und deinem deutschen Pass. Aber ich lasse es. Es geht mich nichts an. Blöd nur, dass er es durch seine penetrante Art zu meinem Problem macht.

Er erzählt mir, dass er schon seit über einem Jahr mit May zusammen sei. Dass er jedes Jahr mehrere Monate in Thailand verbringe und den Rest der Zeit in Deutschland, um zu arbeiten. Was er arbeitet, verrät er nicht, interessiert mich auch nicht. Genauso wenig wie alles andere, was er mir erzählt. Bis letzte Woche sei er mit seiner Freundin noch auf Ko Tao gewesen, bis heftige Unwetter und Überschwemmungen sie gezwungen hätten, eine Fähre ans Festland zu nehmen. Seitdem seien sie in Bangkok. Sei auch okay. Sie würden bei Mays Schwester leben, die nicht so hübsch sei wie sie und auch ganz schön frech. Da hätte er schon Glück gehabt und sich die richtige Schwester ausgesucht. »Weißt du, ich würde mir nie wieder eine deutsche Frau holen. Viel zu viele Probleme, viel zu viel Gemecker.«

»Aha«, antworte ich und versuche, möglichst schnell mein Bier zu trinken. Warum nur habe ich mir ein großes bestellt?

»Nee, echt. Außerdem sind die viel zu verklemmt. Die kleine Maus hier ist anders«, fügt er schmierig grinsend hinzu und klopft seiner Begleitung auf den Oberschenkel, die nur verlegen lächelt. »Die lässt alles mit sich machen, das kannst du dir nicht vorstellen. *Alles!*«

Ich verschlucke mich an meinem Bier und habe kurz Angst, dass es mir vor Ekel wieder hochkommt. Ich merke, wie mich die Situation überfordert. Was soll ich tun, den Helden spielen? May aus den Armen dieses Lustgreises reißen, ein Tuktuk kapern und mit ihr in den Sonnenuntergang fahren? Das würde wohl weder sie noch meine Freundin gutheißen. Höchstwahrscheinlich will sie gar nicht gerettet werden. Ich könnte Rainer zur Rede stellen. Mir fallen tausend Dinge ein, die ich ihm gerne ins Gesicht sagen würde. Aber warum? Es würde sicher zu keiner Epiphanie führen. Wenn er sich dem Glauben hingeben will, dass das, was er hier macht, etwas mit Liebe zu tun hat, soll er. Oder vielleicht glaubt er das nicht mal und ist wirklich so berechnend und kalt, dass er May mit gelegentlichen Geldgeschenken aus Deutschland bei Laune hält, damit sie weiterhin für seine Spielchen offen ist. Ich bin so sprachlos, dass ich gar nichts sage, mein halbleeres Bier stehenlasse und aufstehe.

»Was ist los?«, fragt Rainer irritiert.

»Ich muss«, lüge ich.

»Ach, schade.«

Ich drehe mich zu Rainers Begleitung um. »Steh auf, geh weg. Alles ist besser als das hier«, will ich ihr sagen. Was ziemlich vermessen von mir wäre, denn woher soll ich wissen, was wirklich gut für sie ist. Außerdem ist sie zwar wesentlich jünger als Rainer, aber erwachsen. Und sie spricht gar nicht meine Sprache. Ich blicke sie daher nur eindringlich an. Ich habe das Gefühl, dass sie versteht, wie furchtbar ich die Situation finde, denn sie lächelt nur und nickt, während ihre Augen plötzlich von einer leichten Traurigkeit durchdrungen sind.

Ich lasse die Bars, Shops und zwielichtigen Zahnarztpraxen, die Verkäufer und das Partyvolk hinter mir, laufe zum Fluss, um ein Boot in Richtung Hotel zu nehmen. Ich blicke auf mein Handy. Knapp 20 Minuten habe ich es auf der Khao San Road ausgehalten. Was bleibt, ist ein fader Geschmack. Und der kommt nicht vom Bier.

ALLE erdenklichen
Ausführungen.
Von den
klassischen
Matruschkas
zu Putin, Stalin
etc, über
Trump zu
Pokemon bis
hin zu NBA-
Mannschaften.
Dann kam der
Trödelmarkt.
Aber wurde alles
aus der russischen
Geschichte verkauft,
was der Dachboden
hergab. Von Lenin-
Figuren, über
Kalaschnikows bis
zu historischen Büchern
aus der Zarenzeit
mit sogar Mittelalterliche Waffen.
Obwohl es natürlich überall Mache kommt
ist, scheint fast in Russen hier zu sein.
Ich traf eine Holländerin gibt der Ich ein
Stück über Russens Leben auf. Das war...

Ich ergattere eine schöne Matryoshka-Puppe aus der UdSSR, dann ziehe ich zum Kreml.

Ja ... was soll ich sagen? Einfach wow?

Rund um den Roten Platz, das ehemalige Herz der Sowjetunion, nur Edelboutiquen von Hermès bis zu einem Gourmetkaufhaus, das Kaviar für 700 Euro die Dose verkauft. Auf dem Platz selbst war ein riesiger Weihnachtsmarkt, mit Eisbahn, Fressbuden, Karussells und einer Bühne, auf der eine Truppe Frauen in russischer Tracht russische Weihnachtslieder sang. Absolut surreal.

Aber wir selbst das Lenin, das nur 50 Meter von dem ganzen Jammer liegt, ich mach's in Gedanken dicht.

Ansonsten bleibt Moskau schon Märchen-Moskau. Die Basilika, der Kreml, ... wie aus einer Kinderbox gebacken, ... in Winter einfach noch was zauberhafter. Schließlich zurück ins Hotel, ... einen Glühwein saufen und dann nur einen Schlaf nachholen.

Wenn ich an Russland denke, fängt in meinem Kopf unweigerlich ein Don-Kosaken-Chor an zu singen. Das größte Land der Welt war für mich bisher nur eine Aneinanderreihung abgedroschener Klischees. Etwa die Hälfte hat sich innerhalb der ersten 24 Stunden, die ich in Russland verbracht habe, direkt bestätigt. Frauen in schweren Pelzmänteln, Männer mit dicken Pelzmützen, die mit von der Kälte geröteten Bäckchen durch den Schnee der russischen Hauptstadt stapfen. Fuchs, Wolf, Bär, Nerz, Seehund: Wer etwas über die heimische Tierwelt in Russland lernen möchte, sollte einfach mal durch die Straßen Moskaus gehen. Alte Männer, die mit Langlaufskiern durch die Innenstadt fahren, vorbei an Fachgeschäften für Kaviar und Wodka. Dazu an jeder Ecke: Borschtsch. Und Tee aus dem Samowar natürlich.

Was ich nie nachvollziehen konnte: Wann immer ich im Fernsehen, Radio oder in der Zeitung etwas über Moskau höre, sehe oder lese, schwingt automatisch etwas Negatives, fast schon Bedrohliches im Subkontext mit. Russische Männer scheinen knallhart zu sein, sich mit einer Drahtbürste die Zähne zu putzen und danach mit Wodka oder Spiritus zu gurgeln. Moskau, das ist das Epizentrum der roten Gefahr, umgeben von sibirischer Einöde. Kalter Krieg, Bolschewismus, KGB, Propagandabauten. Und das Staatsoberhaupt kämpft mit nacktem Oberkörper gegen einen Bären und fängt Störe mit bloßen Händen.

Ich sitze in einer kleinen Craft-Beer-Bar nahe des Tschistoprudny-Boulevards, als sich die Tür nach draußen mit einem Knarren öffnet und einen Schwung kalte Luft hereinströmen lässt. Es sind Roman und Dunya, die ich hier vor ein paar Tagen kennengelernt habe. Wir hatten das Vergnügen, uns durch die umfangreiche Bierkarte der Kneipe zu probieren. Roman schüttelt den Schnee von seiner Jacke und setzt sich neben mich an die Theke.

»Und? Wie war die Banja?«, fragt er mich. Ich hatte den Vormittag über auf Anraten der beiden in einer russischen Sauna verbracht und bin immer noch tiefenentspannt. Allerdings weiß ich nicht, ob die Entspannung von der 130 Grad heißen Sauna selbst kommt oder vom obligatorischen Bier und Wodka zwischen den Saunagängen.

»Wunderschön und verstörend zugleich, würde ich sagen. Es war auf jeden Fall eine neue Erfahrung für mich, von einem nackten, betrunkenen Opa mit einem Birkenstrauch ausgepeitscht zu werden«, antworte ich und muss beim Gedanken daran lachen.

»Ja, das glaube ich. Aber da muss wahrscheinlich jeder mal durch, der in eine Banja geht«, sagt Dunya.

Banja, Bier und Wodka jedenfalls haben dafür gesorgt, dass ich beim Spaziergang durch die Straßen Moskaus gefühlt einen halben Meter über dem Boden schwebte. Aber eigentlich ist es die Stadt selbst, die Glücksgefühle in mir auslöst und mich seit Tagen mit einem breiten Grinsen im Gesicht durch die Gegend laufen lässt. Wer mich sieht, hält mich wahrscheinlich für leicht gestört – und vielleicht bin ich das auch.

Es ist der 5. Januar. In zwei Tagen ist Weihnachten – zumindest in Russland und anderen orthodox geprägten Ländern und Regionen auf der Welt, die ihre Feiertage nach dem Julianischen Kalender richten. Die Stadt ist dementsprechend geschmückt, und ich fühle mich wie auf einer Weihnachtswunderdroge. So ungefähr muss es Santa Claus gehen, nachdem er zwei, drei Lines zerkleinerter Zuckerstangen gezogen hat.

Mein Blick aus dem Fenster bekräftigt das Gefühl erneut. Kinder und Erwachsene fahren laut lachend Schlittschuh auf dem zugefrorenen Tschistyje Prudy, einem großen Teich auf der anderen Straßenseite, der dem Boulevard seinen Namen gibt. Jeder der Bäume, die den Tschistoprudny-Boulevard und den Park zwischen Teich und der nahe gelegenen Metro säumen, wird farbig angestrahlt, und die Äste und Zweige sind mit funkelnden Lichterketten geschmückt. Dann fährt eine mit Lichtern dekorierte Straßenbahn an uns vorbei und spielt *Jingle Bells*. Mehr weihnachtlicher Überfluss geht kaum. Statt grauer Großstadtmonotonie sieht das Zentrum Moskaus aus, als wäre es einem Lied von Rolf Zuckowski entsprungen. Ich hatte irgendwie mehr Berlin-Marzahn und weniger »Drei Haselnüsse für Aschenbrödel« erwartet. Statt Winterblues, wie er zurzeit bei den Menschen in meiner norddeutschen Heimat grassiert, findet hier das Leben trotz eisiger Minusgrade draußen auf der Straße statt. In der Fußgängerzone wurde sogar ein Rodelberg aufgeschüttet.

Fuck Winter steht auf einem meiner Pullis der Flensburger Band Turbostaat. Eine Aussage, die jeder nachvollziehen kann, der sich schon mal zwischen Oktober und März in der nordfriesischen Heimat der Musiker rumgetrieben hat. Dort herrscht während dieser Monate eine fast schon postapokalyptische Stimmung. Als gäbe es kein Morgen. Während die Inuit dem Volksmund nach mehrere hundert Wörter für Schnee haben, gibt es in Norddeutschland ebenso viele Synonyme für Schneematsch. Denn das ist alles, was wir haben. *Dreckiger, schnoddriger Rotzmodder, plörriger Sneejschmeer, röbeliger Schnodderklei, fuuliger Öösschiet, öteriger, sudeliger Aaskram, verdammter!* Dazu ewig grauer Himmel und eine nasse Kälte, die in jeden Winkel des Körpers dringt, egal, wie gut man sich auch angezogen hat.

In Moskau würde der Fuck-Winter-Pullover bei mir im Schrank verrotten. Die gesamte Innenstadt könnte problemlos als Kulisse für einen Film von Wes Anderson dienen, von den prunkvollen, mit Stuck verzierten Metrostationen im Stalin-Barock bis zur kleinsten Hintergasse. Überall sind kleine weihnachtliche Dioramen aufgebaut, überdimensionale Nussknacker flankieren die Straßen, gigantische geschmückte Prachtbögen bilden die Eingangstore zu den beliebtesten Einkaufsstraßen, als würden dahinter nicht Zara, Starbucks und H&M auf die Besucher warten, sondern die Werkstätten des Weihnachtsmanns. Kitschig, aber irgendwie in einem solch inflationären Umfang, dass es schon wieder stimmig wirkt.

Dunya will wissen, was ich sonst so den ganzen Tag getrieben habe. »Eine Menge. Und nichts, irgendwie. Ich bin tatsächlich nur rumgelaufen, aber das hat mir vollkommen gereicht. Ich wollte eigentlich in irgendein Museum gehen, nur fürs Gewissen, konnte mich dann aber nicht entscheiden. Ihr habt echt die merkwürdigsten Museen. Das *Museum of Bread* und das *Museum of Gingerbread* zum Beispiel. Zwei verschiedene Museen, die nichts miteinander zu tun haben. Findet ihr das nicht merkwürdig?«, frage ich.

»Na ja, das zweite Museum behandelt nicht nur Pfefferkuchen, es geht auch um andere Kuchen«, antwortet Dunya.

Ah, ok, das ist natürlich etwas anderes, denke ich mir, behalte es aber für mich und bestelle lieber noch eine Runde Bier. Auch Daniel ist mittlerweile zu uns gestoßen. Er kommt, wie Roman und Dunya, aus Petrosawodsk, der größten Stadt der russischen Republik Karelien, nordöstlich von St. Petersburg, lebt mittlerweile aber seit einigen Jahren in München. Er war es auch, der mich an meinem ersten Abend in der Stadt hier an der Theke angesprochen hat. Auf Deutsch, was zu Lachern auf beiden Seiten geführt hat, denn bis dahin war ich mit Englisch nicht wirklich weit gekommen und hatte mich schon darauf eingestellt, die nächsten Tage in Russland schweigend zu verbringen. In meiner Muttersprache angesprochen zu werden, führte dementsprechend zu einem sehr dämlichen Gesichtsausdruck meinerseits.

»Auch Russen können lachen und wir haben Spaß, ob du es glaubst oder nicht«, sagte mir Daniel. Ein Thema, das auch heute wieder zur Sprache kommt. Meine neu gewonnenen Tresenfreunde jedenfalls scheinen keine Lust mehr zu haben, ständig gegen Vorurteile anzukämpfen.

»Die Leute haben ziemlichen Schiss vor Russland, aber sobald sie hier sind, haut es sie um, weil man hier tatsächlich Tag und Nacht Spaß haben kann. Ich meine, was hast du gedacht, bevor du hergekommen bist? Dass jeder eine

Wodkaflasche in der einen und eine Kalaschnikow in der anderen Hand hat?«, fragt mich Daniel.

»Ein bisschen«, antworte ich.

»Bist du enttäuscht?«

»Ein bisschen«, sage ich und lache. »Nein, Quatsch, aber es gibt einfach so unfassbar viele Stereotype, wenn es um Russland geht. Dabei habe ich einige russische Freunde in Deutschland. Unsere Nachbarn in Ostfriesland kommen beispielsweise aus Russland. Ich wusste also ungefähr, worauf ich mich einlasse: kalte Umgebung, viel menschliche Wärme«, hole ich aus der Plattitüdenkiste hervor.

»Menschliche Wärme, meinst du Prostituierte?«, lacht der Typ neben Daniel, den keiner der anderen zu kennen scheint, der sich aber trotzdem gelegentlich in unsere Konversation einklinkt.

»Und derber Humor«, ergänze ich.

Wir haben in den vergangenen Tagen viel und offen über Moskau geredet. Über Kultur, das Leben und Politik. Über Tschetschenien, die Situation auf der Krim und die letzten Wahlen. Daniel und die anderen haben klargestellt, dass viel falsch läuft in Mütterchen Russland, von der fehlenden Pressefreiheit, über mangelnde Minderheitenrechte, Homophobie bis hin zu ihrem Staatsoberhaupt, an dem sie wenig Gutes lassen. Dinge, über die sie normalerweise mit Fremden nicht unbedingt reden würden. Gegen die Schwarzweißmalerei wehrten sie sich jedoch massiv.

»Aber wie kommt das? Warum ist Russland immer der Feind?«, frage ich, und Roman überlegt kurz.

»Ich glaube, da hängt uns immer noch die Vergangenheit nach. Die Welt war Jahrzehnte lang aufgeteilt in zwei Lager, vereinfacht ausgedrückt, in Kommunisten und Kapitalisten. Und diese beiden Weltanschauungen haben sich nun einmal nicht gut vertragen«, sagt Roman, und Daniel ergänzt: »Hollywood hat auch seinen Teil dazu beigetragen, dieses Bild vom bösen Russland zu verstärken, am Leben zu erhalten und in den Köpfen der Menschen zu verankern.«

»Ja, stimmt, mega merkwürdig. Bis in die 1990er waren die Bösen in Hollywood eigentlich immer entweder deutsch oder russisch. Guck dir »Stirb Langsam« an. Im Original sind Hans Gruber und seine Gang deutsch, in der deutschen Synchronisation sprechen auf einmal alle mit einem russischen Akzent«, füge ich kopfschüttelnd hinzu und durchwühle dabei meine Tasche auf der Suche nach einem Kaugummi. »Guckt mal, was ich mir heute Schönes gekauft habe«, sage ich und lege zwei glitzernde Kühlschrankmagneten auf den Tresen. Darauf: Wladimir Putin. Der eine zeigt ihn verträumt mit einem Leopardenbaby auf dem Arm, darunter in verschnörkelter Schrift *The kindest president*. Auf dem anderen präsentiert er sich barbrüstig auf einem Pferd. Dazu der Schriftzug *The strongest and greatest since 1999*. Die anderen blicken amüsiert und leicht fassungslos auf meine Mitbringsel.

»Ist er oben ohne? Klar, natürlich ist er halbnackt auf irgendwelchen Magneten«, sagt Dunya nur kopfschüttelnd. »Gibt es so etwas auch von Angela Merkel?«

»Bis jetzt noch nicht. Wäre vielleicht eine Marktlücke«, lache ich. „Seit 1999 schon Präsident, Wahnsinn.«

»Ja, es gibt eine ganze Generation junger Menschen, von denen viele schon wählen dürfen, die gar kein Russland ohne Putin kennen«, sagt Dunya.

»Wie konnte er eigentlich so mächtig werden? Und warum wird er immer wieder gewählt?«, frage ich in die Runde.

»Na ja, für viele Leute hat Putin das Land nach Jahren der Rezession wieder an die guten, alten Zeiten der Sowjetunion herangeführt. Die 1990er waren in Russland eine schlimme Zeit, die Menschen hatten nichts zu essen und haben den Glauben an sich und ihr Land verloren. Putin hat die Sowjetnostalgie genutzt und dieses positive Gefühl von früher für viele Menschen zurückgebracht. Zumindest verkauft er es so. Dass die Zeiten, in denen die UdSSR noch bestand, gar nicht so gut waren, wird dabei ignoriert. Das ist eine sehr nostalgische Denkweise, die Leute vergessen die schlimmen Dinge. Das merkt man auch hier in der Stadt, die Sowjetzeit ist sogar auf eine merkwürdige Art wieder cool geworden«, erzählt Roman.

»Ein ähnliches Phänomen gibt oder gab es bei uns auch mit der DDR. Wir haben tatsächlich ein eigenes Wort dafür: Ostalgie. Vor ein paar Jahren gab es sogar eine DDR-Show im Fernsehen. Die Leute denken plötzlich nur noch an lustig aussehende Ampelmännchen, Trabis und Blümchentapeten. Dass das Ganze in einer Diktatur stattgefunden hat, ist scheinbar nicht relevant«, füge ich hinzu.

»Der Unterschied ist, dass sich hier für viele Menschen auf dem Land tatsächlich nichts geändert hat. Für sie ist es nicht Nostalgie, sondern Realität. Die Steuern, die im ganzen Land gezahlt werden, bleiben leider zum größten Teil in Moskau hängen. Was damit geschieht, hast du ja in den letzten Tagen gesehen. Und das zieht die Leute an«, erklärt Roman. »Das führt wiederum zu einer zunehmenden Urbanisierung. Die Leute vom Land ziehen in die Dörfer, die aus den Dörfern in die kleineren Städte und diese wiederum in die Großstädte. Aber am Ende kommen alle nach Moskau und die Dörfer sind quasi tot. Die Schere zwischen Arm und Reich ist hier gewaltig. Es gibt viele superreiche und viele superarme Menschen. Diese Kneipe hier ist auch nicht typisch für Moskau. Normalerweise ist die Musik lauter und schlechter und die Leute sind wesentlich versnobter.«

Die Stimmung ist plötzlich sehr gedrückt. Vielleicht waren es für heute genug der ernsten Themen.

»Wisst ihr, was mich tatsächlich überrascht? Dass hier so viel Bier getrunken wird«, sage ich. Artion, dem die Bar gehört und der hinterm Tresen unsere Gespräche verfolgt, lacht.

»Ist auch noch nicht lange so. Vielleicht fünf oder sechs Jahre. Davor hieß es: Wasser und Wodka. Aber jetzt sprießen überall kleine Craft-Beer-Brauereien aus dem Boden. Alles, was du hier trinken kannst, sind lokale Biere«, erklärt er und zeigt auf die massive Tafel hinter sich, auf der viele verschiedene Marken samt Alkohol- und Stammwürzgehalt aufgeführt werden. »Aber ich kann dich beruhigen. Es gibt immer noch genügend Leute hier, die Bier nicht als alkoholisches Getränk ansehen und weiterhin nur Wodka an ihre Leber lassen«, ergänzt er.

»Außerdem ist Bier nicht so gefährlich wie Wodka. Von einem schlechten Bier wirst du nicht blind«, kommentiert der Typ neben Daniel.

»Aber in diesem Umfang hätte ich es nicht erwartet. Ich habe vorhin in einem Supermarkt sogar Flensburger Pilsener entdeckt. Samt Plop-Verschluss«, erzähle ich.

»Natürlich, hier gibt's alles. Wie in Deutschland, nur besser«, entgegnet Daniel.

»Ist klar. Daniel, du kennst jetzt ja beide Länder mittlerweile sehr gut, was ist deiner Meinung nach der größte Unterschied zwischen Russland und Deutschland?«

»Ihr habt den Krieg verloren«, sagt er ernst und ohne lange zu überlegen, bevor er anfängt zu lachen und mir so doll auf die Schulter haut, dass ich einen Teil meines Biers verschütte.

»Touché«, sage ich grinsend und proste ihm und den anderen zu. Auch Roman haut mir lachend auf die Schulter. »Prost, mein Guter, Prost.«

»Nastrowje", antworte ich.

»Sagt man hier nicht. Das ist polnisch. Auf Russisch würde das wenig Sinn ergeben«, erklärt Dunya.

Schau an, wieder was gelernt.

das Frühstück von heute
Schin zwei sehr gut aus, aber
auch sehr lecker. Leider war
endlich im die Massen von
Jacken.

(Street Food Markt check) perfect
gewesen. Deshalb Stimmung full
eher gehalt. Softig, leicht süß, leicht
sauer)

Noch bei den Nachtmarkt
ein bisschen gefeiert, aber nicht
getanzt. Gute Nacht. Ehe im
Pub Long (nicht lang) Schlecht für
eine Affäre da am City.

Dann Bett. Mehr wird die Nacht.
Erst hat eine der Silvester und
gegen wird ich anderen gestunden
Hier Dann halte sie überraschen
Sex. Das steht sie voger
gehören zu haben...

Saigon   23.1.2019

Geplant früh auf zu stehen und zu den
Cu Chi Tunneln zu fahren, diesem
Viet Cong Tunnelsystem aus Vietnamkrieg-
Zeiten. Stattdessen ausgeschlafen. Muade und
nach Sedaf nachhause.
2) In Saigon einfach durch die Stadt
schlafen und halt das Leben genossen.
Hie und da etwas gegessen gibt Südlich
Krohn. Es gibt Marmelade - Smoothie ...
Cocktail Einkauf in ... Cafe
super tollem Kaffee, in Vietnam. Stark und
süß wird ...
Es ist wirklich erstaunlich, wie groß der
Unterschied zwischen Saigon
und Phnom Penh ist.
                    Während die
Renk   Währungseinheit
            Umgerechnet
            2.500.000
            1.460.000

Giro

Ich glaube, dass der Mensch generell gut ist und nur in Ausnahmefällen schlecht. Mit dieser Einstellung gehe ich auf Fremde zu und habe das eigentlich noch nie bereut.

Eine Regel habe ich allerdings über die Jahre aufgestellt: Traue niemandem, der dich an einem Busbahnhof anspricht. Universalregel, gilt weltweit. Und traue niemandem, der ein Nickelback-T-Shirt trägt, aber das ist ein anderes Thema.

Spricht dich ein Fremder am Busbahnhof an, dich, der du gerade an einem dir unbekannten Ort angekommen bist, schwer bepackt, stinkend und übermüdet von der Fahrt, hat dies mit an Sicherheit grenzender Wahrscheinlichkeit einen der folgenden Gründe:

Entweder will dir dieser Fremde

A) eine maßlos überteuerte Taxifahrt anbieten.

B) Drogen verkaufen.

c) Falschgeld andrehen.

D) alles davon.

Und wenn dich ein Mensch, den du noch nie zuvor gesehen hast, in dieser Situation darüber hinaus fragt, ob du abends mit ihm in den Club gehst, gibt es folgerichtig nur eine gültige Antwort: »Nein, Danke!« Dieser jemand ist Minh und ich stehe gerade neben ihm.

Im Club.

Ich weiß nicht, warum ich ihm überhaupt meine Nummer gegeben habe, als ich ihn vor ein paar Stunden am Can-Tho-Busbahnhof in Ho-Chi-Minh-Stadt getroffen habe, gerade zurückgekommen vom Mekongdelta, schwer bepackt, stinkend und übermüdet von der Fahrt. Da hätten meine Alarmglocken läuten müssen. Aber nachdem er mir zum vierten Mal geschrieben hat, um zu fragen, wo ich bleibe, habe ich tatsächlich meine Schuhe wieder angezogen und mich aus dem Bett geschwungen.

Zwanzig Minuten folgte ich den Anweisungen meines Handys bis zu dem Punkt, den Minh mir via Google Maps als seinen Standort geschickt hat.

Ich lief durch schmale Gassen, wo es über meinem Kopf aus Lüftungsanlagen dampfte, Kinder in Pfützen auf dem Boden spielten und Katzen genüsslich Wasser tranken. Die Sonne war bereits vor Stunden untergegangen, trotzdem war es noch so schwülheiß wie am Tag. Männer mit nacktem Oberkörper dösten auf kleinen Plastikstühlen am Gassenrand und wedelten sich mit alten Zeitungen oder einem Stück Pappe etwas Wind zu. Zwischen den Gebäuden hing Wäsche zum Trocknen und es roch nach Essen und Müll.

Am Ende der Gasse stand ich plötzlich an einer großen mehrspurigen Hauptstraße und befand mich in einer komplett anderen Welt. Die Straße zu überqueren war nur möglich, wenn eine Ampel die Heerscharen an Rollern, diesen Teppich aus bunten Motorradhelmen, für einen Moment zum Halten brachte. Ein erschreckend kleines Zeitfenster. Als ich es geschafft hatte, tauchte ich in den nächsten urbanen Mikrokosmos ein. Dieses Wechselspiel wiederholte sich, bis ich in der Bui Vien Street ankam – um mich herum eine einzige Party. Club an Club, jeder versuchte, sich durch eine größere Neonreklame und lautere Musik als der Nachbar von der

Masse abzuheben. Die Straße voll von Menschen, die sich in zwei langen Schlangen jeweils in die eine oder in die andere Richtung entlangschoben. Ich ließ mich vom Strom mitziehen.

Jetzt stehe ich hier und frage mich, in was für einen Schuppen mich Minh geschleppt hat und ob ich nicht besser hätte liegenbleiben sollen. Die Lichtshow ist so übertrieben, als würde sie die Landung eines Raumschiffs ankündigen. Und die Musik so laut, dass der Beat in meinem Brustbein vibriert. Dabei macht diese Lautstärke überhaupt keinen Sinn, denn es gibt gar keine Tanzfläche. Stattdessen sitzen alle an kleinen Tischen, essen, trinken und schreien sich über die Musik hinweg an, denn normale Gespräche sind nicht möglich.

Minh führt mich zu einer der VIP-Sitzgruppen in einer Ecke des Ladens, an der bereits ein paar Typen sitzen, anscheinend seine Freunde. Zwei Wasserpfeifen stehen auf dem Tisch, große Eiskübel mit Bier und Champagner. Überall stehen leere Bierflaschen und Berge an Essen. Ich bin der einzige, der kein Hemd und keine Lederschuhe, sondern ein verwaschenes Shirt und Flip Flops anhat. Ich fühle mich zu fertig, zu dreckig für diese Art von Gesellschaft. Minh drückt mir ein Bier in die Hand. Na gut, sage ich mir, für ein Bier bleibe ich, und will mich neben Minh setzen, doch er winkt ab.

»Nein, nein, du setzt dich neben sie«, bestimmt er und schiebt mich zwischen sich und die Frau, die gerade noch neben ihm saß und die er als Kim vorstellt. »Geht alles auf mich. Scheißegal, was es kostet. Sie auch«, sagt Minh, zeigt auf Kim und zwinkert mir zu.

Ist das sein Ernst? Anscheinend, denn er macht eine auffordernde Kopfbewegung in ihre Richtung. Ich versuche, seine Geste zu ignorieren.

Minh weicht der Frage, was er denn beruflich machte, mehrmals aus. »Ist doch alles egal, Geld ist nicht wichtig, Arbeit ist nicht wichtig, Hauptsache, man hat Spaß, oder was?«, sagt er, und ich nicke. Geld scheint komischerweise vor allem für diejenigen nicht wichtig zu sein, die genügend davon haben.

Die nächste Stunde zieht sich hin wie Kaugummi. Wir sprechen über absolute Banalitäten, meistens fragt Minh mich einfach nur, ob ich gerade Spaß habe, und fordert mich auf, schneller zu trinken.

Ich merke, wie er selbst immer betrunkener wird, während er versucht, mich abzufüllen. Ich überlege, ob ich einfach gehen soll, aber ich weiß nicht, wie Minh reagieren würde. Er wirkt sehr impulsiv.

»Hast du Bock, mein Trauzeuge zu sein?«, fragt er mich plötzlich aus dem Nichts heraus.

»Was?«

»Mein Trauzeuge! Hast du Bock, mein Trauzeuge zu sein?«

»Ich versteh nicht ganz«, schreie ich gegen die Musik an, und Minh holt sein Handy raus. Er tippt etwas aufs Display und zeigt mir sein Handy.

»Hast du Bock, mein Trauzeuge zu sein?«, steht darauf.

»Meinst du das ernst?«, schreie ich in seine Richtung, als ich den Text gelesen habe. Statt zu antworten, tippt er erneut in sein Handy. Diesmal scheint er die Nachricht abgeschickt zu haben, denn es vibriert kurz darauf in meiner Hosentasche.

»Ich heirate und brauche noch jemanden, der an meiner Seite steht. Willst du mitkommen?«, erscheint auf meinem Display. Der Typ ist verrückt, schießt es mir in den Kopf. Völlig durcheinander.

»Ich fahr heute Nacht schon wieder, Mann, sorry«, schreibe ich zurück.

Mein Handy vibriert erneut. »Das ist okay«, steht auf dem Bildschirm. Ich blicke zu Minh hoch, und er lacht mich an.

»Sorry«, schreie ich abermals zu ihm rüber.

»Ach, alles gut. Aber wäre doch mega witzig geworden, oder nicht?«, schreit er zurück.

Ich nicke. Wenn das hier ein normaler Freitagabend für ihn ist, will ich nicht wissen, wie seine Hochzeit aussehen wird.

Zum wiederholten Mal geht einer der Kellner mit großen Luftballons an uns vorbei.

»Was machen die damit?«, frage ich Minh.

»Willst du einen? Warte, ich besorg einen«, antwortet Minh und winkt einen Kellner heran, während ich versuche, ihm zu sagen, dass ich eigentlich keinen Luftballon brauche. Doch der Kellner ist schon unterwegs und kommt wenig später mit einem großen, silbernen Luftballon an unseren Tisch. Minh drückt ihn mir in die Hand.

»Hier, nimm einen Zug«, sagt er und nickt auffordernd in Richtung Ballon.

Ich zögere. Zug?

»Das ist Lachgas, Bro. Super witzig, mega Spaß«, erklärt er.

»Haha, nein, danke, nicht für mich.«

Doch Minh schnappt sich den Ballon und drückt ihn mir ins Gesicht. Ich versuche mich zu wehren, doch die Leute am Nachbartisch und der Kellner gucken schon komisch zu uns herüber. »*What the hell*«, denke ich, vielleicht macht das den Abend angenehmer. Ich lasse zu, dass Minh mir das Ende des Luftballons ins Gesicht drückt, nehme ihn in den Mund und atme das süßliche Gas mit einem tiefen Zug ein. Ich spüre, wie das Lachgas kühlend durch die Luftröhre hinab in meine Lunge strömt. Nein, lachen muss ich nicht, stattdessen fühle ich mich kurz wie auf einer Wolke, eine Scheißegal-Haltung setzt ein. Ach komm, ein Bier kann ich noch, sage ich mir und stelle meine leere Flasche auf den Tisch.

»Ist geil?«, fragt Minh.

»Mega«, lüge ich.

»Komm, wir tanzen!« Minh steht auf und beginnt neben dem Tisch die Arme hochzureißen und diese zum Beat zu bewegen. Er weist Kim an, es ihm gleich zu tun und schubst sie plötzlich mit voller Wucht in meine Richtung. Sie stolpert, verliert das Gleichgewicht und fällt auf mich zu. Ich kann sie gerade noch greifen. »Hey, sorry, hast du dir weh getan?«, frage ich besorgt, als ich ihr aufhelfe.

»Nein, nein«, antwortet sie nur und lächelt verlegen.

»Pass mal bitte auf, Mann«, sage ich Minh, aber er lacht.

»Was ist dein Problem? War doch nur Spaß.«

Spaß, Spaß, Spaß. Ich kann das Wort langsam nicht mehr hören. Ich fühle mich immer unwohler, alles wirkt aufgesetzt. Die Musik wird noch einmal lauter gedreht, und ich verstehe so gut wie gar nichts mehr von dem, was Minh oder die anderen sagen.

»Kannst du mir noch ein Bier geben?«, schreie ich Minh an.

»Sehe ich aus, als wäre ich schwarz?«, antwortet er, streckt mir seinen Arm entgegen und reibt sich mit der anderen Hand über die Haut.

»Was?«, frage ich verwirrt.

»Ob ich aussehe, als wäre ich schwarz? Oder warum fragst du mich, ob ich dein Bimbo sein kann?«

Puh... Ich muss kurz durchatmen. Solche Sprüche sind gar nicht gut für meinen Kreislauf und ich beginne zu merken, wie das Blut in meinen Ohren rauscht. Die Wirkung des Lachgases ist schlagartig verflogen.

»Hä?«, fragt er und grinst mich auffordernd an.

Falsche Entscheidung, mein Freund, denke ich, während er mich weiter angrinst und noch mal auf seine Haut zeigt. Meine Vernunft setzt für einen Moment lang aus und überlässt meiner Wut die Entscheidungsgewalt. Alles geschieht wie in Zeitlupe, ich sehe zum Tisch neben mir, greife eine leere Bierflasche am Hals, verlagere mein Gewicht auf mein linkes Bein, hole aus und ziehe durch. Die Flasche zersplittert wie in einem Bud-Spencer-Film in Minhs grinsendem Gesicht. Kim schreit erschrocken neben mir auf, während Minh mit einem dumpfen Stöhnen auf den Boden sackt.

Ich schließe kurz die Augen und lande wieder in der Realität. Minh grinst mich immer noch an, die leere Flasche steht unberührt auf dem Tisch neben mir.

»Ich sehe doch nicht aus wie ein Bimbo«, lacht er lauthals.

»Nein, wie ein Arschloch«, sage ich.

»Haha, du auch«, antwortet er und lacht noch lauter.

Er scheint das ganze für einen Witz zu halten. Ich überlege kurz, ob ich meine Gewaltfantasie in die Wirklichkeit umsetzen soll, bevor mir wieder einfällt, dass ich ja Pazifist bin. Und den Versuch, ihm zu erklären, was für ein rassistisches, sexistisches Arschloch er ist, halte ich ebenfalls für wenig erfolgversprechend. Ich greife stattdessen einfach zu meiner Tasche, entschuldige mich bei Kim für Minhs Verhalten und gehe in Richtung Ausgang.

»Ich muss los«, sage ich zu Minh, der etwas verwirrt zu sein scheint.

»Schon? Wird doch jetzt erst richtig lustig. Wir wollen noch weiter, richtig die Sau rauslassen«, ruft er mir hinterher, doch ich schüttle nur den Kopf und bahne mir den Weg hinaus auf die Straße. Auch hier tobt immer noch die Party, mir aber ist die Lust aufs Feiern vergangen. Ich drängele mich durch die Menschen, will nur noch nach Hause, ein Bett, meine Ruhe. Es vibriert es in meiner Tasche. Minh schreibt: »Hattest du Spaß?«

EIN PAAR TAGE ZUVOR

Ich befinde mich in einem fast schon Zen-artigen Zustand, während ich mit einem Tee in der Hand auf das Wasser des Mekong schaue, auf dessen spiegelglatter Oberfläche sich leichter Nebel gebildet hat. Der Fluss, seit Jahrtausenden Lebensader eines halben Kontinents, übt in diesem Augenblick eine ungeheure Faszination auf mich aus, und ich stelle mir vor, was die Wogen des Flusses auf ihrem Weg von China über Laos, Myanmar, Thailand und Kambodscha alles gesehen haben müssen. »Müll, überwiegend Müll«, sagt meine innere Stimme, aber ich schüttle den Gedanken schnell ab, bevor er die Stimmung zerstört. Ich versuche, nicht auf die Plastiktüten, Kaffeebecher und leeren Verpackungen zu achten, die vor mir am Ufer liegen, während sich die Palmen dahinter in schwarzen Silhouetten vor dem sternenklaren Nachthimmel abzeichnen.

Es hat etwas gedauert, bis ich vom Großstadttrubel genügend Abstand gewinnen konnte, um meine jetzige Umgebung wirklich genießen zu können. Seit drei Tagen wohne ich bei Ang, die ein paar Zimmer im Nirgendwo an einem kleinen Seitenarm des Mekong im grünen Delta des Flusses vermietet. Momentan bin ich ihr einziger Gast. Das nächste Nachbarhaus ist einige hundert Meter entfernt und zum winzigen Ortskern des Dorfes braucht man etwa 15 Minuten. Zwangsentschleunigung also, zum Nichtstun verdammt. Außer einem gelegentlichen Spaziergang ins Dorf zum Einkaufen habe ich die meiste Zeit damit verbracht, auf der Veranda den vorbeifahrenden Booten zuzugucken.

Ang steigt mit einem Berg voll Wäsche die kleine Holztreppe hinauf, lächelt mich an und beginnt die Kleidungsstücke fein säuberlich zum Trocknen auf die Wäscheleine neben mir zu hängen.

Sie redet zwar nicht viel, hört aber dafür gerne zu. Ich habe ihr viel von Deutschland erzählt. Von Ang weiß ich, dass sie einmal für eine Hochzeit in die etwa fünf Stunden entfernte Ho-Chi-Minh-Stadt gefahren ist. Ansonsten hat sie das Dorf und die Gegend, abgesehen von Einkaufstouren in die benachbarte Stadt Can Tho, noch nicht verlassen – und hierfür auch keinen Grund gesehen. Englisch hat sie sich selbst beigebracht, mit Hilfe ihres Sohnes, der in der Stadt lebt.

»Du«, frage ich Ang, »was tut man denn hier eigentlich die ganze Zeit?«

Ang blickt mich an, als hätte ich die dümmste Frage aller Zeiten gestellt.

»Arbeiten?«, antwortet sie lachend und schüttelt mit dem Kopf.

»Ja, schon klar. Und wenn du mal nicht arbeitest, was machst du dann?«

Ang lächelt und wirkt dabei unheimlich zufrieden: »Leben. Einfach nur leben.«

Außerdem wollten sie 5 CUC Eintritt haben. N
der Mexikaner wollte unbedingt rein, zur Hölle u
dann noch zu viel anderen Clubs gefürt, die
beide so voll waren, dass sie Leute wieder rei
ließen und sich dadurch lange Schlangen vor der
Tür bildeten. Juri, Zulten und Jorge gin
nach zu ihr Hotel, das direkt bei un Straße an der
Ecke ist, um Bier zu trinken, während ich mir
ins Bett verabschiedete. Ich bin einfach an vi
gelaufen an dem Tag. ♡

Complejo, Centro Habana   →   11.1.16

Ich bin vom Regen in die
Sports bar in der Neptuno
geflüchtet, Complejo,
Gonzalez Mujo. Eine der
letzten. Das Wetter könnte
besser sein an meinem
letzten Tag in Kuba. Es sieht
wie aus Eimern, aber wenigstens
ist es wie immer warm!
Gestern was erzählt ich Kultur-
programm aufgesagt, mit
dem Museo Nacional de Bellas Artes. Statt de
trof ich bei einem Morgenkaffee in der Infanta
direkt in Jam und Julien und was Man

(120)

Gedankenverloren blättere ich in meinem Tagebuch herum. Es ist etwas surreal, dass ich nach etwas mehr als einem Monat in Kuba in ein paar Stunden wieder auf dem Rückweg ins kalte, nasse Deutschland sein werde. Meinem Tagebuch sind die Strapazen der vergangenen Wochen genauso anzusehen wie mir. Wo ich war, war es auch. Egal, ob auf der Rückbank eines Busses, der uns quer durch Guantanamo fuhr, auf Wandertouren durch die Berge im äußersten Osten des Landes, in verschwitzten Salsa-Bars in Santiago oder im Zug auf dem Weg durch die Zuckerrohrfelder von Trinidad.

»Lenni?«, höre ich plötzlich vom anderen Ende des Raumes meinen Namen und schrecke aus meinen Gedanken hoch.

»Juri?«, frage ich verwundert, als ich einen Bekannten von mir im Treppenaufgang sehe, den ich an meinem ersten Abend in Kuba kennengelernt habe. Juri und ich haben uns nicht nur auf Anhieb super verstanden, er sprach im Gegensatz zu den anderen Kubanern, die ich getroffen hatte, auch fließend Englisch und konnte mir so in den darauffolgenden Tagen helfend unter die Arme greifen, wenn ich wieder einmal *Lost in Translation* war.

Jetzt kommt er breit grinsend mit einem Kumpel im Schlepptau auf mich zu. Ich sitze auf einem Balkon, der so klein ist, dass mein linkes Stuhlbein ans Geländer stößt, während das rechte schon nicht mehr draußen, sondern im spärlich beleuchteten Innern der Bar steht. Wir haben uns damals tatsächlich genau an der gleichen Stelle in dieser Bar getroffen, sind ziemlich versackt, und Juri hat mich anschließend täglich näher an die kubanische Kultur und das Leben

in Havanna herangeführt. Ich habe mit ihm die Nachbarschaft erkundet, wurde von seiner Familie zum Essen eingeladen, seine Schwester hat mir sogar noch die Haare ge-
schnitten. Vor allem aber kennt Juri Gott und die Welt und
weiß daher immer, wo gerade die angesagteste Party des
Abends ist. Mich überkommt das ungute Gefühl, dass ich
heute nicht so früh im Bett sein werde wie geplant. Doch zunächst freue ich mich, ihn zu sehen. Er und sein Kumpel setzen sich zu mir an den winzigen Tisch.

Unter uns fahren Autos scheppernd durch die engen Straßen Vedados, einem Stadtteil etwas außerhalb des alten
Zentrums von Havanna. Klapprige Oldtimer-Limousinen
kämpfen sich ebenso durch die verwinkelten Gassen wie japanische Kleinwagen; vorbei an Obstständen, Menschen, die
sich mitten auf der Straße unterhalten, und Frauen, die sich
mit vollbeladenen Wäschekörben den Weg zu ihrer Wohnung
bahnen.

»Und? Wie war Kuba jetzt für dich? Besser oder schlechter
als gedacht?«, fragt Juri.

Ich überlege. Es hat lange gedauert, bis ich es endlich in
die Karibik geschafft habe. Zuerst hatte ich als Student kein
Geld, um mir den Flug und die lange Zeit auf Kuba zu finanzieren, später kam eine gewisse Angst dazu. Angst, dass die
Insel meinen Vorstellungen nicht gerecht werden kann.

»Ich kann es dir nicht sagen«, antworte ich. Ich habe
wahrscheinlich die Zeit meines Lebens gehabt, bin auf La-
deflächen von Trucks durchs Land gefahren, von wildfremden Familien in ihr Haus eingeladen worden, habe Nächte

durchgefeiert und mich blendend mit Leuten verstanden, ohne dass einer von uns die Sprache des Gegenübers sprach.

Ich habe gesehen, wie Menschen durch die Einführung des Internets ihren Familien im Exil plötzlich wieder näher sein und Jugendliche durch die schrittweise Öffnung der Märkte Markenklamotten kaufen können. Und nicht zuletzt habe ich die kubanische Küche kennengelernt, die eine Renaissance erlebt, seitdem private Restaurants erlaubt wurden.

Gleichzeitig habe ich Armut gesehen und dicke, weiße Urlauberinnen jenseits der 50, die mit kubanischen Jungs im Arm an der Bar saßen, die vielleicht gerade die Volljährigkeit erreicht haben. Mit Menschen gesprochen, die sich nicht getraut haben zu sagen, was sie denken, aus Angst vor politischer Repression. Und reiche Ausländer beobachtet, die nur darauf warteten, ihr Geld auf der Karibikinsel anzulegen und diese in ein All-Inclusive-Ferien-Eldorado für amerikanische Touristen zu verwandeln.

Was ich erlebt habe, ist ein Land am Scheideweg – in welche Richtung es geht, ist völlig offen. Klar ist nur, dass das Land bei meinem nächsten Besuch nicht mehr das sein wird, was es jetzt ist. Und wie ich das finden soll, weiß ich nicht.

»Wollt ihr noch was trinken?«, fragt Miguel, der Barkeeper.

»Klar«, antworte ich und sehe ihm nach, wie er schnellen Schrittes hinter der Theke verschwindet. Die Sonne scheint durch die hölzernen Fensterläden und wirft Schatten auf den abgenutzten Dielenboden, während sich in der Luft dazwischen staubige Lichtkegel bilden.

Miguel erkannte mich nicht nur sofort wieder, als ich

vorhin zu ihm in die Bar kam, er wusste sogar, was ich bestellen wollte. *Canchánchara*, einen Cocktail aus Rum, Honig und Limettensaft. Simpel, aber gut. Einen besseren als den von Miguel habe ich noch nicht getrunken. Trotz einiger vielversprechender Konkurrenten in der letzten Zeit. Zwar ist mein letzter Besuch hier bereits einige Wochen her, doch bevor ich mich aufmachte, die Insel zu erkunden, verbrachte ich fast jeden Abend in der kleinen Bar, die sich in derselben Straße und keine hundert Meter von meiner *Casa Particular* entfernt befindet, einer privaten Unterkunft, in der ich wohne.

Ich frage Juri, was er von den Veränderungen im Land hält.

»Na ja, es führt gar kein Weg daran vorbei, die Leute sind ja nicht blöd. Sie sehen ja, was die Touristen, die hier jedes Jahr herkommen, für Freiheiten haben. Und die wollen sie auch.«

»Klar, verständlich. Aber das alles geht grad super schnell, meinst du, das Land und die Leute sind dafür bereit?«, entgegne ich.

»Nein«, lacht Juri, »Aber das wird schon. Wir haben schon ganz andere Sachen gemeistert. So, genug der ernsten Themen heute. Das ist dein letzter Abend in Havanna, das müssen wir feiern!«

Ganz kurz blitzt das kleine Engelchen auf meiner Schulter auf, das versucht mir zu sagen, dass ich morgen früh meinen Flug erwischen muss und deshalb heute zeitig ins Bett gehen sollte. Und dass heute einer dieser Abende werden könnte, an dem man sich am nächsten Morgen sagt: »Hätte ich bloß auf meine Vernunft gehört.«

Aber das Engelchen wird sofort vom Teufelchen auf der gegenüberliegenden Schulter in die Mangel genommen und geknebelt, bevor es mich ernsthaft zum Neinsagen überreden kann. Vorerst habe ich also Ruhe vor meinem Gewissen.

Juri winkt ein Sammeltaxi heran, und wir schwingen uns auf den Rücksitz eines alten Chevrolets. Beim Zuziehen der Tür habe ich kurz Angst, dass diese dabei einfach aus den Angeln fällt, doch wieder belehrt mich die Robustheit der alten Autos eines Besseren. Ich genieße während der Fahrt den lauen Sommerwind, der mir durch das offene Fenster ins Gesicht weht. Ich habe auch gar keine andere Wahl, denn das Fenster lässt sich nicht hochkurbeln. Da, wo eine Kurbel sein sollte, ist nur ein Loch in der ausgefransten Verkleidung der Innentür.

Die kurze Fahrt führt uns bis zu einer breiten Hauptstraße. Auf beiden Seiten reihen sich einige Bars und Clubs aneinander, vor ihnen Trauben von Menschen, die darauf warten, hineinzukommen. Der permanente Geräuschpegel Havannas wird mir fehlen. In jeder anderen Stadt würde ich ihn als Krach empfinden, hier klingt er für mich nach Leben.

Wir steigen aus, und Juri deutet auf eine verzierte, massive Holztür, die zum Beat des Basses vibriert und durch deren Milchglasscheibe bereits bunte Lichter zu sehen sind. Wir stellen uns in die Schlange und warten. Aus dem Innern des Clubs kommen uns verschwitzte Menschen entgegen, Latinbeats und Salsarhythmen dringen nach außen, wenn sich die Tür kurz öffnet. Dann endlich gibt der Türsteher das Signal, dass wir rein dürfen.

Die Luft im Innern des Clubs ist zum Schneiden dick. Die Tanzfläche besteht aus einer einzigen wabernden Masse sich aneinander reibender Körper. Mir graut es schon jetzt davor, Teil dieser Masse zu werden, aber die kleine Gruppe, zu der auch ich gehöre, stürzt sich mitten hinein in das wilde Getümmel.

Tanzen allgemein ist nicht so meins. Es ist nicht so, dass ich es nicht kann, ich mag es einfach nicht. Okay, ich kann es auch nicht. Selbst beim Tanzkurs hat damals grundsätzlich meine Tanzpartnerin geführt. Und ich hatte kein Problem damit. Wenn jemand wie ich in einer kubanischen Disko tanzt, ist es, als ob ein Nichtschwimmer beschließt, Bademeister zu werden.

Als Ostfriese ist so ziemlich alles, was übers Schunkeln hinausgeht, Ausdruckstanz. Streng genommen müsste ich noch nicht mal aufstehen, um zu tanzen. Im Sitzen im Takt zu wippen, reicht mir vollkommen. Wenn ich richtig gut drauf bin, nicke ich dazu vielleicht noch mit dem Kopf oder trommle auf dem Tisch, und wenn ich mich vor musikalischer Euphorie fast nicht mehr halten kann, kommt manchmal noch einer der Füße dazu.

Aber ich bin nun einmal in Kuba, und wenn ich eins gelernt habe, dann dass ich mit dieser Einstellung nicht weit komme. Ich habe mir irgendwann eine Textpassage der Punkband Love A zu Herzen genommen, um auf kubanischen Parties zu überleben:

Kopf aus, Musik an – leg deine Hände in den Schoß,
oder aufstehen und dann tanzen: bis die Füße bluten.

Solange ich nicht darüber nachdenke, wie sehr ich mich auf der Tanzfläche zum Affen mache, funktioniert es tatsächlich einigermaßen mit dem Tanzen. Zumindest rein subjektiv.

Rum ist dabei ein hervorragender Katalysator. Also signalisiere ich Juri und den anderen, dass ich kurz zur Bar gehe, um zu verschnaufen. Ich bahne mir den Weg durch die tanzende Menge bis an die Theke, um meine Scham in Rum zu ertränken. Dort angekommen, werde ich direkt von drei Typen angesprochen. Als einziger Blonder zwischen 100 Kubanerinnen und Kubanern falle ich natürlich auf.

Die drei sehen aus, als hätten sie sich für ihren Style einen 80er-Jahre-Gangsterfilm zum Vorbild genommen. Nach hinten gegelte Haare, falsche Goldkettchen und Hemden, die mindestens zwei Nummern zu klein sind, nur von den unteren drei Knöpfen zusammengehalten werden und so den Rest ihrer glattrasierten Pumperbrust unbedeckt lassen. Aber trotz ihres gewöhnungsbedürftigen Äußeren sind sie kurzweilige Tresengenossen, die sich anscheinend zum Ziel gesetzt haben, mich abzufüllen.

»Magst du Mojito?«, fragt der eine auf Englisch.

»Natürlich mag er Mojito, sonst wäre er nicht in Kuba«, antwortet sein Kumpel, bevor ich etwas sagen kann, und fordert den Barkeeper auf, mir ein Glas des kubanischen Nationalgetränks zuzubereiten. Dieser schreitet sofort zur Tat, pflückt ein paar Pfefferminzblätter von einem großen Büschel, das vor ihm liegt, dazu eine Prise Zucker, dann presst er eine halbe Limette über dem Glas aus und wirft zwei Eiswürfel hinein. Anschließend schnappt er sich eine der

Rumflaschen von der Bar, dreht sie um 180 Grad und lässt laufen. Und laufen. Und laufen.

»Lass noch Platz für Wasser«, versuche ich dem Barkeeper zu sagen, aber einer der Jungs zieht mich mit sanfter Gewalt zurück. »Er weiß, was er tut.«

Der Barkeeper lacht nur und schiebt den fertigen Drink zu mir herüber. Ich bin mir sicher, dass ich den Mojito anzünden könnte, wenn ich wollte. Meine Leber gibt ein flehendes Grummeln von sich, als ich das Glas nehme, und mir graut etwas vor dessen Inhalt. Aber die drei Jungs stehen schon in Erwartungshaltung und mit erhobenen Gläsern bereit, um mit mir anzustoßen. Als ich den ersten Schluck nehme, zieht sich alles in mir zusammen, aber der Mojito wird mit jedem weiteren Schluck besser. Beim zweiten Glas beginne ich fast schon, ihn zu mögen, und nach dem dritten bin ich mir sicher, nie einen besseren Cocktail, geschweige denn einen so perfekten Mojito getrunken zu haben.

Nach Glas vier mache mich auf die Suche nach Juri, um ihm von diesem großartigen Drink zu erzählen, und finde ihn nach einiger Zeit schlafend auf einem Sessel neben der Garderobe, der Rest der Gruppe ist nirgends zu sehen. Ich rüttle an seiner Schulter, bis er wach wird.

»Amigo, alles klar?«, frage ich.

Er öffnet schlaftrunken die Augen und blinzelt mich verwirrt an. »Fuck! Wie spät ist es?«, fragt er und blickt konzentriert auf seine Uhr, so als müsste er zunächst herausfinden, was die komischen Zahlen ihm sagen wollen. »Lenni, mein Bester, sei mir nicht böse, aber ich muss nach Hause.«

Ich begleite Juri noch zum Taxi, wir verabschieden uns herzlich, und ich gehe wieder zu den drei Typen hinüber, die sich mittlerweile ebenfalls ihre Jacken geholt haben.

»Der Laden ist scheiße, die Party ist tot. Aber wir kennen da einen Ort, an dem wir noch richtig Spaß haben können heute Abend. Hast du Bock?«, fragt Typ Nummer 1.

Ich weiß immer noch nicht, wie die drei heißen, aber Namen sind zu diesem Zeitpunkt völlig irrelevant. Nichts, was man nicht durch ein nettes »Du«, »Kumpel« oder »Ey« lösen kann. Ich zögere zunächst, doch das Teufelchen auf meiner Schulter nickt mir aufmunternd zu.

»Klar hast du Lust! Letzter Abend, Mann!«, sagt Typ Nummer 2, und Typ Nummer 3 geht nach draußen, um ein Taxi heranzuwinken. Wir steigen nacheinander in den Wagen und fahren hinaus in die Nacht. Die Straßen sind mittlerweile gefüllt mit feiernden Menschen, von überall schallt uns Musik entgegen.

Mit der Zeit sind immer weniger Menschen zu sehen. Wir verlassen das Stadtzentrum und passieren die Vororte Havannas. Irgendwann lassen wir auch diese hinter uns. Das alte Taxi rumpelt immer weiter über mit Schlaglöchern übersäte Straßen.

Die Stadt ist nur noch durch einige Lichter in der Ferne zu erkennen, und als wir endlich bei unserem Ziel angekommen zu sein scheinen, sind nicht mal mehr die zu sehen. Irgendwann setzt der Taxifahrer den Blinker, holpert unsanft eine Einfahrt hinauf und kommt quietschend zum Stehen.

Vor uns eine mehrgeschossige Villa.

Eine rote Neonleuchte lässt wenig Zweifel daran, was ich im Innern des Hauses vorfinden werde.

Ich muss kurz die Augen schließen und tief durchatmen.

Die Jungs haben mich in einen verdammten Puff mitten im Nirgendwo geschleppt.

Als ich die Augen wieder öffne, kommen die Frauen bereits auf mich zugeflogen, wie die Bienen zum Honig.

»Hey Süßer, willst du Spaß haben?«, fragt eine von ihnen, während die anderen einen kleinen Halbkreis um mich bilden.

Ich lache etwas unbeholfen. »Schon, aber ich glaube nicht, dass wir die gleiche Art von Spaß meinen.«

»60 Dollar eigentlich, aber für dich mache ich es auch für 30«, sagt die Frau, die mir am nächsten steht, spielt mit ihren langen, braunen Locken und blickt mich auffordernd an. Ich erkläre ihr, dass ich eine Freundin in Deutschland habe und dass ich sowieso nicht allzu viel Bargeld mitgenommen habe. Habe ich wirklich nicht, immerhin wollte ich mich eigentlich nach dem Abendessen schlafen legen. Das Komische: Für die Mädels scheint das völlig in Ordnung zu sein. Sie zeigen mir, wo die Bar ist und laden mich sogar auf den ersten Drink ein.

»Ramon macht die besten Mojitos«, sagt eine von ihnen.

Natürlich macht er das.

Die drei *Habaneros*, mit denen ich hergefahren bin, sind recht schnell mit ein paar Damen verschwunden, aber die Musik ist solide, der Puff hat neben der Bar eine kleine Tanzfläche, Ramons Mojitos sind tatsächlich so gut wie versprochen. Die Mädchen sind interessante Gesprächspartnerinnen, sprechen offen über ihren Job, dessen Vorzüge und Nachteile, über Vorurteile gegenüber ihrem Gewerbe und geben unverblümt einige ihrer denkwürdigsten Sexstories und die ungewöhnlichen, teils verstörenden Vorlieben ihrer Freier zum Besten. So zählen Männer zu ihren Kunden, die wie Babys gewickelt, Gassi geführt oder wie ein Möbelstück behandelt werden wollen.

»Kannst du dir das vorstellen? Er wollte, dass ich so tue, als sei er ein Tisch! Er hat sich nackt auf alle Viere gesetzt und ich musste meine Mahlzeit von seinem Rücken essen. Anschließend hat er sich einen runtergeholt«, lacht Maria, die Braunhaarige von vorhin, die mit ein paar ihrer Kolleginnen und mir in der hinteren Ecke der Tanzfläche auf einer zerschlissenen Eckcouch sitzt und ihren Mojito schlürft. Die letzten Runden durfte ich übrigens bezahlen. Hätte mich auch gewundert, wenn mir in einem Puff nicht auch ohne Sex das Geld aus der Tasche gezogen wird.

»Oh, ich muss kurz«, sagt Maria mit einem Augenzwinkern, als zwei Männer durch die Tür kommen. Zwei weitere Frauen stehen ebenfalls auf, begrüßen die Männer, gehen mit ihnen an die Bar und verschwinden einige Zeit darauf. Das Spiel wiederholt sich einige Male, auch wenn heute nicht viel los zu sein scheint, wie die Mädels mir berichten. Im Gegensatz zu vielen ihrer Kolleginnen und Kollegen in diesem Gewerbe, seien sie, bis auf einige Ausnahmen, zufrieden mit ihrem Job, versichern sie mir. Einige finanzieren sich dadurch ihr Studium, andere ihren kompletten Lebensunterhalt und sogar ihre Familie. »Für das Geld, das ich in einer

Nacht verdienen kann, muss ich sonst eine Woche arbeiten. Besonders bei Touristen«, erzählt eine und stockt plötzlich, als ihr wieder einfällt, dass ich ja auch Tourist bin, stammelt ein »Oh, sorry« und lächelt verlegen.

»Alles gut«, lache ich, »Wenn Leute nach Kuba kommen, um zu ficken, dann sollen sie ruhig dafür bezahlen.«

Die meisten der Frauen arbeiten normalerweise in Havanna, gehen dort auf Partys und in die Clubs, um zu versuchen, betrunkene Urlauber abzuschleppen.

Apropos Havanna, ich habe keine Ahnung, wie ich zurück in die Stadt kommen soll, aber die Todes-Mojitos in der Spelunke von vorhin haben jeglichen Drang ausradiert, Vernunft walten zu lassen oder mir um etwas Gedanken zu machen, das weiter als zehn Minuten in der Zukunft liegt. Warum also nicht den letzten Abend in der Karibik genießen? Irgendwas wird sich schon auftun. In Kuba führen schließlich alle Straßen nach Havanna.

Noch mehrmals vergewissere ich mich an diesem Abend von Ramons Cocktailkünsten, um sicherzugehen, dass diese nicht in der Zwischenzeit nachgelassen haben.

Die Bilder um mich herum werden irgendwann immer schemenhafter, verfallen zu kleinen, zusammenhanglosen Sequenzen. Ich am Tanzen. Ich an der Bar mit irgendeinem Fremden. Ich vor dem Kofferraum eines Oldtimers, der mit Zigarren gefüllt ist. Ich wieder an der Bar, diesmal mit jemand anderem. Dann wird es dunkel um mich herum.

....

....

....

....

BAMBAMBAM.

Ich schrecke hoch, nur um stöhnend zurückzusinken.

Mein Kopf.

Scheiße. Wo bin ich?

BAMBAMBAM.

»Lenni?!«, ruft es von draußen.

Langsam komme ich wieder in der Realität an, nehme meine Umgebung verschwommen wahr. Ich bin tatsächlich in meinem Zimmer und das Hämmern an der Tür verursacht Gabriel, in dessen *Casa Particular* ich während meiner gesamten Zeit in Havanna gewohnt habe. Gabriel wirft schwungvoll die Tür auf, kommt ins Zimmer, sieht das Chaos aus dreckigen Klamotten und Müll, mich, immer noch im Outfit von gestern Abend und meinen ungepackten Rucksack, bevor sein Blick bei etwa 50 Zigarren hängen bleibt, die kreuz und quer über und unter mir im Bett liegen.

»Wo kommen die denn her?«, fragt er verwirrt. »Egal, wir müssen los, dein Flug geht in einer Stunde. Das schaffen wir nicht mehr«, sagt er, ohne meine Antwort abzuwarten.

Nicht, dass ich ihm eine geben könnte. Ich habe noch nicht einmal eine Ahnung, wie und wann ich nach Hause gekommen bin, geschweige denn wo der Berg von Zigarren herkommt, den ich gerade ebenso verwirrt begutachte, wie Gabriel im Augenblick zuvor. Ich sammle die Zigarren jedoch trotzdem so schnell wie möglich ein, werfe sie in eine Tüte und stopfe sie zusammen mit meinen dreckigen Klamotten, die ich aus jeder Ecke des Zimmer fische, in meinen Rucksack. Dann stolpere ich hinter Gabriel her und wir fahren mit quietschenden Reifen los in Richtung Flughafen.

Schemenhaft sehe ich das Neonschild der Bar an mir vorbeiziehen. Dann schließe ich die Augen, bevor mir von den vielen Farben und Bewegungen noch schlechter wird und ich mich in Gabriels Auto übergeben muss. Alles dreht sich, während ich in einen unruhigen Schlaf falle.

»Wir sind da, Amigo! Sieh zu! *Vamos!*«, weckt mich Gabriel unsanft und schwingt sich aus seinem Auto. Ich umarme ihn zum Abschluss, aber er schiebt mich unsanft in Richtung Flughafeneingang. »Sieh zu!«, grummelt er, klopft mir dann allerdings doch noch einmal auf die Schulter. »Bis bald, hoffentlich.«

Ich brauche einen Moment, um mich im Flughafengewusel zu orientieren, finde dann aber doch den Weg zur Passkontrolle, wo eine grimmig schauende Dame meine Papiere kontrolliert. Sie blickt mich etwas skeptisch an, stempelt dann zum Glück meinen Pass ab und drückt ihn mir in die Hand. Erste Hürde geschafft.

Rucksack eingecheckt, zweite Hürde.

Dann stehe ich auch schon vor dem Gate, mein Flugzeug hat fast eine Stunde Verspätung. Ein nahezu unfassbarer Glücksfall, sonst hätte ich den Flieger verpasst. Ich stelle mich direkt in die Schlange und zeige der Lady am Schalter Pass und Flugticket. Sie mustert mich mit dem gleichen skeptischen Blick wie die Dame am Zoll. Sehe ich nur halb so scheiße aus, wie ich mich fühle, würde ich mir an ihrer Stelle den Zugang zum Flugzeug verwehren. Aber sie winkt mich durch.

Ich kämpfe mich zu meinem Platz vor, lasse mich in meinen Sitz fallen und verfalle in eine Art Wachkoma. Schließe ich die Augen, beginnt sich alles zu drehen, versuche ich mich durch einen Film oder ein Buch abzulenken, ebenfalls. Das halte ich keine zehneinhalb Stunden aus.

Der Steward blickt mich mit hochgezogener Augenbraue an, als er irgendwann mit seinem Getränkewagen bei mir Halt macht. Keine Ahnung, wie lange wir bereits in der Luft sind. Zehn Minuten? Zehn Stunden? Zehn Jahre?

»Harte Nacht gehabt?«, fragt er mitleidig. Ich nicke nur. Mir geht es so schlecht, würde das Flugzeug in diesem Moment abstürzen, hätte ich kein Problem damit. Dann hätte das Leid zumindest ein Ende.

Der Steward lacht.

»Ach, ich liebe Havanna«, sagt er. »Ich hab was, das dich wieder nach vorne bringt!« Er greift augenzwinkernd in die untere Schublade seines Getränkewagens und zieht eine kleine Flasche Rum und eine Dose Cola hervor.

Ich zögere zunächst, nehme sein Angebot dann allerdings doch an. Der Steward hat recht. Sogar jetzt, am gefühlten Tiefpunkt meines Seins, in dem jede Faser meines Körpers nach Erlösung schreit, ich mich vor mir selber ekel und mich konzentrieren muss, damit die Rum-Cola-Mische mir nicht direkt wieder hochkommt, habe ich nur einen Gedanken im Kopf: Ich liebe Havanna.

FUNNY FOX BAR

OLD TOWN, Grecinieku street 1

KARAOKE

...icht, da u...
direkt weiter gezan...
sind zum Beer-Tasting, das vom Hotel
angeboten wurde. 14 kleine Bier (0,1) für 8 €
Konnte man nicht meckern, waren auch Indi...
weg und wir dementsprechend voll, obwohl
's Radu super früh war. Witzigste Geschichte des
Abends: Ein Australier (der zufällig beim
Spängsten-Team war), fing an zu ...a..., d...
er eine unserer Kiss-Corgons stehl, die ich
bei Tigo gehauft habe und erzählt, dass er
Nollegin bei zwei Tagen mit so einer
angekommen ist und dachte, dass sie
verbrün den besten Hung ihres Leben...
gehabt hätte, und sie hätte schon viel...
gewinst. Das witzige war, dass Carsten zwe...
Tage vorher die gleiche Geschichte erzählt ha...

16

Wie es sich herausstellte, hat der Australier ein
paar Monate in Berlin in "Mad Monks"
gearbeitet und seine Kollegin war keine
Geringere als unsere Pub-Crawl-Führerin
Berlin, bei der ein Moos-Gutschein von mir
bekommen hat und ihr die Carten
eingelöst hat. Die Welt ist klein...
Wir sind nach dem Bar-Tasting dann kurz
zurück zum Hotel, haben da ein wenig
von unserem mitgebrachten Duty-Free
Schnaps getrunken und sind dann weiter
in die "Speaky Gox Bar" von der Carten
erzählt hat, obwohl es sich sonst nur
fast nichts von seinem ersten Riga-
Aufenthalt vor ein paar Jahren mehr weiß.
Warum sich gerade diese Bar eingebrannt hat,
werde ich dir recht schnell, als Carten einen
"Cinnamon Sparkle" für uns bestellt hat.
Stark, hat gebrannt (im wahrsten Sinne des
Wortes...) und dann wirele Zimt
drüber gestreut, sodass eine 50cm
hoch Flamme aus dem Glas geschossen ist!

17

EPILOG

»I'm gonna fuuuuuuuck youuuuuu haaaaard«, singen Phu und ich die letzte Strophe von Tenacious D's *Fuck her gently*, der zwar nicht ganz politisch korrekt ist, dafür aber in einer Tonlage, die es uns auch nach mehreren alkoholischen Getränken noch erlaubt, eine halbwegs gute Performance hinzulegen. Ähnlich wie bei Fußballhymnen.

Tosender Applaus. Geil, denke ich und fühle mich wie ein Rockstar, bevor ich merke, dass die Jubelarien zur Karaoke-Tonspur gehören und aus dem Lautsprecher kommen. Carsten ist der einzige im Raum, der klatscht.

Einmal im Jahr fahre ich mit meinen beiden besten Freunden Phu und Carsten in den Urlaub. Einmal im Jahr muss ich danach einen Monat lang eine Detox-Kur machen, um meinen Körper von dem ganzen Gift zu befreien, das ich mir über die Tage reingezogen habe.

Es sind keine reinen Sauftouren, das möchte ich betonen. Wir fahren nicht an den bulgarischen Goldstrand oder zum Ballermann, sondern durchs Baltikum oder nach Rumänien. Wir widmen uns tagsüber der Kultur, sehen uns die Gegend an, unternehmen kleine Wandertouren und besuchen historische Gebäude, das ganze Programm. Abends allerdings verwandeln wir uns wieder in die postpubertären Jungs von früher. Wir kannten uns bereits, als wir noch Pickel im

Gesicht hatten und Zahnspangen trugen. Die Liste der Entgleisungen ist bei jedem von uns ungefähr gleich lang, weshalb sich keiner traut, sich öffentlich über die vergangenen Fehltritte der anderen lustig zu machen.

Nachdem wir heute den Tag damit verbracht haben, uns die Altstadt Rigas anzusehen, beschloss Phu: »Genug Kultur für heute«, woraufhin er uns für einen Pubcrawl angemeldet hat. Drei Bars, zwei Clubs, Free Shots in jedem der Etablissements.

Ja, wir stachen erwartungsgemäß unter den Teilnehmern etwas heraus, die sich alterstechnisch zwischen Abi, Zivi und zweitem Semester Sozialwissenschaften einpendelten. Waren wir, ohne es zu merken, zu den merkwürdigen Leuten geworden, die nicht einsehen wollen, dass sie älter werden? Die sich unter die coolen Kids mischen, im Irrglauben, dass sie nicht auffielen? Quatsch, redete ich mir ein. Aber am Ende waren wir wieder alleine und gingen zurück in die Bar, die sich in der Nähe unseres Hostels befand. Für einen Absacker.

Dunkelrote Wände, eine von den Ellenbogen der Gäste glattpolierte Theke, kalte Getränke. Perfekt für ein letztes Bier vor dem Schlafengehen.

Phu und ich kommen schnaufend die Bühne runter und setzen uns wieder zu Carsten an die Bar.

»War anstrengend, wa? Runde Shots?«, fragt er.

»Logisch«, sagen Phu und ich aus einem Mund, den drohenden Kater von morgen gekonnt verdrängend.

Ich treffe ja bekanntlich gerne Fremde in Bars. Die Ungewissheit, was für interessante, skurrile aber auch durch und durch normale Leute man trifft, wohin sich ein solcher Abend entwickelt, wo und wann er endet, reizt mich jedes Mal aufs Neue. Noch lieber allerdings teile ich die Theke mit Freunden. Die Mischung aus Alkohol und Anekdoten von früher führen zwangsläufig zu Glücksgefühlen und einer angenehmen Heimeligkeit, egal, wo auch immer man sich gerade befindet.

Ich habe in Flensburg einige Jahre über einer Bushaltestelle gewohnt, die in unmittelbarer Nähe zum letzten Schuppen liegt, der an Wochenenden noch aufhat, dem Grogkeller. Der Name ist Programm und die Feiernden, die den Club zwischen fünf Uhr morgens und spätem Vormittag verlassen, befinden sich meist in einem Zustand zwischen absoluter Ekstase und Wachkoma. Ab fünf war für mich nicht mehr wirklich an Schlaf zu denken, da sich die letzten Partyszenen direkt unter meinem Fenster abspielten: beim Warten auf den Bus. Und dort hörte ich sie, die Liebesgeständnisse gestandener Männer, die gelallten Arien auf die Freundschaft. Die Glückseligkeit der Bromance setzte meist irgendwelche Komplikationen im Liebesleben voraus.

»Frauen… kannste vergessen.« So ging es meist los, was für Zustimmung beim Gegenüber sorgte.

»Ja, Mann. Kannste vergessen…«

»Weißte, wir haben doch auch nie Stress, oder?«

»Niemals! Das kommt, weil du mein bester Freund bist.«

»Nein, du bist *mein* bester Freund!«

»Nein, du!«

»Nein, *du* bist mein bester Freund!«

»Du meiner aber auch. Mit dir versteh' ich mich einfach viel besser. Besser als mit Frauen.«

Danach folgt eine Umarmung.

»Frauen kannste nämlich vergessen!«

»Vergessen kannste die!«

Erneutes Umarmen, und dann geht das ganze meist nochmal von vorne los.

Mir sind solche überschäumenden Emotionen nicht ganz unbekannt: Bin ich selbst mit meinen besten Kumpels auf Tour und der Abend neigt sich dem Ende, verfallen die noch halbwegs arbeitenden Gehirnzellen in ein ähnliches Denkmuster. Nur, dass ich mein eventuelles Seelenleid nicht den Frauen in die Schuhe schiebe. Überhaupt scheinen, wenn man sich in der richtigen Gesellschaft befindet und einen synchronen Alkoholpegel hat, die Probleme des Alltags wie fortgeblasen zu sein. Alle drei in der Gewissheit, dass wir uns morgen früh mit wummerndem Schädel und flauem Magen aus dem Bett pellen, gemeinsam leiden und trotzdem am nächsten Tag das gleiche Prozedere wiederholen werden. Letzten Endes ist es auch egal, an welcher Theke wir gemeinsam sitzen, ob an einer Tiki-Bar am Strand mit Cocktail in der Hand oder zu Hause in der Kneipe um die Ecke. Hauptsache, wir tun es zusammen. So wie jetzt, nach einer Reihe *Free Shots* und einer noch größeren Reihe *Not so Free Shots*. Ich bin erfüllt von einer tiefen Liebe für die zwei Chaoten vor mir.

Kleine Lachfalten, zunehmende Geheimratsecken und zumindest bei mir ein wachsendes Bäuchlein unter meinem T-Shirt lassen erahnen, wie lange wir uns schon kennen.

Aber sie geben mir im gleichen Maße die Gewissheit, dass wir auch in 50 Jahren noch zusammen abhängen werden, alt, verschrumpelt, inkontinent, infantil, immer noch über die gleichen Witze lachend. Diese Tatsache ist auch einer der Gründe, warum ich mir eigentlich keine Gedanken über die Zukunft mache, denn mit Freunden wie ihnen an meiner Seite, kann sie so schlimm nicht werden.

In mir wächst der Drang, den beiden genau das zu sagen. Aber irgendein verklemmtes Y-Chromosom kämpft dagegen an. Ich bestelle eine neue Runde Schnaps, um mir mehr Mut anzutrinken. Sind wir nicht eigentlich an einem Punkt angekommen, an dem man sich unter Männern öffentlich seine Liebe gestehen kann? In Zeiten, in denen jeder halbwegs aufgeklärte Mann über diesem ganzen Machogehabe stehen sollte. Toxische Männlichkeit ist das Zauberwort, bloß keine Gefühle zeigen. Und im Regelfall sich noch über diejenigen lustig machen, die es doch tun. Damit muss Schluss sein, denke ich mir, öffne den Mund, doch Carsten kommt mir zuvor: »Jungs, ihr seid echt meine Besten. Ehrlich jetzt, ich bin froh, dass wir uns haben«, sagt er und blickt uns mit leicht schiefem, aber liebevollem Blick an.

Ich bin gerührt. Phu anscheinend nicht. »Oh Mann, Carsten, ist es schon wieder soweit?« Wobei ich weiß, dass er spätestens nach der nächsten Runde Shots das gleiche gesagt hätte. Es war einfach noch zu früh und ich nun in der Situation, mir ebenfalls einen Spruch abzuholen, wenn ich Carstens Zuneigung erwidern würde, obwohl ich sie eine Sekunde später selbst geäußert hätte.

»Echt, ey«, sage ich daher nur und schüttle den Kopf.

Carsten blickt betreten nach unten.

»Sorry«, sagt er.

Ich schüttle abermals den Kopf, während Phu verächtlich die Augen verdreht.

»Peinlich«, trete ich nochmal nach.

Wir alle lassen unsere Nase kurz im Bierglas verschwinden, während wir mit ziemlicher Sicherheit alle das gleiche denken: Ich liebe diese Jungs.

DANKE

Ich danke all den Menschen, die den Grundstein zu diesem Buch legten. Den Fremden, die an fernen Orten einen Platz an der Theke und ihre Geschichten mit mir teilten und mich für einen Moment in ihre Welt eintauchen ließen. Den Freunden, die mit mir manche Nacht zum Tag machten und mich gelegentlich auch sicher ins Bett brachten. Meiner Familie und Cathi, die mich in dunklen Stunden aufbauten und immer an meine Schnapsidee glaubten. Marianna, Johannes und Julia, die viel Mühe und Zeit investierten, um diese zu Papier zu bringen – und all denen, die sie lesen.